U0936546

珍藏本·增订本
纪念版

汉译世界学术名著丛书

论财产权

约翰·洛克和他的对手

〔加〕詹姆斯·塔利 著

王涛 译

商務印書館
SINCE 1897
The Commercial Press

James Tully

A DISCOURSE ON PROPERTY

John Locke and His Adversaries

根据剑桥大学出版社 1980 年版译出

汉译世界学术名著丛书
（120 年纪念版·珍藏本）
增订本出版说明

2017 年 10 月，为纪念商务印书馆创立 120 周年，本馆推出“汉译世界学术名著丛书”（120 年纪念版·珍藏本），计七百种。近五六年来，仰赖学界同人倾力支持，订正旧译，增补新译，拓展新著，积累日多。为满足读者需要，本馆在七百种的基础上，继续推出“汉译世界学术名著丛书”（120 年纪念版·珍藏本·增订本）三百种。至此，“汉译世界学术名著丛书”累计出版已达千种。

今后，本馆将继续推进丛书的翻译出版工作，在积累单本名著的基础上陆续分辑刊行，汇印出版。为促进中外文明互鉴、推动我国学术发展，使“汉译世界学术名著丛书”这项对我国学术文化有基本建设意义的重大工程发挥更大作用，诚望海内外学术界、翻译界继续给予支持，帮助我们把这套丛书出得更好。

商务印书馆编辑部

2024 年 2 月

汉译世界学术名著丛书
（120年纪念版·珍藏本）
出版说明

2017年2月11日，商务印书馆迎来120岁的生日。120年前，商务印书馆前贤怀揣文化救国的理想，抱持“昌明教育，开启民智”的使命，立足本土，放眼寰宇，以出版为津梁，沟通中西，为中国、为世界提供最富智慧的思想文化成果。无论世事白云苍狗，潮流左右激荡，甚至战火硝烟弥漫，始终践行学术报国之志，无改初心。

迻译世界各国学术名著，即其一端。早在20世纪初年便出版《原富》《天演论》等影响至今的代表性著作，1950年代后更致力于外国哲学和社会科学经典的译介，及至1980年代，辑为“汉译世界学术名著丛书”，汇涓为流，蔚为大观。丛书自1981年开始出版，历时三十余年，迄今已推出七百种，是我国现代出版史上规模最大、最为重要的学术翻译工程。

丛书所选之书，立场观点不囿于一派，学科领域不限于一门，皆为文明开启以来，各时代、各国家、各民族的思想与文化精粹，代表着人类已经到达过的精神境界。丛书系统译介世界学术经典，引领时代思想，为本土原创学术的发展提供丰富的文化滋养，为推动中国现代学术和现代化进程做出了突出的贡献。

为纪念商务印书馆成立120周年，我们整体推出“汉译世界学术名著丛书”120年纪念版的珍藏本，寄望既利于文化积累，又便于研读查考，同时向长期支持丛书出版的译者、编者和读者致以敬意。

两甲子后的今天，商务印书馆又站在了一个新的历史时间节点上。我们不仅要铭记先辈的身影和足迹，更须让我们的步伐充满新的时代精神。这是商务人代代相传的事业，更是与国家和民族的命运始终紧密相连的事业。我们责无旁贷，必须做好我们这代人的传承与创造，让我们的努力和成果不仅凝聚成民族文化的记忆，还能成为后来人可以接续的事业。唯此，才能不负前贤，无愧来者。

商务印书馆编辑部

2017年10月

中译者导言

一、塔利与剑桥学派

詹姆斯·塔利(James Tully)生于1946年。从剑桥大学获得博士学位后,塔利于1977—1996年在麦吉尔大学的哲学与政治科学系任教。1996—2001年间,他在维多利亚大学担任政治科学系的教授与系主任。2001年,塔利到多伦多大学担任首任哲学研究的亨利·N. R. 杰克曼特聘教授,供职于哲学与政治科学系与法学院。2003年,他回到维多利亚大学担任特聘教授,2014年退休。

塔利是加拿大皇家学院成员,加拿大杜鲁多基金会(Pierre Elliott Trudeau Foundation)的荣誉会员。2010年,他获得加拿大艺术委员会颁发的奇拉姆人文学科奖(Killam Prize in the Humanities),以表彰他杰出的学术贡献。塔利2008年出版的两卷本《政治哲学新解》获得加拿大政治科学协会(Canadian Political Science Association)颁发的"C. B. 麦克弗森奖"(C. B. Macpherson Prize),即2008年至2010年间用英文或法文写作的最佳政治理论著作。塔利还是《政治学理论》(*Political Theory*)和《全球宪政主义》(*Global Constitutionalism*)杂志的顾问编辑,牛津大学的《约翰·洛克的克拉伦登版全集》(*Clarendon Works of John Locke*)的合编者,并曾经担任剑桥大学“语境中的观念”(Ideas in Context)丛书的总编辑之一。

塔利著有:《论财产权:约翰·洛克和他的对手》《政治哲学的一种进路:语境中的洛克》《陌生的多样性:歧异时代的宪政主义》《公共哲学新解第一卷:民主与公民自由》《公共哲学新解第二卷:帝国主义与公民自由》[①]等书。塔利编辑的书籍有:《约翰·洛克:论宗教宽容》《意义与语境:昆廷·斯金纳和他的批评者》《普芬道夫:论人与公民的自然法义务》《多元主义时代的哲学:论查尔斯·泰勒的哲学》[②]等。

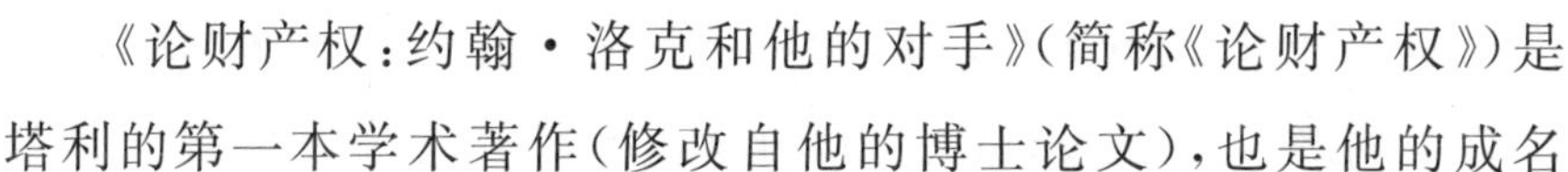

《论财产权:约翰·洛克和他的对手》(简称《论财产权》)是塔利的第一本学术著作(修改自他的博士论文),也是他的成名

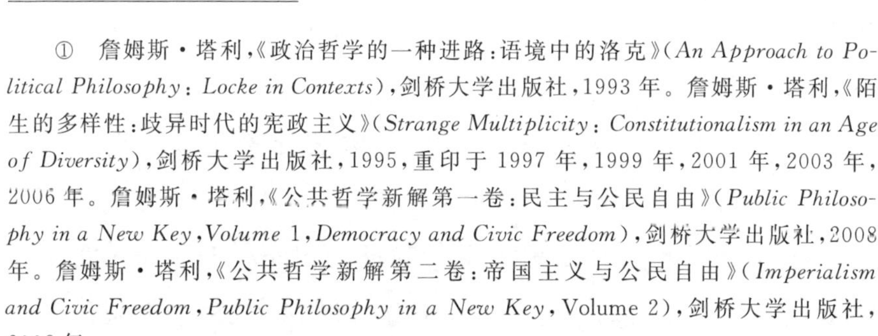

① 詹姆斯·塔利,《政治哲学的一种进路:语境中的洛克》(*An Approach to Political Philosophy: Locke in Contexts*),剑桥大学出版社,1993年。詹姆斯·塔利,《陌生的多样性:歧异时代的宪政主义》(*Strange Multiplicity: Constitutionalism in an Age of Diversity*),剑桥大学出版社,1995,重印于1997年,1999年,2001年,2003年,2006年。詹姆斯·塔利,《公共哲学新解第一卷:民主与公民自由》(*Public Philosophy in a New Key, Volume 1, Democracy and Civic Freedom*),剑桥大学出版社,2008年。詹姆斯·塔利,《公共哲学新解第二卷:帝国主义与公民自由》(*Imperialism and Civic Freedom, Public Philosophy in a New Key*, Volume 2),剑桥大学出版社,2008年。

② 詹姆斯·塔利编,《约翰·洛克:论宗教宽容》(*John Locke, A Letter Concerning Toleration*),印第安纳波利斯,哈克特出版公司,1982年,重印于1985年,1988年,1991年,1993年,1996年,1999年,2001年。詹姆斯·塔利编,《意义与语境:昆廷·斯金纳和他的批评者》(*Meaning and Context: Quentin Skinner and His Critics*),政体出版社,1989年。詹姆斯·塔利编,《多元主义时代的哲学:论查尔斯·泰勒的哲学》(*Philosophy in an Age of Pluralism: the Philosophy of Charles Taylor in Question*),剑桥大学出版社,1994年。

作。从思想史的研究方法论上讲，此书是剑桥学派“语境主义”(Contextualism)研究的早期代表作之一。从研究内容上讲，此书是西方洛克研究的经典之作。

从20世纪中期开始，西方学界对政治思想史的研究取得了巨大的发展。一个主要动力是诸多学者深入探索思想史研究的方法。思想史的研究不能仅仅是个人看法的表达，不能仅仅是对历史材料的主观总结，而是基于一定方法论的严谨解释。大量研究者深入反省思想史研究这项工作本身的哲学基础。他们开始认真地思考以下问题：思想史的研究对象是什么？怎样解读经典文本，把握文本的意义？怎样认识经典思想家的动机和意图？政治思想与政治行动之间是什么关系？怎么理解经典思想家的影响？以及更为重要的，如何就这些问题提出一个自洽的理论？在这段蓬勃发展的时期，出现了诸多学派，提出了不同的方法论。剑桥学派无疑是其中势头最猛、影响最广的一支学派。

剑桥学派得名于它与剑桥大学的密切关系。该学派的主要人物或是受业于剑桥大学，或是常年在该校任教，其成果主要体现为剑桥大学出版社的“语境中的观念”(Ideas in Context)与“政治思想史剑桥文本”(Cambridge Text in the History of Political Thought)两套丛书。剑桥学派的革新体现在对政治思想史方法论的研究与对政治思想史的主要人物与主要观念的研究这两方面。就方法论而言，剑桥学派逐步确立了一种被称为“语境主义”的研究方法；就具体研究而言，剑桥学派对马基雅维利、格老秀斯、霍布斯、哈林顿、菲尔默、洛克、斯密、休谟、伯克等现代早期思想家以及权利、财产、自由、德性、共和、政党、主权、国家、革命等思想史核心观念提出了许多新的解读。当然，这两个方面在具体研究中是结合在一起的。

塔利的《论财产权》是剑桥学派早期较为成熟的代表性成果，但是这本书并不是剑桥学派的开山之作，塔利通常被认为是剑桥学派的第二代传人。剑桥学派的开创者是拉斯莱特(Peter Laslett, 1915—2001年)。在他的激发和引领下，剑桥学派的第一代学人陆续登场，包括波考克(J. G. A. Pocock)、邓恩(John Dunn)和斯金纳(Quentin Skinner)。学界称三人为剑桥学派的"三剑客"。三位学者通过一系列著作与论文，奠定了剑桥学派的地位。

塔利在剑桥大学攻读博士学位期间师从邓恩与斯金纳，剑桥学派的研究方法以及邓恩对洛克的研究对塔利的《论财产权》产生了直接的影响。为了帮助读者了解《论财产权》这本书的学术史背景，本文将简要介绍，在塔利的《论财产权》出版前，剑桥学派方法论研究的缘起以及剑桥学派对洛克的相关研究(以财产学说为主)。在此基础上，简要介绍《论财产权》的研究方法及其对洛克研究的贡献。

二、剑桥学派思想史研究方法的缘起

剑桥学派的思想史方法论研究肇始于二战结束后的50和60年代。在此期间，拉斯莱特、波考克、邓恩与斯金纳等人开始系统反思传统的政治思想史研究，尝试提出并践行新的研究方法。依照斯金纳的说法，当时的政治思想史研究存在两个主要倾向或潮流。一种是马克思主义或者说唯物主义史学方法，在二战后数十年极具影响力。这种史观将"心智生活"仅仅视为经济、地理的"附带现象"(epiphenomenon)。如此一来，思想史"这个学科要么被视为一种边缘旨趣，要么是为经济基础/上层结构模式提供所谓的证据(其存在的价值旨在证明‘经济基础’决定‘上层建筑’这个解释模式的合法性)”[①]。多伦多大学的政治经济学教授麦克弗森(C. B. Macpherson)1962年出版的《占有性个人主义的政治理论》是此种研究在政治思想史领域最主要的代表。

另一方面,一些学者认为,思想史应当完全聚焦经典文本。这些文本包含“‘永恒的要素’,体现为‘普世的观念’,甚至‘永恒的智慧’,具有‘普遍适用性’”[②]。而且,当代人通过反复阅读经典文本,可以直接由此受惠,解决我们目前面临的难题。很显然,此类研究具有某种“反历史”倾向,因为它将过去的观念或思想从历史中抽离出来。在这方面,有两个颇有影响力的代表。观念史学科的奠基人诺夫乔伊(Arthur O. Lovejoy)通过将观念史分解为单元观念,将不同思想家的思想解释为各个单元观念的组合产物,赋予单元观念以独立的生命力。[③] 芝加哥大学的政治科学教授施特劳斯(Leo Strauss)则强调,思想史应当重视古典思想家的经典文本,探究被遗忘的永恒智慧,解决西方现代性的诸多问题。但是,

① 斯金纳指出,这种研究路径“主要体现在‘年鉴学派’的兴盛,以及其典范性著作——布罗代尔专门研究十六世纪地中海世界的鸿篇巨制《腓力二世时期的地中海世界》——的巨大影响上”。“与过去相遇:斯金纳访谈”,周保巍译,载《社会理论的两种传统》,三联书店,2012年,第503页。引文根据原文略作修改,下同。

② 昆廷·斯金纳,“观念史中的意义与理解”(Meaning and Understanding in the History of Ideas),《历史与理论》(*History and Theory*),第8卷第1期,1969年,第4页。

③ 阿瑟.O. 诺夫乔伊,《存在巨链:对一个观念的历史的研究》(*The Great Chain of Being : a Study of the History of an Idea*),哈佛大学出版社,1964年。中译本参见:〔美〕诺夫乔伊:《存在巨链:对一个观念的历史的研究》,张传有,高秉江译,江西教育出版社2002年版。

在剑桥学派的几位学者看来，这两种研究方法都存在严重的缺陷，故而对其提出了有力的挑战。

最早触发这场"运动"的人是彼得·拉斯莱特。拉斯莱特于1938年从剑桥大学毕业。二战结束后，拉斯莱特于1949年回到剑桥大学并于当年出版了他编辑的菲尔默的《父权制及其他政治著作》[①]。1960年，拉斯莱特出版了自己编注的洛克的《政府论》，获得广泛的认可，成为最为权威的《政府论》评注本。[②]在为《政府论》所写的著名导论中，拉斯莱特谦虚地将自己的首要目标界定为"一项平庸的历史研究——按照洛克本人为读者设想的面貌还原他的文本，将其纳入当时的历史背景，即洛克本人的背景，揭示洛克的所思所写与有着历史影响的洛克之间的关联"[③]。拉斯莱特所自称的这项"平庸的历史研究"其实暗示了一种新的思想史研究方法。这种强调"历史性"或"历史准确性"，努力复原文本语境的方法，贯穿于拉斯莱特对菲尔默与洛克的研究，可以说是他最重要的贡献之一。

回过头来看，拉斯莱特的研究其实主要包括两个领域，一是早期

---

① 彼得·拉斯莱特编，《罗伯特·菲尔默：父权制及其他政治著作》(*Robert Filmer, Patriarcha and Other Political Works*)，牛津：罗勒·布莱克威尔出版公司，1949年。

② 彼得·拉斯莱特编，《约翰·洛克：政府论》(*John Locke, Two Treatises of Government*)，剑桥大学出版社，1960年。本文使用的中译本是：〔英〕彼得·拉斯莱特，《洛克〈政府论〉导论》，冯克利译，三联书店2007年版。部分引文根据原文略有修改。关于拉斯莱特的职业生涯，参见约翰·邓恩，托尼·瑞格利(Tony Wrigley)，"托马斯·彼得·拉夫尔·拉斯莱特"(Thomas Peter Ruffell Laslett (1915—2001))，https://www.thebritishacademy.ac.uk/publishing/memoirs/4/memoirs-laslett-thomas-peter-ruffell-1915-2001/。

③ 〔英〕彼得·拉斯莱特，《洛克〈政府论〉导论》，冯克利译，三联书店，2007年，第4页。

强调历史性的政治思想史研究，二是他后来所做的强调经验性的政治和社会研究[①]。两者都旨在回应政治学当时面临的危机，其方法也具有一定的相通性。[②] 贝维尔就认为，拉斯莱特“将他的现代经验主义带入政治思想史中”[③]。相比较而言，拉斯莱特的思想史研究影响更为深远，但是他没有深入阐述自己的思想史研究方法，后来也没有继续进行思想史研究。不过，拉斯莱特引导和启发了波考克、邓恩与斯金纳。斯金纳在接受采访时指出，自己被拉斯莱特的这篇导论“震撼了……让我觉得兴奋的是，在拉斯莱特的研究中，一部重要文本被赋予一个语境”[④]。波考克则说“拉斯莱特有关菲尔默和洛克的研究对于促使发现我们所谓的‘语境化’的东西来说至关重要”[⑤]。

① 后者包括：彼得·拉斯莱特，《我们遗失的世界：工业时代之前的英格兰》(*The World We Have Lost: England Before the Industrial Age*)，斯克里布纳之子公司，1965年。彼得·拉斯莱特，《早期年代的家庭生活与非法之爱：历史社会学论文集》，剑桥大学出版社，1977年。

② 有关拉斯莱特的贡献参见佩特里·科伊卡莱宁(Petri Koikkalainen)，“彼得·拉斯莱特与相互竞争的政治哲学概念”(Peter Laslett and the Contested Concept of Political Philosophy)，《政治思想史》(*History of Political Thought*)，第30卷，第1期(2009年)。

③ 贝维尔解释说，现代经验主义“努力利用经验证据确立可靠的原子化事实，进而最终确立更宽泛的历史理论和历史解释的有效性”。马克·贝维尔(Mark Bevir)，“语境主义进路”(The Contextual Approach)，载于乔治·克劳斯克(George Klosko)编，《牛津政治哲学史手册》(*The Oxford Handbook of the History of Political Philosophy*)，牛津大学出版社，2011年，第12页脚注。

④ 斯金纳指出，“这篇‘导论’促使我下定主意，我们可以从理论上进一步阐释此种处理文本的方式”。张新刚采访，王涛译，“剑桥学派与思想史研究——昆廷·斯金纳教授访谈”，《史学理论研究》，2018年第3期，第143页。

⑤ J. G. A. 波考克，“回应塞缪尔·詹姆斯的‘波考克与政治思想史中的剑桥学派”(A response to Samuel James's ‘J. G. A. Pocock and the Idea of the “Cambridge School” in the History of Political Thought’)，《欧洲观念史》(*History of European Ideas*)，第45卷，第1期，2019年，第100页。

这三位剑桥学派第一代学人陆续出场后，深入持续地阐述和践行新的思想史研究方法。下面将简要介绍三人早期发表的三篇最具代表性的论文。

波考克(1924—)在 1952 年获得剑桥大学的博士学位。毕业后，先后任教于新西兰与美国。波考克曾在多个场合与著述中表示，拉斯莱特的研究方法以及对 17 世纪英国思想的重视启发了他。他的博士论文就是对 17 世纪英国政治思想的研究，于 1957 年出版为《古老宪法与封建法：十七世纪英国历史思想研究》一书[①]。在写作此书的过程中，波考克也同时在思考思想史的研究方法。1962 年，波考克发表了“政治思想史，一种方法论的探究”[②]一文，讨论政治思想史的研究对象和研究方法。

波考克指出，研究政治思想就是研究思想家针对“行为传统”——“即我们从过去社会继承而来的所有一切政治方面的行为、谈话和思维方式”[③]——实施某种抽象活动时发生了什么。这种抽象活动可以在高低不同的层面以及理论和实践的不同层面上

① J. G. A. 波考克，《古老宪法与封建法：十七世纪英国历史思想研究》(*The Ancient Constitution and the Feudal Law: a study of English Historical Thought in the Seventeenth Century*)，剑桥大学出版社，1957 年。

② J. G. A. 波考克，“政治思想史，一种方法论的探究”(The History of Political Thought: A Methodological Enquiry)，载于彼得・拉斯莱特、W. G. 朗西曼(W. G. Runciman)编，《哲学、政治学与社会》(*Philosophy, Politics and Society*)，第二辑，牛津：罗勒・布莱克威尔出版公司，1962 年，第 183—202 页。这篇论文后来收入 J. G. A. 波考克，《政治思想与历史》(*Political Thought and History*)，剑桥大学出版社，2009 年，第 3—19 页。本文引用的是后一个版本。引文参考了中译本：波考克，“政治思想史，一种方法论的探究”，郑维伟、刘训练译，载许纪霖主编：《启蒙的遗产与反思》，江苏人民出版社，2010 年。

③ J. G. A. 波考克，“政治思想史，一种方法论的探究”，第 5 页。

发生，因而，“我们的历史任务是通过研究确定，思想究竟是在哪个层面上发生的”。[①] 但是，波考克指出，“政治思想史家时常偏离这项任务”[②]。其中最主要的一个问题在于，“政治思想史总是倾向于变成哲学”，具体来说就是“核心预设的变迁史”，甚至是“世界观史”。[③] 然而，这种政治思想史并不能“提供有效的历史解释”[④]。

这里的问题在于，史学家与哲学家的研究进路不同。哲学家“通过赋予思想以最高程度之理性融贯来解释思想”，这里的思想是“对经验或传统的一系列抽象”；而史学家感兴趣的是“思考政治的人”，他们研究“产生思想的实际抽象过程”或者说“产生和运用这些抽象的活动”。[⑤] 史学家可以进一步分为研究思想的史学家和研究行为的史学家，前者的任务是“研究思考活动、概念化活动以及从特定情境和传统中抽象出思想观念的活动”，后者的任务是“探究思想观念、信条以及论证如何帮助我们理解人们在具体情境中的行为”[⑥]。当然，在研究许多经典思想家的时候，史学家“或许需要同时扮演这两种角色”[⑦]。

文章的后半部分主要从“语言”的角度分析史学家应当如何研究政治思想。波考克认为，第一步需要搞清楚，“存在哪些批评或

---

① J. G. A. 波考克，“政治思想史，一种方法论的探究”，第 6 页。

② 同上文，第 6 页。

③ 同上文，第 7 页。

④ 同上文，第 7 页。

⑤ 同上文，第 9 页。

⑥ 同上文，第 13 页。

⑦ 同上文，第 13 页。

捍卫政治行为合法性的模式,它们涉及哪些象征或原则,以及它们试图用什么语言与论证形式来实现其目的。"[①]接着,史学家还必须"逐渐熟悉人们使用的不同讨论语言,以及它们通常蕴含的不同抽象层面……确定某个争论的展开或某位思想家提出自己的观念使用的是哪种语言以及是在哪个抽象层面上做出的……重要的是能够通过将思想置于其正确归属的话语传统中来解释思想"[②]。最终,当他进一步将思想作为哲学来研究时,他也需要"在某个传统——包含一个社会用于政治讨论的各种语言——的语境中来研究政治哲学"[③]。

邓恩(1940—)比波考克小16岁,同样毕业于剑桥大学(在拉斯莱特的指导下)。他于1966年加入剑桥大学的国王学院,并一直坐镇剑桥大学。1968年,邓恩发表了"观念史的特性"一文[④]。邓恩指出"观念史处于两种威胁的持久紧张中:一端是其历史的虚假,另一端是其哲学的无能"[⑤]。面对这个状况,思想史家不可偏废其一,应当同时兼顾,"把历史的精确性与哲学的精密性共同奉为追求的目标"[⑥],将"对过去的哲学难题的理性解释"和"对过去哲学家工作的因果解释"结合起来。邓恩特别分析了观念史"苍白无血肉"这个问

① J. G. A. 波考克,"政治思想史,一种方法论的探究",第16页。

② 同上文,第18页。

③ 同上文,第19页。

④ 约翰·邓恩(John Dunn),"观念史的特性"(The Identity of the History of Ideas),载《哲学》(*Philosophy*),第43卷,第164期(1968年四月刊),第85—104页。引文参考了中译本:"观念史的特性",任锋译,刘训练校,载许纪霖主编:《启蒙的遗产与反思》,江苏人民出版社,2010年。

⑤ 约翰·邓恩,"观念史的特性",第85页。

⑥ 同上文,第86页。

题，即“观念史中很少有分支被撰写成关于某个活动的历史。观念的复杂结构，以一种尽可能接近演绎体系的方式被组织起来”，它仅仅是“关于各种假想的历史”，而不是关于活动或社会活动的历史。

具体到政治思想史，邓恩指出，其内容至少包括命题和活动，前者“讨论政治世界是什么、应该是什么以及其中的恰当行为的标准是什么”，诉诸理性解释，提供有关政治论证（political arguments）的历史；后者讨论“人们阐发这些命题时从事的活动”，诉诸因果解释，提供有关政治论辩（political arguing）的历史。[①] 针对政治思想史的现状，邓恩主要强调了后者的重要性，尤其是要重视人作为言说者的角色。他援引语言学家奥斯汀（J. L. Austin）的言语行为理论指出，“除非我们知道一个人正在做什么，否则我们便不可能知道他想要表达什么。”[②]与此同时，邓恩指出了因果解释（特别是“根据社会结构解释个人行为”[③]）可能会犯的错误。总的来说，我们的努力方向是回到“人们发出的话语的语境”中。邓恩认为“解释问题始终在于闭合语境。实际上闭合语境的是言说者的意图（以及，更加宽泛地说，经验）”[④]。邓恩在20世纪60年代对剑桥学派的贡献主要体现在运用新的方法研究洛克，本文第三部分将对此略作介绍。

---

① 约翰·邓恩，“观念史的特性”，第92页。

② 约翰·邓恩，“观念史的特性”，第93页。奥斯汀的相关理论参见：J. L. 奥斯汀（J. L. Austin），《如何以言行事》（*How to Do Things with Words*），牛津大学出版社，1962年。中译本参见：〔英〕J. L. 奥斯汀：《如何以言行事》，杨玉成，赵京超译，商务印书馆2012年版。

③ 约翰·邓恩，“观念史的特性”，第95页。

④ 同上文，第98页。

斯金纳(1940—)同样受业于剑桥大学并于1962年本科毕业后就留校任教了。斯金纳一直坐镇剑桥大学,一直致力于思想史的研究,成为了剑桥学派的领军人物。早在本科阶段,斯金纳就阅读了拉斯莱特编辑的《政府论》,并深深为之折服。斯金纳曾在采访中饱含感激之情地指出,拉斯莱特的作品以及他对自己的指导和建议是他早期剑桥生涯的"幸运的事"。[①]波考克也是斯金纳较为尊敬的学者,两人在五六十年代就相互通信。斯金纳曾说,《古老宪法与封建法》"是我本科时代看过的最激动人心的著作"[②]。就同龄的剑桥学人而言,斯金纳与邓恩同岁,两人是很好的朋友。邓恩当时致力于研究洛克,而斯金纳则致力于研究霍布斯,两人经常在一起讨论问题。[③]

斯金纳非常赞同邓恩的"观念史的特性"一文的基本观点。在此启发下,他于1969年发表了一篇长达50页的论文"观念史中的意义与理解"[④],系统全面地反思思想史研究方法存在的问题并提出了自己的基本看法。此文气势非凡,指点学界。斯金纳的批判

① 〔英〕玛丽亚·露西娅·帕拉蕾丝-伯克,《新史学:自白与对话》,彭刚译,北京大学出版社,2006年,第273页。斯金纳早年对霍布斯的研究正是受拉斯莱特此书的启发。

② 〔英〕玛丽亚·露西娅·帕拉蕾丝-伯克,《新史学:自白与对话》,第279页。

③ 同上书,第278—279页。

④ 昆廷·斯金纳,"观念史中的意义与理解"("Meaning and Understanding in the History of Ideas"),《历史与理论》(*History and Theory*),第8卷,第1期,1969年。后经大幅修改和删减收入斯金纳2002出版的《政治的视野》中:昆廷·斯金纳,《政治的视野,第一卷,论方法》(*Visions of Politics, vol. I, Regarding Method*),剑桥大学出版社,2002年,第57—89页。参见彭刚对这篇论文的具体分析:彭刚,"历史地理解思想",《什么是思想史》,上海人民出版社,2006年。

对象与波考克、邓恩大致一样，但是年轻气盛的斯金纳点名道姓批判了许多名家名作，显得更加直接，更加尖锐。他自己后来戏称此文是一次“恐怖主义袭击”[①]。总的来说，这篇论文主要批判了两种观念史研究方法，一种暂且称其为“文本主义”方法（仅是笔者的称法），另一种是“社会语境”方法。

首先，斯金纳从“学说的神话”（mythology of doctrines）、“融贯性的神话”（mythology of coherence）和“预期的神话”（mythology of prolepsis）这三种“神话”的角度，分析“文本主义”容易导致的“各种历史谬误”[②]。制造“学说的神话”的史学家“期待每位（例如道德理论史或政治理论史方面的）经典著作家会对这个主题的每个论题都提出了自己的学说”，愣是要“找出”某位著作家关于所有强制主题的学说。[③] 制造“融贯性的神话”的史学家有时会发现，“某些经典作家并不前后一贯，甚至未能系统阐述自己的信条。此时，假如史学家还是认为，历史探究的基本范式是阐述经典著作家有关某个主题的所有典型论题的学说，那么史学家就很容易（危险地）认为，自己的一项任务是为这些文本提供或者寻找它们本身似乎缺乏的融贯性。”[④]制造“预期的神话”的史学家“在考察某些特定文本对于我们的重要性时，很容易一提笔就描述这部著作及其所谓的相关性，不给分析原作者意欲什么或是什么意思这个问题留下任何余地。”[⑤]

斯金纳认为，施特劳斯的研究方法同时涉及三种神话，而洛夫

① “与过去相遇：斯金纳访谈”，第 504 页。

② 昆廷·斯金纳，“观念史中的意义与理解”，第 7 页。

③ 同上文，第 7 页。

④ 同上文，第 16 页。

⑤ 同上文，第 22 页。

乔伊主要涉及第一种神话。针对这些制造神话的研究，斯金纳最后指出，其更深层的问题在于，此方法“仅仅聚焦文本本身，仅仅研究每位经典著作家对每个给定学说说了什么”[①]，忽视了相关术语之意义的变化，著作家可能采用拐弯抹角的策略（如反讽）以及著作家做出陈述或使用词语的意图和用意，故而无法使我们了解“著作家发表这些言论可能是什么意思”。[②]

“社会语境”方法可以在麦克弗森、托尼（R. H. Tawney）、特雷弗·罗珀（Hugh Trevor-Roper）、纳米尔（L. B. Namier）等人的研究中找到。这种方法的特点比较鲜明，就是将文本的社会语境和文本的内容（著作家书写文本的行为）分别作为原因和结果来加以解释。斯金纳认为，这种因果解释的根本问题在于，了解某个行为的原因并不等于理解这个行为。这个方法没能也无法把握行动者的用意（point）。此外，行为者“做某事的意图”（intention to do x）也许可以被视为原因，但是还有另一种意图，即“在做某事中的意图”（intention in doing x），并不是行为的原因，但却对于理解这个行为和把握行动者的用意来说至关重要。[③] 斯金纳还指出，理解某个行为或某人的陈述“不仅需要把握某个话语的意义，而且还要把握意欲的以言行事力量”[④]，但是“社会语境”方法根本无法把握这个“以言行事力量”。斯金纳的这些观点都来自于奥斯汀的言语行为理论的启发。他随后几年发表的几篇有关方法论的论文，更

① 昆廷·斯金纳，“观念史中的意义与理解”，第 31 页。
② 同上文，第 31 页。
③ 同上文，第 45 页。
④ 同上文，第 46 页。

为深入地使用和发展了奥斯汀的理论。

斯金纳在文章的最后给出了两个正面结论。第一个结论涉及观念史研究的恰当方法。斯金纳指出，“理解文本的前提，在于掌握著作家意欲文本传达的意义以及著作家意欲此意义如何被人所接受……观念史的恰当方法必须首先想办法勾画出，人们依照常规（Convention）在某个特定情境中发出某个话语可能实施的所有沟通行为。接着，再考察这个话语与那个更广泛的语言语境之间的关系，从而揭示那位著作家的实际意图。”①第二个结论涉及观念史研究的价值。斯金纳指出，这个价值并不在于“从经典文本中学到所谓的‘恒久问题’和‘普世真理’”②，因为经典文本关心的是它们自己的问题，而不是我们的问题，但是这恰恰是观念史研究的价值，即“有助于揭示切实可行的道德预设和政治信仰的多样性”③，使我们获得自知之明。

上述三篇有关思想史研究方法的论文，具有较强的论战批判性和初步尝试性。我们可以看到，三人的批判对象和基本主张具有一定的相似性。非常粗糙地讲，首先，他们都批判思想史研究的过度哲学化，强调将历史性和哲学性予以结合，或者说需要高度重视历史性。其次，他们都认为，思想史研究不能仅仅研究“经典文本”本身，但也不能完全通过观念的“社会语境”来解释观念。第三，他们都认为，我们可以从思想作为语言（或话语）和行为（或活动）的角度入手研究政治思想史。因此，他们所讲的“语境”是这方面的语

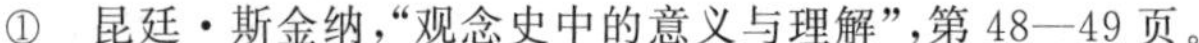

① 昆廷·斯金纳，“观念史中的意义与理解”，第48—49页。

② 同上文，第50页。

③ 同上文，第52页。

境，而不是斯金纳批判的或我们常说的那种“语境”。当然，虽然三人在方法论上的立场颇为相似，存在相互启发和借鉴的地方，但也存在不同之处，特别是等到他们（主要是波考克和斯金纳）随后进一步完善自己的理论后，各自的特点和相互的差异就愈发明显了。

三、剑桥学派早期对洛克财产学说的研究

到19世纪50年代，西方学界对洛克的学说已经有了一定的研究。人们的一个普遍看法或困惑是，洛克的哲学与政治学都不够融贯，存在许多自相矛盾的地方，而且两者之间的联系也不明确。如何准确解读洛克的著作，如何准确定位洛克的思想史地位，如何对洛克的影响做出令人信服的判断，这些问题依然困扰和激发着所有的洛克研究者。洛克的财产理论毫无疑问是其中的一个关键问题，甚至可以说是一个核心问题。[①]

1953年，施特劳斯出版了《自然权利与历史》一书[②]。他在第五章“现代自然权利”中将洛克置于自己所定义的古今之争的大局中。他认为，洛克与霍布斯一样都是现代自然权利的倡导者。[③]施

① 对于此时的研究成果的介绍，参见理查德·阿什克拉夫特（Richard Ashcraft），“洛克学术研究的一个评注”（A Critical Note on Locke Scholarship），载于理查德·阿什克拉夫特，《洛克的政府论》（*Locke's Two Treatises of Government*），尤文·海曼出版公司，1989年，第298—300页。

② 列奥·施特劳斯，《自然权利与历史》（*Natural Right and History*），芝加哥：芝加哥大学出版社，1953年。

③ 施特劳斯于1958年又发表了一篇题为《批判性评注：洛克的自然法学说》：列奥·施特劳斯，“批判性评注：洛克的自然法学说”（Critical Note：Locke's Doctrine of Natural Law），《美国政治科学评论》（*The American Political Science Review*），第52卷，第2期（1958年2月），第490—501页。施特劳斯写作此文主要是分析（移下页）

特劳斯总结说:“洛克的财产学说以及他的整个政治哲学,不仅就《圣经》传统而言,而且就哲学传统而言都是革命性的。通过将重心由自然义务或责任转移到自然权利,个人、自我成了道德世界的中心与源泉,因为人——不同于人的目的——成为了那一中心和源泉。洛克的财产学说比之霍布斯的政治哲学,是这一根本转变的更加‘先进’的表达。”[①]此外,施特劳斯也认为,我们可以将洛克的财产学说视为“‘资本主义精神’的经典学说”[②]。洛克证明了“无限获取财富并非不义,在道德上也并非错误”。[③] 不过,从这个角度对洛克进行细致解读的还数麦克弗森。

在1951年和1954年,麦克弗森分别发表了研究洛克的“洛克论资本主义私占”[④]和“洛克政治学说的社会关联”[⑤]两篇论文。1962年,麦克弗森出版了《占有性个人主义的政治理论:从霍布斯到洛克》一书,更为全面系统地陈述了他对洛克的解读。总的来说,麦克弗森将洛克置于自己定义的资本主义社会的兴起与发展

刚刚由冯·列登编辑出版的洛克的手稿《自然法辩难》,重申自己之前的主张。《约翰·洛克:自然法辩难》(*John Locke,Essays on the Law of Nature*),克拉伦登出版社,1954年。

① 〔美〕列奥·施特劳斯,《自然权利与历史》,彭刚译,三联书店2006年版,第253页。本文的部分引用根据原文略作修改。

② 〔美〕列奥·施特劳斯,《自然权利与历史》,彭刚译,三联书店2006年版,第251页。

③ 同上书。

④ C. B. 麦克弗森(C. B. Macpherson),“洛克论资本主义私占”(Locke on Capitalist Appropriation),《西方政治理论季刊》(*The Western Political Quarterly*),第4卷,第4期(1951年12月)。

⑤ C. B. 麦克弗森,“洛克政治学说的社会关联”(The Social Bearing of Locke's Political Theory),《西方政治理论季刊》(*The Western Political Quarterly*),第7卷,第1期(1954年3月)。

脉络中，将洛克解读为无限私有财产权、阶级差别与阶级结构的辩护者。他认为，与霍布斯一样，洛克为“占有性市场社会”和“占有性个人主义”提供了理论支持。[①]

两人对洛克的解读分析深入，结论明确，对学界产生了巨大的影响，同时也引起了不少批判性回应。其中最为主要的一支批判力量来自“剑桥学派”的几位学者：拉斯莱特、邓恩与塔利。

拉斯莱特在1960年为《政府论》所写的“导论”中，借助翔实的史料分析证明，《政府论》是为了反驳菲尔默，而不是霍布斯。他指出，“应当把洛克与霍布斯相提并论”只不过是在“不加批判地沿袭强大的传统”，“这样做证据不足”。[②] 例如，拉斯莱特指出，就《政府论》而言，“若不是因为菲尔默，洛克的许多论证也许根本就不会出现”；尽管霍布斯和菲尔默都持有某种绝对主义立场，但是“洛克所反对的几乎全是菲尔默的那种绝对主义立场”；“在洛克的全部文稿中，找不到任何一条霍布斯著作的摘录”。[③] 拉斯莱特并不否认霍布斯对洛克的各种影响，不过他强调这种影响是间接的，只能在特定层面上成立。此外，拉斯莱特还特别指出，作为《政府论》作者的洛克呈现为一种完全不同于作为《利维坦》作者的霍布斯的政治理论家类型。如此一来，施特劳斯与麦克

① C. B. 麦克弗森，《占有性个人主义的政治理论：从霍布斯到洛克》(*The Political Theory of Possessive Individualism: From Hobbes to Locke*)，牛津大学出版社，1962年。

② 〔英〕彼得·拉斯莱特，《洛克〈政府论〉导论》，冯克利译，三联书店2007年版，第27页。

③ 同上书，第88、91、96页。

弗森建构的从霍布斯到洛克再到其他人的思想史脉络，就受到了一定的挑战。[①]

在“导论”的第五部分，拉斯莱特对洛克的主要思想进行了分析。在谈论到洛克的财产学说时，拉斯莱特指出，洛克的财产学说“一向是受到众多批评和误解的主题”[②]。最需要澄清的一个误解就是：“洛克既不是‘社会主义者’，也不是‘资本主义者’”。[③]拉斯莱特明确指出，施特劳斯与麦克弗森将洛克定位为资本主义精神的代言人的做法“没有任何正当的理由”[④]。原因在于，这种解读无视许多明白无误的事实，比如洛克把无限获取描述为“恶劣的占有欲，邪恶的意念”(《政府论》下篇第 111 节)，又比如洛克的一贯主张，即“自然法的义务并没有在社会中消失，而是在许多场合下表达得更为清楚”(《政府论》下篇第 135 节)等等[⑤]。

虽然拉斯莱特对洛克的财产学说提出了一些颇有见地的看法，但是他认为“洛克的财产学说是不完备的……我们也不应期待它成为一种成熟的、融贯的财产学说”[⑥]，因为洛克主要关心的是

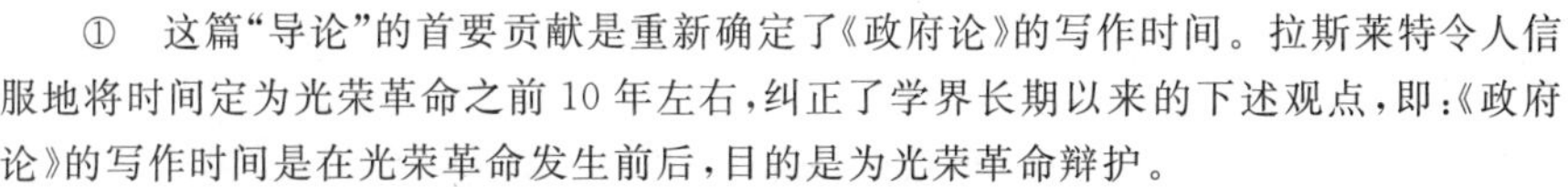

① 这篇“导论”的首要贡献是重新确定了《政府论》的写作时间。拉斯莱特令人信服地将时间定为光荣革命之前 10 年左右，纠正了学界长期以来的下述观点，即：《政府论》的写作时间是在光荣革命发生前后，目的是为光荣革命辩护。

② 〔英〕彼得·拉斯莱特，《洛克〈政府论〉导论》，第 133 页。

③ 同上书，第 136 页。

④ 同上书，第 135 页。

⑤ 〔英〕彼得·拉斯莱特，《洛克〈政府论〉导论》，第 136 页。拉斯莱特认为，施特劳斯的解读基于“任意的文本解读”，而麦克弗森“得出他本人那种完全不着边际的、有时反历史的结论，只是因为他决意要证明洛克的目的只能是‘为资本主义私占提供意识形态支持’”。〔英〕彼得·拉斯莱特，《洛克〈政府论〉导论》，第 136 页脚注。

⑥ 〔英〕彼得·拉斯莱特，《洛克〈政府论〉导论》，第 136—137 页。

当时的征税问题，而非财产这个主题本身。对于洛克的自然法学说，拉斯莱特表示，“《人类理智论》没有为自然法留出立足之地”[①]，而《政府论》对自然法这个概念的使用最多也只能说是模糊的。拉斯莱特的整篇导论只有一章集中处理“《政府论》的社会和政治理论”，因而这方面的分析显然不够系统深入。当然，他也没有在方法论上给出深入的阐释。这些工作首先由邓恩，后来再由塔利加以补充。[②]

在介绍邓恩的洛克研究之前，我们先来看一下斯金纳。在整个六十年代，斯金纳主要研究的经典思想家是霍布斯，他发表了多篇研究霍布斯的论文。但是，在1969年的“观念史中的意义与理解”一文中，他多次提到洛克研究存在的问题。例如，将洛克在《政府论》中就信托关系做过的零星评论汇集起来，提出洛克的“政治信托”学说就是在制造学说的神话。[③] 罔顾洛克早期政治理论著作的保守主义甚至威权主义立场，将洛克的整个政治学简单视为一种“自由主义”政治理论就是在制造融贯性的神话。[④] 在没有充分历史证据的情况下，提出所谓霍布斯的思想对洛克的影响就是

① 〔英〕彼得·拉斯莱特，《洛克〈政府论〉导论》，第105页。

② 有些偏向剑桥学派的冯·列登与菲利普·艾布拉姆斯为各自所编的洛克的《自然法辩难》与《政府短论两篇》写了很长的导论，但主要针对这两个文本，而非对洛克思想的全面分析：W. 冯·列登（W. Von Leyden）编，《约翰·洛克：自然法辩难》（*John Locke*，*Essays on the Law of Nature*），克拉伦登出版社，1954年。菲利普·艾布拉姆斯（Philip Abrams）编，《约翰·洛克：政府短论两篇》（*John Locke*，*Two Tracts on Government*），剑桥大学出版社，1967年。

③ 昆廷·斯金纳，“观念史中的意义与理解”，第9页。

④ 同上文，第19页。

在制造预期的神话。①

在塔利之前，剑桥学派中对洛克研究贡献最大的学者是邓恩。邓恩分别于1967年与1968年发表了“约翰·洛克政治思想中的同意”与“正义与洛克政治思想的解释”两篇论文，分别对洛克思想中的“同意”与“正义”概念进行了深入的分析。② 1969年，邓恩出版了他对洛克的《政府论》的研究著作《约翰·洛克的政治思想》③。此书被斯金纳称为剑桥方法“最早且最成功的研究著作”④。当然，邓恩本人也明白无误地表明，自己试图用新的方法分析洛克的政治思想。

邓恩在此书的副标题中指出，自己的研究方法是“历史解释”。他写道，这种解释“依赖于充分辨识洛克的本意……‘历史’解释是解释洛克到底在说什么，而非解释某个学说，一个洛克用某种隐匿的笔墨写就（也许是无意识中写就的），只有对着20世纪的思维之光（或热）才能显现的学说”⑤。他指出，具体来说，这本书有两个目的，包括“相比于之前的解释，更为融贯、更具历史准确性的解释洛克在《政府论》中的论证，以及更融贯的解释洛克为什么要坚持这

① 昆廷·斯金纳，“观念史中的意义与理解”，第26页。

② 约翰·邓恩，“约翰·洛克政治思想中的同意”（Consent in the Political Theory of John Locke），《历史杂志》（*The Historical Journal*），第10卷，第2期（1967年）。约翰·邓恩，“正义与洛克政治思想的解释”（Justice and the Interpretation of Locke's Political Theory），《政治学研究》（*Political Studies*），第16卷，第1期（1968年）。

③ 约翰·邓恩，《约翰·洛克的政治思想》（*The Political Thought of John Locke*），剑桥大学出版社，1969年。

④ “与过去相遇：斯金纳访谈”，第505页。

⑤ 约翰·邓恩，《约翰·洛克的政治思想》，第Ⅸ页。

种论证”[①]。

在邓恩看来，“辉格学派、马克思主义者和施特劳斯主义者揭示的隐藏真相都只是僵化的迷信，只是一些无力解释约翰·洛克微观世界的模型”[②]。他的书则意在阐明“为什么洛克在《政府论》中说了那些话，写了那些文字，发表了那些内容”[③]。面对人们对《政府论》千差万别的解读，邓恩试图将洛克的这部作品置于两个历史中，一个是“对该书的解释历史”，一个是“该书自己的历史”。[④]另一方面，就解读洛克的政治思想的具体角度而言，邓恩认为，此书最重要的创新在于“全书都强调洛克的宗教执念具有的理论核心地位”[⑤]。换言之，在邓恩看来，我们必须从洛克的神学思想入手，理解洛克的《政府论》。因此，《约翰·洛克的政治思想》最大的特点在于一种独特的历史解释方法和一种宗教神学的解释角度。

《约翰·洛克的政治思想》的第一部分分析洛克的早期作品《自然法辩难》与《宽容短论》，第二部分分析《政府论》与排除危机事件的关系、洛克与菲尔默、霍布斯等人的关系，第三部分分析《政府论》中的几个重要概念和学说，如自然状态、正当政体、反抗权、自然法等。在这三部分中，只有在分析菲尔默的政治理论以及洛克的默示同意概念时，有一定的篇幅涉及洛克的财产学说，其他章节对此着墨不多。

① 约翰·邓恩，《约翰·洛克的政治思想》，第Ⅺ页。

② 同上书，第5页。

③ 同上书，第6页。

④ 同上书，第9页。

⑤ 同上书，第Ⅺ—Ⅻ页。

但是在此书的第四部分，邓恩驳斥了麦克弗森的基本观点，阐述了自己对洛克的财产权学说（或者说权利学说）的基本看法。他指出，麦克弗森对洛克的解读，其核心就是洛克的财产权学说。在麦克弗森那里，洛克所讲的财产权塑造了人的本质，人与人之间理性能力的差异，阶级与阶级之间的差异，最终证成了一种不同于封建社会的资本主义社会。或者用邓恩的概括来说，“麦克弗森对洛克关于财产权的论述的分析认为，其核心意图是彻底消除对私人积累的限制，从而允许无限占有。如此一来，在个体层面上，财产权成为一种纯粹私人权利，将其从中世纪慈善义务观所暗示的社会责任语境中移除。它将理性能力缩减为私占，将永不停息的积累视为每个个体生活的正当规划，积累的目的不是消费、舒适或幸福，而是自身的永续。”[①]结果穷人被忽视，富人被美化。

在解释方法上，邓恩驳斥说，这种解释（自由主义解释亦是如此）“很可能就是洛克的著作对我们的重要性，但这几乎不可能是他如何想到这个主题的充分因果关系解释”[②]。它并没有说明，“为何洛克愿意将他自己打造成这种新政制的意识形态刽子手？”[③]。也就是说，这种解释仅仅将经典文本作为“哲学论证”，而忽视了它作为“个体的历史行动”这个面向，故而无法说明著作家为什么会产生某个目的，为什么会想到某个概念，为什么会那么写等等此类问题。[④] 此外，我们还需注意“如何恰当地使用一部复杂

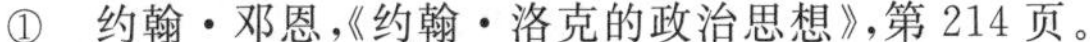

① 约翰·邓恩，《约翰·洛克的政治思想》，第214页。

② 同上书，第207—208页。

③ 同上书，第211页。

④ 同上书，第208页。

的思想活动作品来阐明社会史"这个问题。粗糙地宣称"某种思想活动可以反映某个社会的社会结构",就会将"思想史(尤其是对伟大政治哲学著作的)研究,变成社会历史研究的精细复杂且思想上廉价的代替物"①。

在具体观点上,邓恩认为关键要把握洛克的呼召论(doctrine of the calling)。呼召论是清教思想的一个重要内容。邓恩从这个角度来解读洛克对劳动、权利与义务(责任)的关系、平等主义、社会结构和社会秩序等问题的理解,提出了许多精到的观点。例如,在洛克这里,"决定人的生活的是一系列义务,提升幸福的权利无论如何必须与这些义务相容"②,而人的主要义务就是呼召要求的义务。这些义务包括劳动,劳动必须被视为呼召的组成部分。此外,洛克保留了呼召观念的关键内容:一种基督教平等主义。"所有人作为基督徒是平等的,无论作为社会成员,他们有多么不平等。他们全都生而烦恼,并受召劳动,尽管劳动私占的形式自然随其社会处境而不同。尽管劳动的恰当形式多有变化,但每个人应当展现的努力和信奉基本上一样。"③邓恩总结道:"粗略地讲,洛克的社会与政治学说是对加尔文主义社会价值观的阐释。④"

单就洛克的财产理论而言,邓恩的分析存在几点不足。首先,邓恩没有给出严谨的文本分析。他没有具体分析洛克的财产权学说(特别是《政府论》下篇的第五章)的内在逻辑以及洛克

① 约翰·邓恩,《约翰·洛克的政治思想》,第208—209页。

② 同上书,第218页。

③ 同上书,第226页。

④ 同上书,第259页。

的财产权学说与《政府论》下篇后半部分以及《人类理智论》《自然法辩难》等其他文本的内在关联，而仅仅提出了几点总体看法①。其次，正如麦克弗森在对《约翰·洛克的政治思想》的书评中指出的：按照邓恩的解释，洛克的财产学说存在大量不融贯或者说含糊不清的地方。这使得我们搞不清这到底是洛克的问题，还是邓恩的解读本身就有问题。②塔利的《论财产权》在这些方面补充了邓恩的研究。

四、《论财产权》的研究方法

本文最后两部分将分别介绍《论财产权》的研究方法及其对洛克研究的贡献。在方法论方面，邓恩当时并没有系统的研究，斯金纳对塔利的影响更大、更直接。大致来讲，《论财产权》的研究方法是一种语境主义方法。塔利在"前言"的第一句话中指出："我这本书的主要目的是复原洛克通过《政府论》的财产权理论试图传达的意涵。在我看来，这一工作要求我们将文本置于两个语境中加以考量。"③

① 参见杰克·利夫里(Jack Lively)的书评："约翰·邓恩的《约翰·洛克的政治思想》与约翰.W. 约尔顿的《约翰·洛克：问题与视角》"(*The Political Thought of John Locke* by John Dunn; *John Locke: Problems and Perspectives* by John W. Yolton)，《英国历史评论》(*The English Historical Review*)，第86卷，第340期(1971年7月刊)，第589页。

② C. B. 麦克弗森，"洛克研究的进展"(Progress of the Locke Industry)，《加拿大政治科学》(*Canadian Journal of Political Science*)，第3卷，第2期(1970年6月)，第324页。

③ 詹姆斯·塔利，《论财产权：约翰·洛克和他的对手》，第Ⅸ页[指本书英文版页码，即本书边码，下同。]。

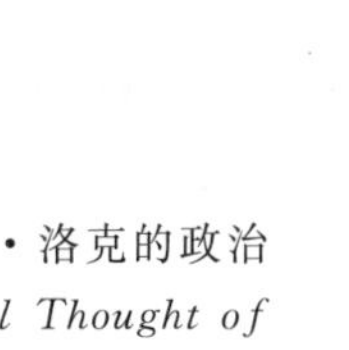

这个方法主要借鉴自斯金纳。塔利在1983年发表的“笔为利剑:昆廷·斯金纳对政治的分析”[①]一文的前半部分将斯金纳的方法论总结为回答五个问题的五个步骤。《论财产权》试图还原的两个语境基本上对应其中的第一步和第二步。

按照塔利的总结,斯金纳的方法的第一步是回答“就与构成意识形态语境的其他现存可用文本的关系而言,一位著作者写作一个文本是在做什么?”这个问题[②]。这里的“意识形态是指一种政治语言,由一些政治常规界定并被一群作者使用”[③]。为了回答这个问题,需要“将文本置于它的语言语境或意识形态语境中,即那个时期所写的和所用的指向相同或相似问题并共享某些常规的文本集合”[④]。只有这样,我们才能知道著作家“在多大程度上接受并采纳,或质疑并反驳,或也许甚至出于论辩目的而无视那些政治论争中通行的预设与常规”[⑤]。这里的常规是指“将一系列文本联系在一起的语言方面的相关常识:共享的词汇、原则、预设、检验知识主张的标准、问题、概念区分等等。”[⑥]值得注意的是,这项工作并不否认对文本的含义和所指的解释,只不过强调,在解释作者“说了什么”的基础上,我们还需要解释作者在写这些文本时“做了什么”。

① 詹姆斯·塔利,“笔为利剑:昆廷·斯金纳对政治的分析”(The Pen Is a Mighty Sword: Quentin Skinner's Analysis of Politics),《英国政治科学》(*British Journal of Political Science*),第13卷,第4期(1983年10月),第489—509页。

② 詹姆斯·塔利,“笔为利剑:昆廷·斯金纳对政治的分析”,第490页。

③ 同上文,第491页。

④ 同上文,第491页。

⑤ 同上文,第492页。

⑥ 同上文,第491页。

第二步是回答“结合构成实践语境的那些可采取但可疑的政治行为来看，一位著作家写作一个文本是在做什么？”[①]或者说“一位著作家操纵那些可用的意识形态常规是在干什么？”这个问题。[②]如前所述，文本可以成为意识形态手段，但是意识形态活动还可以进一步成为政治活动。换言之，政治思想家的文本不仅在（政治）语言层面上发挥作用，而且在（政治）实践中发挥作用。为了回答这个问题，我们必须“将文本置于其实践语境中：即著作家所处理和文本所回应的那个社会的可疑政治活动或‘相关特征’”[③]。第二步的要点在于“由于政治意识形态描绘了政治行为（政治制度、政治实践等等），改变意识形态的某些常规就是在改变某些政治行动被描绘的方式。被著作家操纵的常规就重新摘述从而重新界定了政治行为。因此，第二步就是，比较相关政治行为如何被意识形态常规塑造与这个政治行为如何通过在文本中操纵常规而被重新描述。这个新的界定是把握文本的政治用意的关键”。[④]

与上述第一步对应，塔利指出，《论财产权》还原的第一个语境是“洛克采用的规范性语词和常规。洛克正是使用它们来进行写作。这一思想母体由17世纪的自然法和自然权利‘话语’构成，而洛克是其中一位贡献者。”[⑤]塔利通过这个方法来“阐明自然法著作通常采用的那些常规”[⑥]，并且能够阐明洛克的财产权理论，哪

① 詹姆斯·塔利，“笔为利剑：昆廷·斯金纳对政治的分析”，第490页。
② 同上文，第492页。
③ 同上文，第493页。
④ 同上文，第493页。
⑤ 詹姆斯·塔利，《论财产权：约翰·洛克和他的对手》，第Ⅸ页。
⑥ 同上书，第Ⅸ页。

些内容是传统的，哪些内容不同于标准的说法。此外，塔利还指出，“这个方法能够将主体间信条分离出来。主体间信条是在洛克的读者看来毋庸置疑的东西，所以能够发挥证成论点的公共标准的作用。”[①]

为了还原第一个语境，塔利做了多项工作。在第二章分析洛克的《政府论》与《人类理智论》的关系以及洛克的自然法理论的哲学基础和具体内容时，塔利还原了17世纪的相关语境，特别是巴贝拉克对《人类理智论》的解读。在第三章第二节，塔利通过阐述自然法思想与非自然法思想之间的论争，主要是菲尔默对格老秀斯的批判以及洛克对菲尔默的批判，还原洛克自然权利理论的直接意识形态语境。在第三章第三节，塔利解读了17世纪的诸多自然权利文本，包括苏亚雷斯、格老秀斯、塞尔登、普芬道夫、坎伯兰等思想家的著作。在还原这个更加宽广的语境的过程中，通过将洛克与这些人进行比较（特别是对相关术语的不同界定与不同用法），说明洛克的财产权理论在哪些地方，通过什么方法重申了常规，又在哪些地方，通过什么方法进行了创新。这里的重点是说明有关“包容性自然权利”的常规以及洛克提出“包容性自然权利”的意图。在第四章和第五章分析洛克的“排他性自然权利”时，塔利也不断将其置于上述诸多现代早期思想家的相关文本和论述构成的语境中，阐释相关的常规。

与上述第二步对应，塔利指出，《论财产权》还原的第二个语境是“洛克在《政府论》中处理的社会与政治议题。为了理解洛克的

① 詹姆斯·塔利，《论财产权：约翰·洛克和他的对手》，第Ⅸ页。

意图及他的意思，较为关键的一点似乎是要问一问，洛克在以他的方式使用这些规范性语词时到底想要做什么。哪些社会和政治行动是他希望加以赞同的，哪些是他希望加以反对的。”[①]简言之，这个做法试图处理与洛克的财产权理论相关（特别是英国当时）的一些政治行为和政治制度。

为了还原这个语境，塔利做了下述几项工作：首先，在开始具体分析洛克的自然权利理论之前，塔利在第三章第一节简要还原了其政治语境，也就是当时英国辉格党人与托利党人之间的政治斗争，特别是有关约克公爵皇位继承权的“排除危机”。在详尽分析了洛克的财产权理论后，塔利在第七章第三节回到这个问题，具体分析财产权与英格兰当时的实际政治，特别是人民的革命活动的关系。另一个重要的实践问题涉及与财产权相关的经济制度和活动。一个是洛克的理论与资本主义的关系，集中体现在第六章第二节，包括主仆关系、劳动社会分工等问题。当然，第六章第一节有关慈善和继承的分析也涉及当时的实践问题。另一个涉及土地财产权，特别是地主的圈地行为，集中体现在第六章第三节。[②]

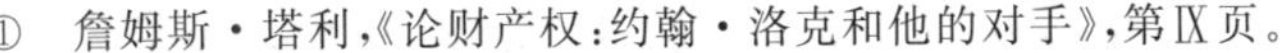

① 詹姆斯·塔利，《论财产权：约翰·洛克和他的对手》，第Ⅸ页。

② 塔利所总结的斯金纳的研究方法的另外三个步骤分别是：第三步是研究“各种意识形态如何被辨识出来，如何考察并解释它们的形成、对它们的批判以及它们的变化？”。最重要的一点是，史学家不能仅仅通过所谓的经典文本来界定某一历史阶段主导的意识形态，因为经典文本往往在挑战常规，因此我们需要“启用并考察那些次要的文本”。第四步是回答“政治意识形态与政治行为之间的关系是什么，这种关系对政治行为有什么影响？”这个问题。最重要的一个关系是著作家操纵意识形态中某些同时具有描述性与评价性的术语，将某些政治行为正当化或去正当化。第五步是回答“将意识形态变化加以传播并加以常规化的过程中涉及何种形式的政治思想与政治行为？”这个问题。《论财产权》其实也涉及这里的第三和第四步，但是没有涉及第五步。詹姆斯·塔利，“笔为利剑：昆廷·斯金纳对政治的分析”，第494—498页。

还是要强调一下，这里的“语境”显然不同于斯金纳在1969年的论文“观念史中的意义与理解”中批判的“社会语境”方法所讲的“语境”。斯金纳在发表“观念史中的意义与理解”后陆续发表数篇论文具体阐述自己的思想史研究方法，如1970年的“常规与理解言语行为”[①]，1971年的“言语行为的实施与解释”[②]，1972年的“动机、意图与文本的解释”[③]和“‘社会意义’与社会行为的解释”[④]。想必是担心引发读者的误解，这些论文都几乎没有使用“语境”这个概念。直到1974年的“分析政治思想与行为的几个问题”[⑤]一文，斯金纳才从正面使用“语境”这个概念，而较为深入阐释他自己的“语境”概念则是1975年发表的“诠释学与历史的角色”一文[⑥]。当然，他的“语境”概念完全不同于他之前批判的“社会语境”，而是基于上述几篇

① 昆廷·斯金纳，“常规与理解言语行为”(Conventions and the Understanding of Speech Acts)，《哲学季刊》(*The Philosophical Quarterly*)，第20卷，第79期(1970年四月刊)。

② 昆廷·斯金纳，“言语行为的实施与解释”(On Performing and Explaining Linguistic Actions)，《哲学季刊》(*The Philosophical Quarterly*)，第21卷，第82期(1971年1月刊)。

③ 昆廷·斯金纳，“动机、意图与文本的解释”(Motives, Intentions and the Interpretation of Texts)，《新文学史》(*New Literary History*)，第3卷，第2期(1972年冬季刊)。

④ 昆廷·斯金纳，“‘社会意义’与社会行为的解释”(Social Meaning' and the Explanation of Social Action)，彼得·拉斯莱特(Peter Laslett)，W. G. 朗西曼(W. G. Runciman)编，《哲学、政治学与社会》(*Philosophy, Politics and Society*)，牛津：罗勒·布莱克威尔出版公司，1972年。

⑤ 昆廷·斯金纳，“分析政治思想与行为的几个问题”(Some Problems in the Analysis of Political Thought and Action)，《政治理论》(*Political Theory*)，第2卷，第3期(1974年8月刊)，第277—303页。

⑥ 昆廷·斯金纳，“诠释学与历史的角色”(Hermeneutics and the Role of History)，《新文学史》(*New Literary History*)，第7卷，第1期(1972年秋季刊)。

论文搭建的全新方法论。

五、《论财产权》的主要内容

通过还原这些语境，塔利对洛克的财产权理论做出了怎样的具体分析呢？塔利赞同邓恩的一个基本判断，即我们必须重视洛克思想的神学背景，但塔利把握这个重点的方式与邓恩不同。塔利所还原的第一个语境是现代自然法理论，它是塔利考察洛克的财产权理论的入手点。在塔利看来，考察洛克的财产权理论不能从财产权本身入手，而必须从自然法入手。塔利在第一章中就指出，上帝与人之间的一种概念性关系是“洛克所有作品中的一个根本特征”[①]。他将其称为“制造物模式”，即上帝与人之间制造者与被制造者的关系模式。制造物模式是洛克说明人的自然法义务与自然权利的出发点。塔利首先在本书第一章中通过分析《人类理智论》，说明制造物模式的知识论与认识论基础。接着在第二章中，回到洛克的自然法学说本身，具体说明洛克如何应用制造物模式证明自然法的性质和内容。

塔利指出，在洛克这里，第一条且最根本的自然法是：人类应当被保存。[②] 但是，这条自然法本身无法直接为人类的道德与政治秩序奠定基础，因此洛克将自然法从人神关系层面转到人类自身层面，通过某种个人法权关系建构普遍的政治秩序。这个

① 詹姆斯·塔利，《论财产权：约翰·洛克和他的对手》，第4页。

② 同上书，第45页。另外两条自然法是：保存社会与赞美、敬重和光耀上帝。詹姆斯·塔利，《论财产权：约翰·洛克和他的对手》，第48—50页。

转化借助于人与外物的关系(即财产权关系),其结果是从自然法到自然权利的转化。几乎所有研究洛克的学者都看到了这点,但是他们对这个转化的具体方式持有不同看法。在施特劳斯看来,这个转化是以自我保存为核心的自然权利彻底取代以道德义务为核心的自然法,其产物就是一种表征为财产权的绝对个人权利理论。塔利认为这种"彻底取代"或"彻底断裂"的说法是一种误解。

塔利通过细致的文本分析指出,洛克区分了两种不同的自然权利:包容性自然权利与排他性自然权利。包容性自然权利是指,任何人在自然状态中都享有使用万物的权利,而这项权利并不将他人排除在外而是将其包含在内(他人也同时享有这项权利)。它包括三项自然权利:1. 得到保存的权利(即人的持续存在不被否定的权利);2. 保存自己以及在保存自己不成问题时保存他人的"保存人的权利"(即人采取行动保存自己与他人的权利);3. 对保存的必要手段的权利。[①]塔利多次强调,包容性自然权利可以直接从自然法中推导出来。它们本质上是人对上帝的义务,即不可放弃的积极的自然法义务。塔利通过语境分析指出,洛克的两种自然权利(特别是其中的包容性自然权利)是在重申和发展苏亚雷斯、塞尔登等人的立场,反驳格老秀斯、普芬道夫与菲尔默等人的立场。

结合《人类理智论》说明洛克自然法学说的核心地位与哲学基础,通过包容性自然权利将洛克的自然权利与自然法进行直接勾

① 詹姆斯·塔利,《论财产权:约翰·洛克和他的对手》,第62页。

连，这是塔利解读洛克的两大贡献。但是，故事并没有结束。包容性权利是一种共有权利，而行使这项权利将导致共有物被使用。这就触及共有财产的个体化问题。这里的关键在于，共有财产的个体化依照什么原则来实现。塔利指出，“这正是《政府论》下篇第五章开篇面对并要解决的问题”[①]。或者说，这是《政府论》下篇第五章讨论财产权问题的起点。

施特劳斯与麦克弗森等许多当代学者都认为，洛克的《政府论》下篇（特别是第五章）旨在证明一种无限私有财产权，一种不受自然法限制的绝对个人权利。塔利认为这是重大的误解。他指出，这其实是格老秀斯与普芬道夫等人的观点。他们都坚持认为，只有绝对的、可任意支配（甚至完全让渡）的私有财产权才是真正的财产权。这个做法使得自然权利可以通过契约完全让渡，导致自然法被国家的绝对性彻底架空，使得国家不受任何维护公共善的高级法的制约，也使得人民的反抗权无法获得证成。

塔利认为，与之不同，洛克始终在自然法的框架内来谈论劳动及劳动带来的排他性权利，所以他能够化解自然权利与自然法的内在紧张关系，避免得出绝对主义的结论。在洛克这里，劳动是一种履行自然法义务的道德行为，排他性权利是履行自然法义务的必然产物，因此劳动与排他性权利都具有特定的目的与成立条件。排他性权利与包容性权利存在内在关联，即前者是对后者的实现。两者

---

① 詹姆斯·塔利，《论财产权：约翰·洛克和他的对手》，第 64 页。学界有关《政府论》下篇第五章的主要争论参见笔者拙文：王涛，“《政府论（下篇）》第五章‘论财产’中的三个研究难题”，《新政治经济学评论》，第 30 卷，汪丁丁主编，上海人民出版社，2015 年 10 月。

在根本上都来自于并受制于自然法。在此过程中，塔利还分析了洛克的排他性权利的哲学基础，即他的人格理论和制造理论。此外，塔利非常独到地指出，洛克将“不经本人同意不可从其手中夺走”作为判断财产权(权利)的标准，这是权利发展史上的重要一步。[①]

在分析洛克的自然权利理论的最后一章，塔利处理了几个具有重要实践意义的问题，主要以麦克弗森为反驳对象。其中一个是洛克的财产权理论与资本主义的关系。麦克弗森认为，无限的个人财产权(特别是土地财产权)和出卖劳动的权利符合他的“占有性市场社会”模型。塔利不赞同麦克弗森的这种解读，特别是麦克弗森较为倚赖的仆人为主人劳动的例子。他认为，这个例子实际上是享有选择自由的仆人，自愿出售自己“服务或完成的任务”而非劳动本身给主人。这种主仆关系非但不是资本主义性质的薪水关系，反而是后者发展的羁绊。这里的关键在于“洛克的仆人享有对他自己的劳动活动的主宰”[②]。

还有一个问题是私占土地的限度和条件。麦克弗森认为，货币的出现完全摧毁了洛克为财产积累设置的限制，人们可以不受限制地私占任何数量的土地和货币，将其作为自己的资本。塔利指出，麦克弗森没有注意到这里存在一个转变。在洛克的论述中，货币的出现直接导致以同意为基础的新规则取代旧规则。对应到英国现实，这意味着圈占土地“需要共有者的同意”[③]。塔利指出，

① 詹姆斯·塔利，《论财产权：约翰·洛克和他的对手》，第114页。

② 同上书，第141—142页。

③ 同上书，第153页。

“洛克的学说明确地为共有者反对圈地地主的权利提供正当性”，这个实践论点也许是《政府论》第五章“最重要的论点”[①]。

一直到第六章，塔利都是在“自然”的范畴内分析洛克的学说。这是一个以自然法为基础，以两种自然权利为核心的逻辑框架。接下来问题就是“自然（状态）”与“政治（社会）”的关系。最重要的一点在于，洛克的自然法和自然权利以某种方式贯穿于自然到政治的转化，或者说自然权利到约定权利的转化。首先，政治社会与自然社会在目的上保持一致，只不过全人类的保存被重述为共同善。实现共同善的手段是规定和保护全体公民的财产权。其次，政治社会中的立法以及公共物品的分配，必须受到自然法和自然权利的限制，而政府也负有相应的义务。最后一点是财产权如何证成革命权。这里涉及当时的政治实践问题，即英国国王的一系列备受争议的“行政行为”，特别是未经同意的征税和没收土地。塔利指出，洛克的理论在实践方面其实是“对革命的明确激励”。[②]

总的来说，塔利在《论财产权》中依照语境主义方法研究了洛克的财产权理论，充实了剑桥学派的政治思想史研究。塔利在还原第一个语境的过程中，对洛克所处的自然法传统中的那些“规范

① 詹姆斯·塔利，《论财产权：约翰·洛克和他的对手》，第154页。洛克有关慈善和继承的论述也具有一定的实践意义。塔利指出，在洛克这里，慈善不仅仅是善意的施舍或社会的强制要求。洛克的包容性自然权利使得“慈善对于贫困之人来说是一项权利，对富有的人来说是一项责任”。就财产继承问题而言，塔利指出，根据洛克的财产权理论，“任何一位家庭成员的财产并不是他自己的财产。它们是整个家庭的共有财产”。“对洛克来说，财产权的标准形式并不是个人权利，而是所有家庭成员享有的共同权利”。这个理论彻底瓦解了长子继承制，“是他对常规的一个最激进的背离”。詹姆斯·塔利，《论财产权：约翰·洛克和他的对手》，第133、134页。

② 詹姆斯·塔利，《论财产权：约翰·洛克和他的对手》，第172页。

性语词和常规”的分析可谓精细入微。塔利借助于这项工作所得出的结论也具有一定的说服力与原创性。塔利在还原洛克财产权理论的实践语境中所得出的结论更是全面挑战了传统的研究。《论财产权》出版后,大部分书评都认为此书是一部具有独创性的出色作品,特别是塔利复原文本语境的工作得到了许多学者的认同与赞赏。从20世纪后半期开始,西方学界的洛克研究大幅增多,相关讨论日趋深入,而几乎所有的洛克研究者都会认真对待塔利的这项研究。

六、关于翻译的几点说明

1. 本书的一个核心词汇是“property”,特别是洛克所使用的“property”一词。“property”在中文中可以被翻译为“财产权”,也可以被翻译为“财产”。我在翻译的时候基本上将“property”翻译为“财产权”,少数地方根据原义与语境翻译为“财产”。这一译法基于以下两个考虑:首先,虽然洛克并没有严格区分“财产权”与“财产”,“财产权”与“权利”,但是洛克明确指出他所讲的“property”是指包括实物、生命、自由与资产等在内的任何类型的权利。其次,塔利在本书中也是将洛克的“theory of property”解读为一种宽泛的权利理论,即将洛克所讲的“property”理解为一种宽泛意义上的权利。

2. 本书中有两个相关联的重要词汇较难翻译,它们是“convention”和“conventional”。本书主要在两种含义上使用“convention”和“conventional”。第一种用法涉及剑桥学派的思想史方法论的一个概念。“中译者导言”对此略有说明。当塔利在这个意义上使用“convention”与“conventional”时，我将其分别译为“常规”与“常规的”。塔利在本书中对“convention”和“conventional”的另一种用法是在与“nature”和“natural”相对立的意义上加以使用的。“convention”在这里指的是非自然上的，人为的东西，这种东西来自于人们的共同意向，并为人们所承认与接受。它包括某些事物的名称、形式、人们的实践活动、非正式的习俗与习惯、正式的政治法律制度等等。中文的一个译法是“约定俗成”（或者说“约定俗称的事物”），但是这个中文词汇通常并不包括正式的政治法律制度与正式的政治法律实践活动（例如建国、立法），而这却是本书中赋予“convention”的一个重要含义，所以用“约定俗成”来加以翻译容易造成误解。基于此，我使用了“约定”与“约定的”这两个词来加以翻译。在本书中，“约定的××”与“自然的××”的最大不同在于，前者是来自于同意这种特殊的实践活动。这种同意可能是在长期实践中做出的（例如人们对货币的使用），也可能是通过正式方式做出的（例如人们通过立法活动确定某种财产权制度）。

3.《论财产权》梳理了现代早期思想史上几种不同的权利概念，以及不同思想家用不同语言对不同的权利概念的不同表述。我的翻译如下：拉丁词“*ius in re*”与“*ius ad rem*”按照国内民法学界的既定译法分别译为“对物权”与“向物权”。“property in”，“right in”与“right to”没有既定的译法，我将直译这三个词，分别译为“对某物的财产权”，“对某物的权利”与“指向某物的权利”。塔利在多处比较了这些不同语言之术语的用法与异同，我在这些地方为译文附上拉丁文或英文原文，或者直接用原文而不加以翻译。虽然这样看上去较为不美观，但却有助于读者阅读与理解。

4. 作为一本涉及自然法理论的书，《论财产权》中大量使用了"law"这个词。"law"一词通常被译为"法律"，但是基于以下两点考虑，我将在诸多地方"law"译为"律法"而非"法律"。首先，"法律"一词在现代读者脑中往往指国家制定的实定法，但是在本书中以及洛克的使用中，"law"一词涵盖了习俗规范、道德规范（主要是宗教规范）、实定法规范等一切对人具有一定约束力的规范，因此用"法律"来翻译"law"可能不利于准确传达意思。其次，"律法"一词除了在中国古代语言中表示"法律"外，还主要用于宗教文本中（如"摩西律法"），而洛克等17世纪思想家对"law"的使用也具有很强的神学色彩，所以将其译为"律法"能够反映出这层含义。此外，强调洛克的自然法与自然权利学说的神学基础，恰恰正是塔利此书的一个重要目的。

5. 本书大量引用了洛克的《政府论》上篇、《政府论》下篇与《人类理智论》，本人在翻译时基本上直接使用了商务印书馆的"汉译世界学术名著丛书"的译文，仅仅根据原文做了少许修改。在此，对相关的译者表示衷心的感谢。

6. 译者在这里特别需要感谢"法意译丛"的主编赵明老师与好友黄涛。正是因为他们的认可与帮助，我才有机会翻译此书。感谢塔利对译者的鼓励与指点。虽然远隔重洋，仅仅邮件往来，但却备感亲切。感谢商务印书馆的王曦编辑。她细致认真的审阅使得译文中的多处错误得以被及时纠正。

华东政法大学松江校区

2013年6月完成

2020年7月修改

《论财产权》中文版前言

詹姆斯·塔利

非常感谢王涛邀请我为《论财产权：约翰·洛克和他的对手》的中文版撰写一篇简短的前言。这本书基于我在约翰·邓恩与昆廷·斯金纳的指导下所完成的剑桥大学博士论文(1977 年)。为了出版，我相继在 1978 年和 1979 年对这篇论文进行了校正与修改。在写作这篇博士论文与这本书的时期，我与理查德·塔克(Richard Tuck)保持着密切的联系。他的《自然权利理论：它们的起源与发展》[1]一书也写于同一时期。正如我在原书的前言中所言，这是我第一次尝试采用剑桥学派政治思想研究的语境主义进路。我接着编辑了关于剑桥学派方法论的两卷本《意义与语境：昆廷·斯金纳和他的批评者》[2]，并且与安娜贝尔·布雷特共同编辑了《重思〈现代政治思想的基础〉》[3]。我最近阐述这一方法的论文

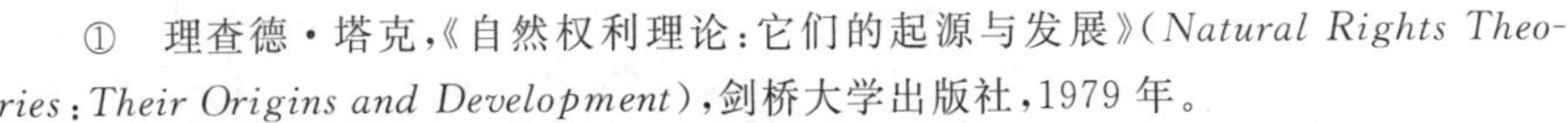

① 理查德·塔克，《自然权利理论：它们的起源与发展》(*Natural Rights Theories: Their Origins and Development*)，剑桥大学出版社，1979 年。

② 詹姆斯·塔利编，《意义与语境：昆廷·斯金纳和他的批评者》，政体出版社，1989 年。

③ 安娜贝尔·布雷特(Annabel Brett)，詹姆斯·塔利编，《重思〈现代政治思想的基础〉》(*Rethinking the Foundations of Modern Political Thought*)，剑桥大学出版社，2006 年。

是"公共哲学作为一种批判行为",载《公共哲学新解第一卷:民主与公民自由》[①]。

约翰·洛克在《政府论》(1689年)第五章中对财产权的解释非常出名而且它产生了极大的影响。在《论财产权》中,我试图在17世纪的财产权学说这一语境中,对洛克的这一学说加以解读。我仍然认为,对洛克论证主线的正确的语境式解读是:为保存人类而使用世间万物的权利这个总体框架,对有限私有财产的具体排他性权利(从而实现那些一般性权利,特别是实现了制造物模式),以及政府在政治共同体中根据公共善对这些权利进行立法与调整的角色。此外,我仍然认为,塞缪尔·普芬道夫的作品对洛克思想的发展产生了重大的影响。我接着编辑了《塞缪尔·普芬道夫:论人和公民的自然法义务》[②]。

尽管如此,在接下来的数十年,基于自己的进一步研究以及他人的补充研究,我对洛克的财产权思想有了更深的理解。第一点,在《政治哲学的一种进路:语境中的洛克》[③]一书的第一章中,我将洛克的政治学著作作为一个整体放置在一个更为开阔的欧洲语境中。第二点,我在1990年注意到,《论财产权》忽视了洛克的财产

---

① 詹姆斯·塔利,"公共哲学作为一种批判行为"(*Public Philosophy as a Critical Activity*),《公共哲学新解第一卷:民主与公民自由》(*Public Philosophy in a New Key, Volume 1, Democracy and Civic Freedom*),剑桥大学出版社,2008年,第15—28页。

② 詹姆斯·塔利编,《塞缪尔·普芬道夫:论人和公民的自然法义务》(*Samuel Pufendorf, on the Duty of Man and Citizen*),剑桥大学出版社,1991年。

③ 詹姆斯·塔利,《政治哲学的一种进路:语境中的洛克》,剑桥大学出版社,1993年。

权章节的一个语境。这就是利用财产权的章节来为英国在没有获得原住民同意的情况下在北美的定居与殖民行为辩护。《政府论》下篇的第五章被用来为剥夺原住民的传统领土权辩护。它的根据是：原住民没有通过英国那种农业生产方式来将他们的劳动混入土地中。这一似是而非的论点被广泛采用，而且催生了大量保留品，直到今天亦是如此。我在《政治哲学的一种进路》的第五章中提出了这种解读，并且在《陌生的多样性：歧异时代的宪政主义》[①]及其他论文中进一步完善了这种解读。第三点，我还在这一章中提出了洛克以下论点的重要性：除非人们将他们的劳动混入土地中并加以改进，否则土地几乎就是"荒废的"，没有任何价值的，特别是这一论点与环境伦理学的关系。

第四点，我注意到了洛克对财产权关系的历史发展的解释对后来苏格兰启蒙运动的生产模式的历史发展"四阶段"说产生了一定的影响。[②] 第五点，我对洛克所做的以下区分有了更为透彻的理解：自然状态中适用于"土地"的"足够的同样好的"的限制性条款与这一条款在后货币时期的自然状态与政治社会中的含义（此时这项条款指向为他人工作的机会以及从私有财产与劳动分工创造的更大"便利"中获益的机会）。这是一个非常重要的论点，但是这里的

① 詹姆斯·塔利，《陌生的多样性：歧异时代的宪政主义》，剑桥大学出版社，1995年。

② 詹姆斯·塔利，"定位《政府论》"（*Placing the Two Treatises of Government*），《现代早期英国的政治话语，向约翰·波考克致敬的论文集》（*Political Discourse in Early Modern Britain: Essays in Honour of John Pocock*），尼古拉斯·菲利普森（Nicholas Philipson），昆廷·斯金纳编，剑桥大学出版社，1993年。

私有财产权在政治社会中受到“公共善”的调节。斯蒂芬·巴克的《自然法与财产权理论》[1]，特别是戈帕尔·斯瑞尼瓦萨（我以前的一位学生）的《洛克式财产权利的限度》[2]阐明了这个论点的完整内涵。[3] 人类在享有对土地和劳动的私有财产权的社会中比在狩猎与采集社会中“活得更好”，因为这种社会提供了更多的工作，制造出了更多的商品。这个论点具有巨大的历史意义。

当然，与1980年相比，使得洛克的财产权著述仍旧保有重要意义的仍然是同样一个关键问题。一方面，在历史层面上，一片生机盎然的大地如何被转化为一件私有财产（这件私有财产由各种相互竞争的资本主义法人团体所有，得到了以发展为导向的国家的支持）？另一方面，人类生产物品的能力如何被转化为在全球市场上销售的商品化劳动能力？如果我们想要有效地应对关于社会、经济和生态的全球性急迫问题，我们就需要去回答这个问题。回首从16世纪到19世纪早期的欧洲历史与帝国历史，卡尔·马克思在《资本论：第一卷》[4]的《所谓原始积累》一章中首次为这个问题提供了一个系统性的答案。卡尔·波兰尼的《大转型》[5]在战

① 斯蒂芬·巴克（Buckle，Stephen），《自然法与财产权理论》（*Natural Law and the Theory of Property*），牛津大学出版社，1991年。

② 戈帕尔·斯瑞尼瓦萨（Sreenivasan，Gopal），《洛克式财产权利的限度》（*The Limits of Lockean Rights in Property*），牛津大学出版社，1995年。

③ 另可参见：詹姆斯·塔利，“财产权、自治与同意”（Property，Self Government and Consent），《加拿大政治科学》（*Canadian Journal of Political Science*），第28卷第1期（1995年3月刊）。

④ 卡尔·马克思（Karl Marx），《资本论：第一卷》（*Capital*：*Volume one*），1867年。

⑤ 卡尔·波兰尼（Karl Polanyi），《大转型》（*The Great Transformation*），1944年。

后初期又提供了一个更新的答案，许多人紧随其后。我自己对这个问题的最新贡献是《帝国主义与公民自由》一书[①]。最近的一项最具野心而且有精深历史把握的贡献是安东尼·J.哈尔的杰出作品《地球成为财产：殖民、非殖民化与资本主义》[②]。

剑桥学派进路的贡献在于，提醒人们不可用一个镜头将所有的文本与语境解释为某一单线的历史发展故事（无论它是进步的、自我毁灭的，还是辩证的），以此来回答这个历史重大问题。这一进路试图通过在文本的思想与实践语境中阅读文本，揭示被现代化的宏大叙事遮蔽的，我们变动不居的当下历史的复杂性与偶然性。正如米歇尔·福柯（Michel Foucault）与昆廷·斯金纳所言，如此一来，这种方法能够揭示出，当下的历史并不是那么普遍化、那么整体化、那么不可避免，而是更为新近出现的、更为非系统化的、更为偶然的，因此更有可能被此时此地的不同思考与行动所改变。我们比我们自己所认为的要更为自由。

对洛克财产权学说的新近研究非常多。对此的一个最好的介绍是奥努尔·乌拉斯·英斯的“以上帝的名字划为私有，为人类积累：约翰·洛克财产权学说中的货币、道德与积累”[③]。另一个较

---

① 詹姆斯·塔利，《公共哲学新解第二卷：帝国主义与公民自由》，剑桥大学出版社，2008年。

② 安东尼·J.哈尔（Anthony J. Hall），《地球成为财产：殖民、非殖民化与资本主义》（*Earth into Property: Colonization, Decolonization and Capitalism*），麦吉尔-皇后大学出版社，2010年。

③ 奥努尔·乌拉斯·英斯（Onur Ulas Ince），“以上帝的名字划为私有，为人类积累：约翰·洛克财产权学说中的货币、道德与积累”（Enclosing in God's Name, Accumulating for Mankind: Money, Morality and Accumulation in John Locke's Theory of Property），《政治学评论》（*The Review of Politics*），第73卷，第1期（2011年冬季刊）。

好的资料是《洛克时讯》(*Locke Newsletter*)。这本一年一期的期刊包含了研究洛克的顶尖论文与书评以及最新论文的文献目录。关于西方财产权学说的历史考察,可参考皮特·甘西的《反思财产:从古代到革命时代》[①]。我希望您在阅读《论财产权》中感到享受,就像我当初在进行这项研究与写作此书时那样。

詹姆斯·塔利

维多利亚大学,不列颠哥伦比亚省

2012年7月

① 皮特·甘西(Garnsey, Peter),《反思财产:从古代到革命时代》(*Thinking about Property: From Antiquity to the Age of Revolution*),剑桥大学出版社,2007年。

献给艾琳和辛西娅

目　　录

第三部分 约定权利

前　　言

我这本书的主要目的是复原洛克通过《政府论》(*Two Treatise of Government*)的财产权理论试图传达的意涵。在我看来, ix
这项工作要求我们将文本置于两个语境中加以考量。一个语境是洛克采用的规范性语词和常规。洛克正是使用它们来进行写作。这一思想母体由17世纪的自然法和自然权利"话语"构成,而洛克是其中一位贡献者。所以,我力图使用其他自然法理论来阐明洛克的作品,即比较它们与洛克学说的异同。[①] 采用这一方法使我们有可能得以阐明自然法著作通常所采用的那些常规,而且有利于我们回答以下三个问题。首先,这个方法使我们能够明白,在洛克对财产权的分析中,哪些部分是传统的,即他希望采用并加以重申的流行的信条和预设。其次,这个方法设定了一个框架,我们能够比照这个框架判断洛克在哪里与标准的说法不尽相同,为读者呈现了一些新颖的不同的东西。第三,这个方法能够将主体间信条分离出来。主体间信条是在洛克的读者看来毋庸置疑的东西,所以能够发挥证成论点的公共标准的作用。[②] 第二个语境是洛克

① 我从维特根斯坦(Wittgenstein)那里借鉴了这一方法论。1974年:s. 130。

② 这一点也来自于维特根斯坦的著作《论确定性》(*On Certainty*)。

在《政府论》中处理的社会与政治议题。为了理解洛克的意图及他的意思，较为关键的一点似乎是要问一问，洛克在以他的方式使用这些规范性语词时到底想要做什么。哪些社会和政治行动是他希望加以赞同的，哪些是他希望加以反对的。就这一点而言，以及前面所谈及的方法问题，我从昆廷·斯金纳(Quentin Skinner)和约翰·邓恩(John Dunn)关于方法论的作品中受益匪浅。[①]

我的这项研究还以同样的方式超出自然法话语之外，包括了洛克的主要对手：罗伯特·菲尔默爵士(Sir Robert Filmer)——一位非自然法作家。这使我们有机会提出以下问题并做出回答：为什么洛克应当选择自然法论证来执行他的意识形态使命：反驳菲尔默的《父权制》(*Patriarcha*)。如斯金纳所言，采用自然法理
x 论意味着洛克拒绝了“他本可以采用的当时最广为人所接受且最具声望的政治推理形式”：“诉诸英国古老宪章的规范性效力”。(1978年：Ⅰ，第14页)洛克给出了他之所以这样做的原因，同时，为了能够对他那些具有历史感的读者产生说服力，他将自然法基于人们广泛持有的信条。通过追踪洛克论证中的这条线索，我们就有可能重构那些为他的财产权理论奠定基础的构成性因素和规范性因素。他的财产权理论的主要认识论和神学预设包含在一个有关上帝与人类关系的概念模式中。我将其称为制造物模式(workmanship model)。在第一章和第二章中，我将对这个维度加以阐述并且试图阐明《人类理智论》(*An Essay concerning Hu-*

① 参考文献中列出了他们的部分出版物。

man Understanding）与《政府论》的关联。

在 1703 年写给理查德·金（Richard King）的一封信中，洛克对自己的财产权理论做出了这样一个评价："我没有在其他任何地方找到一个对财产权问题的分析胜过一部名为《政府论》的书。"（1823 年：X，第 308 页）洛克这一非常少见的不谦虚的评价并没有被他的同时代人所认可。洛克的财产权理论所面对的，不是他们的沉默就是他们的毁谤。[①] 尽管如此，从 19 世纪初期开始，洛克的财产权理论在西方的政治思想中扮演了一个颇受热议的关键角色。英国和法国的早期社会主义者将以下两点作为现代社会主义的主要哲学基础：劳作者对他们的劳动产品的权利及按需占有。[②] 在 20 世纪，局势有所转变。洛克变成了有限私有财产权的代言人。最近，他又成为了无限私有财产权的代言人。[③]

我的这项研究想要将洛克的论证置于其语境中，复原它原本的意涵。洛克的分析由诸多常规和预设构成的话语打造出来，而这些习惯用法和预设不再被我们所接受。此外，洛克的分析所致力于推动或反对的那些社会行为类型也不再是我们现在的社会行为。洛克的学说既不是社会主义的，也不是资本主义的。私有与公有这一现代的二分法在洛克的学说中并不存在。私有财产权和

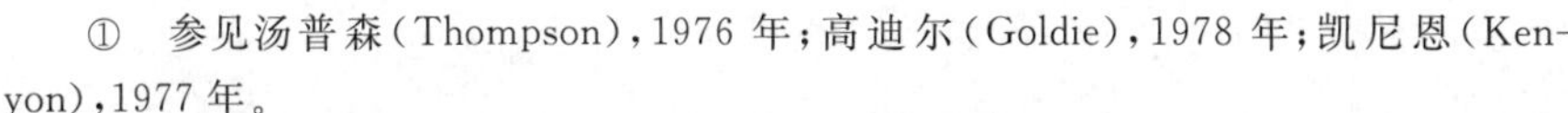

① 参见汤普森（Thompson），1976 年；高迪尔（Goldie），1978 年；凯尼恩（Kenyon），1977 年。

② 关于洛克式社会主义者，参见比尔（Beer），1921 年和狄瑞福（Driver），1928 年。

③ 这一再解释开始于斯道克斯（Stocks），1933 年。转向无限私有财产权始于麦克弗森，1972 年。

公有财产权这对相互排斥的概念将现代世界分为两个部分。通过了解在没有现在这组对立概念的情况下思考权利的一种方式，我们能够开始看到，在我们所处的困局中，究竟什么是偶然的，什么是必然的。

致　　谢

非常感谢在我研究的不同阶段和写作这本书的过程中给予我 xi
诸多帮助的朋友们。艾德·汉德尔特(Ed Hundert)最早激起我对这个问题的兴趣。他的学问与无私帮助一直伴我左右。约翰·约尔顿(John Yolton)阅读了此书的许多草稿并将他对洛克的独到见解带入其中。在如何追踪《人类理智论》与《政府论》的概念性关联上,他给予了我莫大的帮助。在与基思·崔布(Keith Tribe)的讨论和书信往来中,他帮我理解了纷繁复杂的经济学论辩史。艾伦·瑞安(Alan Ryan)阅读了整部手稿并提出了诸多意见,使得我的论证更为清晰。我还想特别感谢三位好友。一位是理查德·塔克(Richard Tuck)。他在历史和权利哲学方面的出色学识以及他对我的友谊一直对我的研究助益颇大。昆廷·斯金纳指导了我的这部作品。他的深厚学识和诸多帮助指引了我的研究和写作。从约翰·邓恩那里,我受惠最甚。他从一开始就指导我的研究并阅读了无数的草稿,并且在各个阶段给予了我许多批评、鼓励和支持。他对洛克做出的出色解读一直被我视为学术典范。我还要感谢凯西·达根(Cathy Duggan)。她总是及时地将我的手稿打印出来。感谢她的好意。最后,我必须得感谢安代尔·戈金(Anndale Goggin)。他以无限的耐心核对了本书的注释和语法。

文本说明

我使用了“作者-日期”的方式标明引文出处。在每个引文的
xiii 结尾，或在一个即将出现的引文之前的括号中是作者的姓名、著作的发表日期和页数。如果文中已经提及作者的姓名，那么他的名字将被省略。这个方法存在一些例外。首先，涉及洛克《人类理智论》的地方，所有的引文都来自尼迪奇（Nidditch）的评注版，括号中只包含书名和章节号。《政府论》我使用的是拉斯莱特（Laslett）的评注版，括号中只包含书名和段落号。如果引文来自拉夫雷斯（Lovelace）手稿，我会给出手稿的出处以及对应的重新出版的现代版。如果同一段中，同一作者的同一著作的相同页或段落被引用了一次以上，我只在第一次引用时标明出处，以免带来杂乱之感。

许多现代早期的作品都有好几个版本。为了使拥有诸多版本的读者能够尽可能轻松地辨识相关的引文，我只注明章节和段落号，而非页数。对于那些为人熟知的作者，如亚里士多德（Aristotle）和阿奎那（Aquinas），我使用约定俗成的缩写标明出处。此外，当一位作者被首次引用时，他的著作的全名以及发表日期会被全部标明。若没有特别说明，之后这一作者的引文都是指这部作品。

我将所有书名翻译成了英文并在参考书目部分给出了其原语言的名字。我无法去掉所有这方面的注释。在一些地方，如果引文出处过长而不适于放在括号中，或者不利于文章正文的展开，我将会在此章的结尾处给出注释[*]。

洛克面临的一个最重要也最有意思的困难是翻译问题。财产被拉丁文作者用高度技术化的方式来加以讨论。他们提出了一系列复杂的语言区分来处理“*ius*”“*proprietas*”“*suum*”“*dominium*”这些拉丁文概念。为了解决这一问题，洛克使用了一系列英语惯用语来翻译这些拉丁词汇。为了理解洛克的意思，我们必须通过 xiv
其拉丁对应词来理解洛克的这些英语术语。我采取了两个方法来实现这一目的。首先，只要有可能，我就会采用对某个拉丁文作者在 17 世纪或 18 世纪早期的英文翻译。这为我们提供了借助于他人对拉丁文词汇的英语翻译来阅读洛克文本的途径。这将使得洛克的平铺直叙变得不像原本那样稀奇古怪和难以理解。大部分对洛克财产权理论的误解在于，将它的论证与其语言语境相脱离，并用我们现在使用的非常不同的名词来对其加以解读。其次，为了澄清拉丁文作者引文中涉及的概念区分，我在引文中插入了拉丁文原文，并在正文中对它们的含义加以分析。虽然这个方法多少有些笨拙，但是如果我们想要恢复洛克的原意，这样做似乎非常关键。毫无疑问，如果洛克的读者接受过古典教育，那么洛克的术语对他们来说将非常清楚。但是，塞缪尔·约翰逊(Samuel Johnson)很

[*] 中译本将尾注统一改为页下脚注。——译者

有可能是能够理解并标明洛克的诸多区分和技术性语词的意涵的最后几个人之一(体现在他编的字典对洛克的大量使用中)。

詹姆斯·塔利

麦吉尔大学,蒙特利尔

第一部分

哲学基础

第一章　《人类理智论》的贡献

第一节　从《政府论》到《人类理智论》

1

洛克以两个命题开始《政府论》下篇的“论财产权”一章（后面我们会看到，这两个命题由《政府论》上篇确立）。圣经告诉我们， 3
这个世界被当作一个礼物馈赠给人类共有。同时，自然理性指示：人类有权利“享用肉食和饮料，以及自然所供应的以维持他们生存的其他物品”（2.25）。这个说法带来了这样一个**悖论**或难题：“如果是这样的话，有人似乎认为这里存在一个重大难题：怎能使任何人对任何东西享有**财产权**呢？”。洛克试图解决这个难题，也就是将这一共有的礼物个体化（individuate）以限定在每个人的权利之内：“我将设法说明，在上帝给予人类并为人类所共有的东西之中，人们如何对其中的某些部分享有**财产权**”。

约尔顿写道：“洛克想要解释共有的特定化（particularisation）如何可能。”（1970 年：第 207 页）正如邓恩所言：“这不是为了证成私有财产权。”（1966 年：第 207 页）这是为了解决共有财产如何被自然分配的问题(邓恩,1969 年:第 67 页的第 4 个注释)。要理解洛克的“重大难题”的本质以及他的解决方法就必须将那两个命题(它们导致了这个难题)追溯至它们在自然法中的基础。考虑到诺齐克(Nozick)对洛克极有可能错误的解读:洛克“在他的《政府论》中并没有为自然法的地位和基础提供令人满意的解释和任何说法”,这项工作就显得更为必要了(1974 年:第 9 页)。

洛克将人类指向(to)生存必需品的权利称为“财产权”。这与一个人在共有物个体化的过程中“渐次获得”的对(in)某物的“财产权”不同(1.23,24,86,87;2.25)。所有人指向生活必需物的权利或财产权据说来自于所有人指向保存的权利。通过洛克所谓的“自然理性”获得(2.25)。在《自然法辩难》(*Essays on the Law of Nature*,第 111 页,第 149 页)、《人类理智论》(4.17.
4 1)和对爱德华斯·斯蒂林弗利特(Edward Stillingfleet)的第二次回复中(1823 年:Ⅳ,第 366—367 页),洛克一直在两个意义上使用“理性”一词:或者表示研究对象,或者表示合乎理性的研究工具(人的推理能力)。这在自然法作品中很常见,而且当某种知识与其对象具有“手段-目的”关系时,我们也如此使用语言,例如“逻辑”“政治”和“艺术”。在这里,洛克所说的理性是指推论能力。这是因为,当洛克想要表述推理能力在道德和政治中发现的东西时,他会使用“自然法”一词,而非“理性”(1.1.1;2.6;1823 年:Ⅶ,第 11 页)。

由于指向保存的权利和指向生存手段的权利由自然理性发现,所以它们实际上源自自然法。洛克从人类应当被保存这条自然的根本法中得出了指向保存的权利(1.86;2.8,25,149)。这个逻辑序列可以再往前推演。洛克在《人类理智论》中指出，每条自然法都是一个规范命题，所以都是某个原因的结果：“**任何道德准则在一提出来以后，人们都可以合理地请问一个所以然的理由**……一切道德规则所含的真理，分明都是依靠于一些先前的理论，而且是由先前的理论所演绎出的”(1.3.4，比较 1.3.12)。保存人类的首要义务以及与之相辅的另一项义务*：尊重“一切有助于保存另一个人的生命、自由、健康、肢体或物品的事物”，都直接来自于上帝与人的一个特殊关系：“人们都是全能和无限智慧的创世主的制造物，既然都是唯一的最高主宰的仆人，奉祂的命令来到这个世界，从事于祂的事务，他们就是祂的财产，是祂的制造物，祂要他们存在多久就存在多久，而不由他们彼此之间做主”(2.6)。

要理解上帝作为制造者而人作为祂的制造物和上帝作为主人而人作为其仆人这种概念模式的内涵并非易事。这个制造物模式

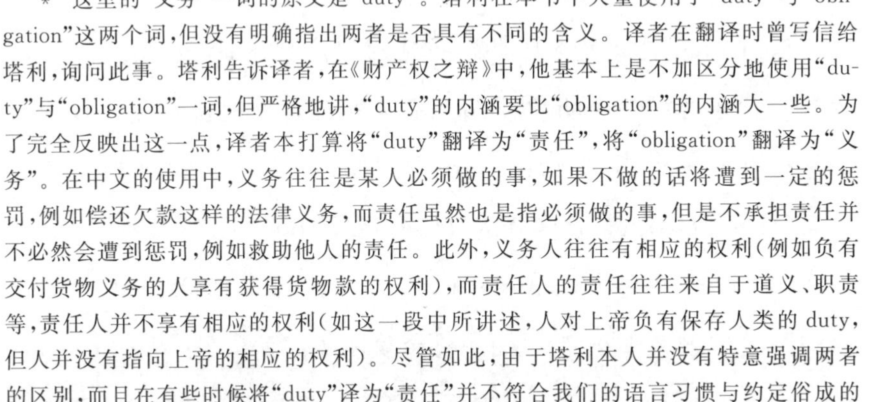

* 这里的“义务”一词的原文是“duty”。塔利在本书中大量使用了“duty”与“obligation”这两个词，但没有明确指出两者是否具有不同的含义。译者在翻译时曾写信给塔利，询问此事。塔利告诉译者，在《财产权之辩》中，他基本上是不加区分地使用“duty”与“obligation”一词，但严格地讲，“duty”的内涵要比“obligation”的内涵大一些。为了完全反映出这一点，译者本打算将“duty”翻译为“责任”，将“obligation”翻译为“义务”。在中文的使用中，义务往往是某人必须做的事，如果不做的话将遭到一定的惩罚，例如偿还欠款这样的法律义务，而责任虽然也是指必须做的事，但是不承担责任并不必然会遭到惩罚，例如救助他人的责任。此外，义务人往往有相应的权利(例如负有交付货物义务的人享有获得货物款的权利)，而责任人的责任往往来自于道义、职责等，责任人并不享有相应的权利(如这一段中所讲述，人对上帝负有保存人类的 duty，但人并没有指向上帝的相应的权利)。尽管如此，由于塔利本人并没有特意强调两者的区别，而且在有些时候将“duty”译为“责任”并不符合我们的语言习惯与约定俗成的学术用语(例如“自然法责任”)，所以我大多数时候不加区分地将“duty”与“obligation”译为“义务”，少数地方将“duty”译为“责任”或“职责”。因此，本书中的“义务”一词具有非常宽泛的内涵，还请读者注意。——译者

(我将称其为人与其制造者之间的关系模式)与自然法和那两项自然权利之间的推演关系也并非一目了然。如果你努力探寻就会发现,制造物模式是洛克所有作品的一个根本特征(仅仅基于对文本内容的分析,制造物模式也可以被看作联结《人类理智论》和《政府论》的一个共同主题)。洛克在《人类理智论》中指出,它是“我们的义务和行动之规则的基础”,从中“正确与错误的尺度得以产生”(4.3.18)。[正确与错误的尺度或者是自然法或者是从自然法引申出的规范。(2.28.8,13)]在对这一概念模式的多次使用中,洛克清楚地表明,它是财产权关系和其他诸多政治关系的基础。由于洛克的财产权理论始于对上帝与人类的这一描述,我的分析也
5 从这里开始。这个关系在《人类理智论》和《自然法辩难》中有大量的讨论,所以我们将从这两个文本中寻求启发。

2

通过《人类理智论》来理解洛克的财产权理论,采用这一方法我是有意在遵循一个历史惯例。洛克所推荐的三位自然法作家分别是理查德·胡克(Richard Hooker,1554? —1600)、胡果·格老秀斯(Hugo Grotius 或称其为 Huig de Groot Delft,1583—1645)和塞缪尔·普芬道夫(Samuel Pufendorf,1632—1692)。[①] 胡克是英国国教的著名维护者,写了《教会政体的律法》(*Of the Laws of the Ecclesiastical Polity*,出版于 1593—1648 年)一书。格老秀斯

① 见洛克,1832 年;x,第 306 页、第 308 页;1968 年:第 294 页、第 395 页、第 400 页。

是一位顶尖的荷兰政治家、学者和法学家。他的那一部对自然法政治理论的最重要的巨献之作是《战争与和平法》(*The Law Of War and Peace*,1625)。普芬道夫,一位德意志法学家、历史学家和政治理论家。使他声名显赫的是他的《自然法与万民法,或道德、法理学和政治学的最重要准则的普遍体系》(*The Law of Nature and Nations, a General System of the Most Important Principles of Morality, Jurisprudence and Politics*, 1672)一书。杰·巴贝拉克(Jean Barbeyrac 1674—1744),一位法国的法学理论家。他为格老秀斯的《战争与和平法》的拉丁版(1735年)做了注解。之后,这个版本被W.伊尼斯(W. Innys)和R.曼比(R. Manby)于1783年翻译为英文并做了相关注释。巴贝拉克将普芬道夫的《自然法与万民法》翻译为法文并进行了注释(这个版本到1750年一共出了六版)。这个版本被罗勒·肯尼特(Basil Kennett)和卡鲁(Carew)于1729年翻译为英文并做了相关注释。在巴贝拉克的普芬道夫英文注释版中有一篇巴贝拉克对自然法作品的解读,名为《对道德科学的历史和批判解读,及其从最早时期至这部作品的问世期间在现世所得到的发展》(*An Historical and Critical Account of the Science of Morality, and the Progress It has Made in the World, From the Earliest Times Down to the Publication of This Work*)。巴贝拉克对自然法政治理论的历史的这项研究一方面说明了洛克和格老秀斯、普芬道夫的关联,另一方面说明了《政府论》与《人类理智论》的关联。

在1702年至1704年间,巴贝拉克与洛克曾有三次通信。巴贝拉克告诉洛克他想翻译普芬道夫的作品并询问其意见[洛克的拉弗雷斯手稿(MS),c.3,fo.140*]。巴贝拉克为了阅读洛克的原著并为皮埃尔·科斯塔(Pierre Coste)翻译的《人类理智论》法文第二版[1729年:"读者注意事项"(Avis au lecteur);阿克斯特尔(Axtell),1968年:第92页]提供批评意见,学习了英语。拉斯莱特在关于巴贝拉克的注释中称:"在18世纪早期,没有人比巴贝拉克更了解他(洛克)的作品与自然法法学家以及整个自然法的社会与政治理论传统的关系"(1970年:第306页的注释)。巴贝拉克也是首位在公开出版物上赞同洛克的看法,即《政府论》下篇的财

* 洛克卒于1702年。他将自己一半的藏书(三千多册)以及他的文章和信件留给了他的堂弟,大法官(Lord Chancellor)皮特·金(Peter King)。这一遗产一直由金的后代保存。1942年,金的后代拉弗雷斯伯爵(Earl of Lovelace)将大多数手稿交由牛津大学的博德利图书馆(Bodleian Library)保管。1947年,博德利图书馆买下了这些手稿。学者们将之称为"拉弗雷斯手稿"。拉弗雷斯手稿主要包括两部分,一是洛克的信件;二是各种不同的手稿,包括他的笔记和日记等,共一千多项。拉弗雷斯手稿成为了研究洛克生平事迹以及其思想的重要文本材料,并引发了学界的诸多研究与争论。塔利在本书中对"拉弗雷斯手稿"的引用,有些标明了"标题",有些只标注了编码。高迪尔(Mark Godie)在其编辑的《洛克政治论文集》(*Political Essays/Locke*)中附了一个"拉弗雷斯手稿"部分编码的列表。此书国内已有影印本:高迪尔(Mark Godie)在其编辑的《洛克政治论文集》中附了一个"拉弗雷斯手稿"部分编码的列表,参见:《洛克政治论文集》,高迪尔编,剑桥大学出版社,1997。此书国内已有影印本:〔英〕高迪尔,《洛克政治论文集》影印本,中国政法大学2003年,第381—387页。更为完整的编码列表可参见:J. C. 阿迪格(J. C. Attig):《洛克的作品:一份完整的书目》(*The Works of John Locke:a Comprehensive Bibliography*),格林伍德出版社,1985年12月11日。P. 朗(P. Long),《博德利图书馆的约翰·洛克文献的拉弗雷斯手稿的摘要目录》(*A Summary catalogue of the Lovelace Collection of the Papers of John Locke in the Bocke in the Bodleian Library*),牛津书目协会,1959年。H. A. S. 斯彻库拉(H. A. S. Schankula),《约翰·洛克哲学手稿的摘要目录》(*A Summary Catalogue of the Philosophical Manuscript Papers of John Locke*),博德利图书馆第九份第一号(1973年),第24—35页;第九份第二号(1974年),第81—82页。——译者

产权理论是现有的关于财产问题的最佳阐述(1729 年:4.4.3 第 2 个注释)。

格老秀斯和普芬道夫的作品都首先讨论对自然法理论使用的各种概念、恰当方法以及可获得的确实性程度(参见下文,第 30— 6
32 页*)。他们的实质政治理论基于他们就上述问题得出的结论。巴贝拉克对普芬道夫这个部分的注释指出,洛克的《人类理智论》可进一步澄清相关问题并且提供了更好的讨论(1.1.2 第 2 个注释)。普芬道夫在讨论财产问题时指出,他的理论基于他的认识论和方法论结论(4.4.1)。巴贝拉克在注释普芬道夫的财产理论时建议读者参考《政府论》有关于这个问题的权威分析(4.4 随处可见)。

巴贝拉克在“对道德科学的历史和批判解读”一文中强调了《政府论》与《人类理智论》之间的关联。他指出,17 世纪的自然法作家的优势在于,他们基于弗朗西斯·培根(Francis Bacon)的新认识论重构政治理论(第 79 页)。他将理查德·坎伯兰(Richard Cumberland,1631—1718)和彼得伯勒主教(Bishop of Peterborough)加入到这波新自然法浪潮政治理论家名单中(第 87 页)。坎伯兰在 1672 年写了《论自然法》(*A Treatise on the Laws of Nature*)以反驳托马斯·霍布斯(Thomas Hobbes,1588—1679)的政治理论。巴贝拉克在 1744 年将这本书译成法文。坎伯兰补充了巴贝拉克所说的自然法重构浪潮,将约翰·沃利斯[John Wallis,牛津大学的萨维里(Savilian)几何学教授、洛克的密友]加

* 本部分的页码为原书页码,即本书编码。——译者

入到为革新自然法理论提供必要概念工具的学者行列中。

虽然我用巴贝拉克的这篇出色的短论为洛克的作品确立正确的思想语境，但值得注意的是，坎伯兰的《论自然法》也可以从另一个角度被视为这个语境的组成部分。在1679—1681年间，洛克重燃了对自然法的兴趣并与他的好友詹姆斯·泰伦尔(James Tyrrell,1642—1718)合作来为《分离的危害》(*The Mischief of Separation*,洛克的拉弗雷斯手稿,c. 34)做重点注释，而且洛克很可能同时写作了《政府论》的主要部分(关于《政府论》的写作时间参见下文，第53—54页)。泰伦尔在这段时间写作了《父权非君主制》(*The Patriarch Un-monarched*,1681)，随后他又写了一本类似坎伯兰《论自然法》英文版的书，起名为《关于自然法的专题论文》(*Disquisition of The Law of Nature*,1691)。虽然洛克既没有坎伯兰的《论自然法》，也没有引用它，但几乎无可置疑的是，他在1681年读过这本书，或者是他自己去读的或者是他在泰伦尔的推荐下去读的[凡·列登，1970年，第14、55、66页；高夫(Gough)，1976年]。另外值得注意的是，普芬道夫的《自然法与万民法》的第二版(1688年)在好几个地方引用了坎伯兰的《论自然法》。①

巴贝拉克指出，格老秀斯“在上个世纪引入对自然法的方法论
7 研究”(第36页)，而坎伯兰，特别是普芬道夫促成了自然法理论的革命(第81页)。尽管如此，巴贝拉克将以决定性方式完成自然法的理论重构这一殊荣给予了洛克，并且以多段来自《人类理智论》

---

① 关于这点我受益于剑桥大学耶稣学院(Jesus College, Cambridge)的理查德·塔克博士。

的引文开始他的历史解读。他认为,《人类理智论》证明了道德科学可获得的知识在确定性方面优于自然科学(第1—9页)。正如所有这些思想家所表明的,“道德科学”一词就是“自然法理论”的同义词并暗指《政府论》这样的作品:“当我(巴贝拉克)说这个词(道德行动的实践科学)及道德一词时,我指的不仅仅是通常人们所指的内容,而且包括自然法和政治学:简言之,道德是根据一个人的状态和情况,所有对于这个人自己的行动来说必要的东西。”(第1页注释并参见下文,第27—34页)

巴贝拉克提炼出了《人类理智论》处理道德知识的认识论基础的三个论点。它们都是对17世纪自然法理论的问题的分析,同时也是洛克自己的政治理论的基础。首先,他认为洛克的制造物模式是通常的自然法理论的基础,而且还是某种有限的自然权利理论的基础。其次,洛克关于情状和关系的研究对于理解自然法政治学说来说是必要的,是入门之道。第三,洛克对实在本质的分析使得政治理论获得了优越地位(第4—5页、第10—13页)。

《人类理智论》的这些论点为洛克政治理论中的财产权理论提供了支持(第5页;1729年:4.4.2注释、4.4.3注释、4.4.6注释、8.1.3注释)。巴贝拉克引注了洛克在《论宗教宽容》(*Letters Concerning Toleration*)、《政府论》和《人类理智论》中对财产权的讨论。谈论洛克的财产权理论其实就是谈论洛克的权利理论:“洛克先生所说的‘财产权’不仅仅是一个人对他的物品和占有物的权利,而且涉及他的行动、自由、生命和身体。总而言之,就是所有种类的权利。”(第4页)

由此可见,巴贝拉克提供了研究洛克财产权理论的两个主要进路:《人类理智论》的三个论点对于在语境中理解洛克的财产权理论来说至关重要;洛克所用的“财产权”一词包含所有性质的权利。这两点与我们之前根据文本分析得出的结论一样,只不过被语境细节所强化了。因此,我们像巴贝拉克建议的那样,从文本分析着手具有了历史正当性(第 84 页)。

3

以上这一进路似乎与拉斯莱特的以下见解相矛盾:《政府论》与《人类理智论》之间没有哲学关联。“并不存在任何相互联系”
8 (第 48 页),“它是为完全不同的目的而写的,而且洛克在写作时处于完全不同的心态。”(第 83 页)但是在我看来,这个明显的矛盾并非无法调和。拉斯莱特这里的主要意图是想使读者们明白,与霍布斯不同,洛克的政治理论不是他的哲学的逻辑演绎结果(第 85—90 页)。对此我完全同意。拉斯莱特接着说,在《人类理智论》和《政府论》两篇之间可能存在某种松散的、“开放的”关系(第 87 页)。本书的这一章想要探索的就是这个关系。虽然我和邓恩一样认为拉斯莱特将这个关系描述为“洛克式态度”,并将其与“洛克式哲学”对立起来的做法并不妥当(1969 年:第 119 页注释),但以下三个基本观点显示了我和拉斯莱特的一致之处。首先,由目前的文本分析和巴贝拉克的论文所支撑起来的关系仅仅涉及《人类理智论》的部分内容与《政府论》。其次,这个关系比正式的逻辑证明要松散得多。我之前使用“暗示性关联”“支持性”“基础”“支撑”等词就是为了以试探的口气来表述这个关系。第三,巴贝拉克明确认为这两部作品间存在重要的关联。这为我们试图将这个关

联清晰化的努力提供了历史依据。拉斯莱特暗示了这个历史依据，但却没有加以利用。约尔顿已经在这个方面进行了非常出色的尝试。他将洛克的财产权理论视为《人类理智论》推荐的那种对道德概念的概念分析方法的应用(1970 年:第 181—195 页)。

如邓恩所言，妨碍我们观察《人类理智论》与《政府论》之关联的最大阻碍是将《人类理智论》归为经验主义或理性主义的倾向。跟随巴贝拉克的脚步，将《人类理智论》置于更广泛的 17 世纪自然法写作的思想语境中，为我们提供了更具历史敏感性地解读这种关联的方法。进而为我们“理解《人类理智论》主张某些立场——这些立场决定了《政府论》的独特形态——的内在原因提供了一个方法”(邓恩，1969 年:第 92 页)。

第二节 混杂情状和关系

1

巴贝拉克勾画出来想要引起人们注意的《人类理智论》的三个主题紧密相连。制造物模式是《政府论》分析财产权的基础。在《人类理智论》中，它由两个复杂观念构成:“关于一个至高存在的 9
观念，其权力无限、善意无极、智慧无边，我们是祂的创造物，而且是依靠于祂。关于我们自己的观念，我们是一种理智的，理性的存在”(4.3.18)。洛克在这里指出，如果对制造物模式加以“适当的考察和研索”，它就可以为道德提供基础，正如它在《政府论》中发挥的作用(2.6)。当洛克给这个观念一个名字时，他称之为“对祂的制造者的意念(notion)”。如果观念是内在的,那这个意念就是“上帝给祂的制造物印上的,以使人不忘自己的依赖和义务”(1.4.13)。洛克称这个观念为“意念”,表明它是一种特殊的观念:要么是一个混杂情状,要么是一个关系(3.5.12;1823 年:第一卷,第540 页;约尔顿,1970 年:第 161 页)。清楚地说明洛克关于混杂情状和关系的分析,能够使我们理解制造物模式在认识论上的地位。如巴贝拉克所写:“在描述一个自然法体系时,一个作者毫无疑问应该首先向读者讲解道德实体或存在的本质。”(第 84 页)“道德实体”(moral entity)被普芬道夫用来指由一个道德概念构成的对象。洛克一般情况下都使用自己关于情状和关系的术语,但是他在第三卷第五章第十二段回到了普芬道夫的术语上。

“观念”的一个含义是表示这个观念的术语具有的意涵。“文字的意涵只是应用文字的那个人用文字表达的观念。”(3.4.6)一个概括性观念(general idea)就是概括性名词被用来表示的东西(3.3.6)。有两种完全不同的概括性观念:摹本(ectype)和原型(archetype)(2.31.12;略去简单观念不谈)。实体(substance)的概括性观念是摹本(2.31.13)。所有的概括性观念,除了实体的概括性观念,都是原型观念(4.4.5)。所以,概括性的原型观念包括了“所有种类的事物”(3.3.12)。从某种意义上说,它们是由人建构出来的。与之相对的是实体,它们是由自然建构的。洛克将原型观念进一步分为两个一般性范畴:情状和关系(2.12.4、7)。

情状是指,其本身并不包含自己存在之假定的概括性观念(实体这一概括性观念就与此不同)。它们“只是实体的一些附性或性质,就如三角形、感激、暗杀等等名词所指示的那些观念”(2.12.

4)。普芬道夫在《自然法与万民法》的开头也作了类似的区分(参见下文,第 32 页)。在上面这个定义中,“实体”是指人。洛克的意思是,人建构三角形,感觉或表达感激,犯下谋杀(3.6.42)。简单情状由同一类型的简单观念构成,例如“一打”就是许多单位观念加在一起(2.12.5)。混杂情状由不同类型的几种观念构成,如“偷盗,是指不经过所有者的同意,暗中变换了事物的占有。我们可以看到,它是由几个不同的观念组合而成”(2.12.5)。关系是那些由“考究和比较各种观念”(2.12.7)而形成的概括性观念。洛克区分 10  混杂情状和关系的另一个方法是考查文字和文字的对象。表达关系的文字“在其所指涉的事物之外,还指涉另外一些东西,这些东西外在于那个事物的存在”,而表达混杂情状的文字则并不指涉这样一些东西(2.25.10)。[①]

就政治哲学而言,有三种重要的关系。自然关系是对两个或更多的事物就它们的起源或开端加以考察而得来,如父亲、儿子、兄弟、同胞(2.28.2;比较普芬道夫:1.1.7)。构建关系是根据某个行动对两个或更多的事物加以考察而得来。这个行动是“根据道德权利、能力或义务来做某事”。这个关系包括市民、官员、主人与仆人等(2.28.3)。它们与自然关系的不同在于,它们依赖于人们“在社会中形成的协议”,而且“它们大部分或全部可以同它们所属

---

① 有时候,洛克将这种观念称为混杂情状,有时候他又将其称为这个观念所表示的行动或“对象”。这与其说是洛克的混淆不如说是这个概念本身的一个基本特征。由于在这里,观念是对象的本质,所以两者间存在根本的同一性。我将和洛克一样使用“情状”和“关系”,但是如果根据上下文无法判断它们是指涉观念还是观念的对象,那么我将会特别加以指出。

的那些人的身份分离——虽然具有这些关系的各种实体仍然存在"(2.28.3;比较普芬道夫:1.1.8—12)。例如,制造物模式对于人来说是自然关系,对于上帝来说就是构建关系。一个道德关系是一个自愿行为与一个规范的相符或相悖。罪恶和责任是一个自愿行为与自然法之一致与否的道德关系。非法与合法是一个自愿行为与市民法之一致与否的道德关系。德与恶是一个自愿行为与文化规范之一致与否的道德关系(2.28.7;比较普芬道夫:1.2.5—6)。

由此可见,混杂情状与关系是人的观念中一个非常庞大的范畴。许多道德观念(财产权、义务、权利)和关于人为制品、人的情感、行动和制度的观念都是混杂情状。所有我们通过比较得到的观念都是一种关系。如洛克所言:"**要一一列举所有的混杂情状**,势必要把神学、伦理学、法律学、政治学,以及其他科学中常用的大部分字都列举出来。"(2.22.12)①关系同样也是政治理论的核心观念。那些使得人与动物之不同的各种关系"应当被察知,用名称标识出来,因为在法律方面和人类的其他互相交往方面,我们有许多机会要提到具有这些关系的各种人;而且人类的各种义务所以有束缚力,亦就是因为这些关系。"(2.28.2)②早在他关于自然法的牛津讲演《自然法辩难》(1662 年)中,洛克就强调了社会关系在自然法理论中的重要地位:"对这个(自然)法的大部分认识与人与

① 混杂情状的例子:2.12.4—5;2.22.4,7,9;2.27.9;2.28.3,7;2.32.11;3.5.3,6;3.6.40,49;3.11.16;4.3.18,26;4.5.4。关系的例子:2.25.2,3,7,10;2.26.6;2.28.2,3,7;4.3.18;1970 年第一部作品:1.98;2.2;2.3。

② 比较洛克的以下论述:1936 年:第 3 页、第 4 页、第 11 页、第 17 页、第 18 页、第 21—26 页;1931 年:第 99—100 页;第 148—151 页;第 153—160 页。

人之间的多种关系有关且建立在这些关系之上”(第197页)。在这点上,《人类理智论》与《政府论》之间存在着紧密的关联。《人类理智论》深入探讨这些概念的认识论面向,《政府论》(2.2)则在自然法层面上说明,这些概念关联如何得出各种关系中的义务与权 11
利。这就是《政府论》想要做的工作。由此观之,与通常的误解相反,洛克的政治思想的一个根本预设并不是将人当作孤立的个体,而是在人与他人以及上帝的各种关系中观察人。

与实体观念对应的知识是关于“事物就其本身,以及就它们的关系和它们运作的方式而言的自然”的知识。我们称之为“φυσικὴ”或自然哲学(4.21.2)。这种知识的目标是“纯粹的思辨真理”(4.21.2)。与混杂情状与关系对应的知识是关于“人作为一个理性的、自愿的主体,为了实现任何目标(特别是幸福)所应当做的事”。我们称之为 πρακτικὴ或实践知识(4.21.1)。洛克对实践知识的重述表明,实践知识包括(但没有被其穷尽)从前述基于制造物模式的知识这个角度界定的道德(4.3.18)。这一说法与巴贝拉克从自然法与政治理论方面对道德下的定义一致(4.21.3):

> 实践之学(πρακτικὴ)是关于如何运用我们自己的能力和行动以获得善的且有用的事物的正当之技术(Skill of Right)。这其中最主要的是伦理学。这种学问就是探索能带来幸福的规则和人类行动的尺度以及对其加以实践的方法。

实践知识的目标“不是纯粹思辨和关于真理的知识,而是正当以及与其相适的行为”。知识的第三个分支是,实践哲学与自然哲学运用的观念之间的逻辑。我们称之为符号学(semiotics)或标记学(4.21.4)。

洛克的知识分类的第一个要点是,实践知识既包括制造(making),也包括做事(doing)。正如洛克所写:“善的(做事)且有用的(制造)事物;任何目的”,这与他在其他地方对知识的分类一致(1967 年:第 245—247 页)。这也与他将关于应用科学的观念和关于道德、神、政治学和律法的观念归为一类(原型观念)的做法一致(比较坎伯兰,1727 年:第 50—52 页;巴贝拉克,1729 年:第 2—5 页)。自然知识与实践知识的分类是亚里士多德意义上的分类[乔基姆(Joachim),1970 年:第 1—18 页]。在自然科学中,人的目标是理解、沉思。在实践科学中,人的目标是以某种方式生活并制造某些事物,而不是去理解,除非是为了行动而理解。

第二个要点是,自然哲学与实践哲学之区分并非对应理论与非理论之区分。自然哲学与实践哲学这两个范畴分别包含一个理
12 论部分与一个“审慎”或者说实验部分。与此不同,标准的经院式分类将自然哲学作为理论知识,将实践哲学(经济学、政治学和伦理学)作为非理论知识[魏胥普尔(Weisheipl),1965 年:第 59—90 页]。我们一般认为是弗朗西斯·培根通过将这两类知识分别划分为一个理论部分和一个“审慎”部分,打破了这一标准经院式分类[1874 年:Ⅳ,第 79、373 页;参见贾丁(Jardine),1975 年:第四章]。如巴贝拉克所言,对道德和政治的理论面向的研究,由格老秀斯接过,随后在霍布斯、斯宾诺莎、坎伯兰、莱布尼茨(Leibniz)、洛克和维柯的自然法政治理论或者“道德科学”中以不同方式得到发展。

2

所有概括性观念都具有一项功能：成为这些观念对应之物的“观念”，“来表示它们”，“来代表它们”或者是“与它们相一致”(2.30.1，2.31.1；3.2.2；3.3.12；4.21.4)。运用观念——在言说、写作和思考中——是一种意图性行为。观念“代表人心将其作为这些观念之来源的原型。人心意图以这些观念代表这些原型，并用这些观念代表这些原型”(2.31.1)。“原型”就是人心意图用观念来加以表示的东西(2.30.1)。摹本观念，即关于实体的观念，之所以被称为摹本(复本)是因为，它们被用来表示一个独立于我们有关事物本性(*rerum natura*)的知识而存在的原型(2.31.13)。所以，摹本观念的原型是实体，它们“外在于我们”(2.30.5)。

原型观念，即关于约定(非自然)事物的观念，之所以是原型(本源)是因为，它们被用以表示的原型就是这些观念本身。这些观念就是它们自己的原型(如其名称所暗示的)。这些观念“并不被当作是任何事物的复本，也不将任何事物的存在作为它们的本源”(4.4.5)。原型观念“并不是用来代表任何事物而仅代表其本身”。它“只包含了人心意图让它所包含的内容”(2.31.14)。由此可见，摹本观念复制了它们的自然原型，而原型观念是它们自己的原型。

《人类理智论》的这个主题使我们注意到关于自然事物的知识与关于约定事物的知识的巨大差异。人意图用关于实体的知识复制它们的相关对象。这个观念来自于它的对象。我们通过比较这个观念和它的对象来判断这种知识的“相称性”。关于社会性或者约定性现实的知识恰恰与之相反。在这里，知识而非对象才是原型。观念本身是规范性的。我们通过将“对象”与它的观念相比较来判断约定事物的“相称性”。“**复杂的情状观念和关系观念，都是原本，都是原型**。它们不是**摹本**，不是照着真实存在的模型做成，人心并不期望它们和一个模型相契合，精确地相对应……它们原来就指的是那些情状（和关系），就只属于那些情状（和关系），因此，那些情状（和关系）只要存在，就和那些复杂观念确相契合。”
13 （2.31.14）“因此，在这方面，观念本身都是**原型**，而且各种事物不
能不与它们相合。”（4.4.5）

摹本观念指涉自然现实而且其真假值（truth value）取决于这一自然现实（2.32.13）。原型观念指涉社会性或约定性现实而且其真假值独立于这种现实（2.32.17）。混杂情状和关系观念不仅定义了它们的对象，而且其本身构成了其表示之物的本质。它们是“一切可能存在的（作为其对象的关系和）情状的本质”（2.31.14）。它们是规范性的、构成性的（constitutive）。社会现实通过它们被构成、被分类、被命名和被评判（3.5.2；比较约尔顿，1970 年：第 138—159 页）。

洛克讲述了一个关于原始语言的故事以揭示他关于原型观念的构成理论（constitution theory），以说明这种观念在什么意义上不仅仅是描述性的，而且是规范性的、构成性的。（人类通过追溯混杂情状和关系的概念性关联所获得的相关知识同样也是关于社会现实的知识，但是这种知识并不属于我们这里所说的构成理论。）亚当会使用语言，但是他身处异乡，那里的多数事物都还没有被命名。亚当发现拉麦（Lamech）有麻烦，他以为拉麦妒忌其妻子有通奸行为。他发明了希伯来词妒忌“kinneah”（“jealousy”）和通

奸“niouph”(“adutery”)这两个词,从而能够与夏娃来讨论这件事(3.6.44)。亚当后来发现拉麦是在为其他事而烦恼(他杀了一个人)。他发现拉麦的麻烦与他的观念并不一致。这并没有使亚当改变他的观念。他的误解不是一种知识上的误解,而是运用观念时发生了错误,他错误地使用了他的观念:“他既然自由地集合了那些观念,因此,那个集合体中所有的一切亦正是他意图要加入的,因此,它不能是不完全的,不能是不贴切的,因为它既不表象任何原型,因此,它亦就不参照任何原型。”亚当的“kinneah”和“niouph”这两个观念仍然是忌妒和通奸的原型。它们仍然是典范,它们“被赋予相关名称从而来命名所有同他的那些抽象观念恰巧相符的事物,并不考察那一类东西究竟存在与否,因为标准是他自己定下的”(3.6.46)。

洛克又以“zahab”(黄金)为例,将上面这个例子与亚当获得某个实体观念的方式进行了比较。亚当发现了一个黄色的、坚硬的、比较重的“明亮悦目的实体”。他选择了这三样特征构成“zahab”的本质(3.6.47)。在制造他的“zahab”的观念的过程中,亚当所做的和先前得出关于忌妒和通奸的混杂情状的做法“完全不一样”(3.6.46)。他的黄金观念的原型在自然中,而且“除了他从事物本身中得到的观念外”,他并没有在这个复杂观念中加入任何简单观 14
念。亚当的观念意在(is intended to)复制相关对象。他意图“使其名称所表示的,亦就是这样相契的一个观念”。

洛克所做的区分的核心在于,对观念的使用是一种意图性行为,而亚当的意图在这两个例子中是不同的。正如麦凯(Mackie)所述,亚当“意图使用‘zahab’来表示**某个东西**,**不论这个东西其特**

征与构成最终会是什么;但是亚当并不意图使用'kinneath'来表示正在困扰拉麦的任何麻烦,他也并不意欲使用'niouph'来表示亚大(Adah)最近的任何行为"(1976 年:第 93 页)。在"zahab"和"niouph"的例子中,亚当意欲他的观念成为规定这一种对象的标准。如果亚当想要增加对什么是黄金的知识,他需要更细致地观察手中的样品(3.6.47)。与此相反,对妒忌和通奸之事例(被挑选出来称之为妒忌和通奸的事例)的观察无法增加他关于什么是妒忌和通奸的知识。在这里,观念本身提供了规范性知识。

洛克这里的论证并不是说,亚当无法通过观察约定事物的例子来增加关于它们的知识。亚当可以去学习,比如说,工匠和他们的制品(两个关系),从而了解这种社会学现象。他可以积累有关工匠如何工作、为何工作以及在什么条件下工作的信息。尽管如此,这些都不能改变他关于什么是一名工匠、什么是一件制品的观念。他的经验研究必然预设了规范性观念,并在其指导下进行。这些规范性观念构成了两者的本质,定义了他的研究对象。我们还可以用洛克的另一个例子来解释:自杀就是夺取一个人自己的生命,而对自杀的经验研究预设了自杀这个观念作为规范性框架。对于洛克来说,作出必要预设的必要性,例如"自杀是夺取一个人自己的生命",并不在于它们来自于现实,而是在于现实通过与这些必要预设相比对而得到评判。原型观念告诉我们非自然事物是怎样一种对象。这是一个约定论者的论点(3.10.33,3.9.7)。

洛克回到另一个普通情景,继续讲述关于原始语言的故事:即当一个人出生在一个业已形成的居住着诸多语言使用者的共同体中。"妒忌和通奸慢慢成为通常用法。接下来,情况就有所不同了

(3.6.45)。”亚当的子女和亚当一样,他们可以随心所欲地创造观念。但是,语言是为沟通所用。为了与他人沟通,用语词表达一个人自己的观念是不够的。为了实现沟通,人们使用的语词必须能够“标记同他们接谈的那些人心中的观念,因为若不如此,则他们的谈话会全无效果”(3.2.4)。严格地讲,为了被他人理解,我们并不需要知晓语词代表的观念。对于人们来说,“他们以为自己所用的文字契合语言的通常意义,那就够了”。观念与通用的主体间语言之间的这种关系构成了亚当的子女们的语言行为。他们在“熟 15
知的用法”中发现了“kinneah”和“niouph”这两个词。作为概括性语词,这两个语词的抽象观念“就是这两个名称区分的种类的实质”(3.6.45)。当他们要使用他们的语词来指涉“已经确立起来并获得公认”的那些约定事物时,“他们必须使这些名称表示的自己心中的观念,契合于这些名词表示的别人心中的观念,并且把那些观念作为模型,作为原型”。

由此可见,一个概括性名词(代表一个混杂情状或关系)在一个语言共同体中指涉的原型并不是某个人自己的观念(这和亚当的情况不同),而是“别人在这些观念的通行名称上所加的意义”(3.6.43)。只有当一个概括性名词与它“在正确使用时被赋予”的观念相一致时,对它的使用才是恰当的(2.31.4)。原型观念构成了约定事物的本质,而原型观念又从它们的名称在通用语言的标准使用中获得其含义。因此,在一个业已存在的语言共同体中,社会现实首先在语言(和观念)的作用下构成多种事物,且其存在依赖于共同体对其恰当名称的持续使用(3.5.10;比较约尔顿,1970年:第138—139页)。混杂情状和关系以及它们的对象(它们的本质）并不是主观性的，而是交互主体性的。它们存在于通用语言对它们的名称的持续的规范运用中[3.5.10；比较哈克（Hacking），1975 年：第 47 页；约尔顿，1970 年：第 159 页]。

洛克要求他的读者想象一下亚当所发明的“zahab”这一通用的概括性名词的遭遇。如果人们用“zahab”来指涉他们所能发现的自己手中的样品的所有特质的总和，那么每个人所言的将是各不相同的事物，因为人们可以在每个特定实体中发现无穷无尽的各种特质（3.6.48）。最后就会出现像巴别塔一样的局面（3.6.28）。因此，亚当和他的朋友们达成了某种一致，将某些“主要特质”作为一个自然种类的本质属性，并以此方法将自然构成不同的种类（3.6.49）。黄金的观念，列举了一些容易辨认的特质，变成了一个典范。某个语言共同体根据这个典范将自然分级分类[3.6.51；比较波义耳（Boyle），1660 年：第 199—200 页]。被赋予名称的实体观念被确立起来“作为事物的模型或形式……各种存在着的特殊事物如果与那个形式互相契合，它们便属于那一种，得到那个名称，并且归在那一**类**里边”（3.3.13）。与混杂情状和关系一样，一个语言共同体中的实体观念与它们的名称有着密切的关联。如此一来，共同体在使用这个观念时首先指涉的就是这个名称的通常用法。这就是“这个名称的含义，其**原型**所在”（3.6.43）。

由此可见，语言，或者说概括性名词的通常用法，使得这个共
16 同体能够将交互主体性现实构成不同的种类（既有自然的，也有约定的）（3.3.13）。不恰当地做一个跳跃时代的比喻，使用概括性名词的作用就像语法在维特根斯坦的语言的建构性理论中所起的作

用(维特根斯坦,1974 年:ss. 371,373)。[①] 在这一点上,洛克对原型和摹本的区分似乎不再那么鲜明。虽然这么说,但是自然中还是存在独立于社会对它们的分类的实体,尽管人们用他们能够使用的概念来处理这种现实。并不存在独立于原型观念(约定观念据此得以被构成)的约定对象。例如,如果某个文化中没有"刺入"这个原型观念,那就不会有"刺入"(3.5.11;比较约尔顿,1970 年:第 139 页)。这种东西完全是根据人们的语言被制造出来或做出来的(done)。原型观念这种认识论上的特殊地位赋予政治哲学(涉及原型观念)相对于自然哲学的优越地位。在处理名义本质(nominal essence)和实在本质(real essence)的过程中,洛克的构成理论对于政治哲学的意义得以浮出水面,从而阐明了制造物模式的认识论基础。

第三节 政治哲学的地位

1

洛克指出有两种本质:名义本质和实在本质。前者是指被命名为某种特殊事物是指什么;后者是指那个特殊事物本身是什么(3.3.15)。名义本质是复杂观念命名的各项特征的集合。人们一致同意,这一集合是某个对象成为这种或那种事物的关键所

① 这一相似性可能并不是一种巧合。参见图尔明(Toulmin)和雅尼克(Janik),1973 年:第 123 页。

在(3.6.2)。洛克称名义本质为“人为构成”(3.3.15),因为,虽然人们观察到这些要素“经常性的同时存在”,但还是由人来挑选出其中的一部分并决定将它们构成的东西命名为**某物**,或者说某类事物(2.23.1)。

洛克以黄金为例对此加以说明。我们将某物命名为黄金是因为它具有这种或那种特质。这些特质的集合“使得某物是**黄金**,或者使它有权得到‘黄金’这一名称……所以它是这个对象的名义本质”(3.3.18)。在一定范围内,人们会一致同意:“任何东西的性质如果与那个名称所标记的那个抽象的复杂**观念**不相契合,就不能被叫做**黄金**”。正是因为名义本质,某个对象才被命名为某种事物。

实在本质则是“另外一回事”(3.6.3)。实在本质有两个判断标准。它是“任何事物的存在,而且物之所以为物,亦就全凭于它”。这是本质(essence)或“essentia”的传统内涵(3.3.15)。其
17 次,某物的种类之特征“依赖”于它(3.3.6)。它是“事物的因果基础”(约尔顿,1970 年:第 30 页)。虽然实在本质不是“事物的‘类’(class)、‘种’(kind)特征”,其本身不是一个类别(sort),但“与某个类别有关”(约尔顿,1970:第 30—31 页;比较 3.6.6)。因此,虽然我们基于事物的名义本质来认识其为何种事物,但作为某个特殊事物的因果基础的实在本质才是使此物成为某种事物的原因(3.3.13,15;4.6.11)。我们无法认识实体的实在本质,但也许更高级的智慧者能够认识它们(约尔顿,1970 年:第 32—33 页)。洛克写道,名义本质(事物据此被这样或那样加以命名)和实在本质(什么使得此物成为这样一个事物,从而成为这样一种事物,虽然就实体而言我们无法对其加以认识)在情状和关系(就其对象而言)

方面永远是同一的，但是在实体方面却总是不一样(3.3.18)：[1]

> 我们既把本质分为名义的和实在的两种，我们就可以进一步说，在……情状方面，它们永远是同一的，在实体方面，它们永远是不同的。就如空间被三条线所围后所成的形相，既是一个三角形的名义本质，亦是它的实在本质，它不但是那个概括的名称所表示的那个抽象观念，而且亦正是事物的本身存在，亦正是事物的一切性质所依的那种本质，亦正是那些性质完全不能离开地联合着的那种本质。

在这段文字中，洛克聚焦于他的“摹本-原型”之分的另一面向，聚焦于为实践知识的理论维度奠定基础。

名义本质和实在本质在情状和关系方面永远是同一的，这源于这些观念及其“对象”(或者说社会现象)得以确立的方式。洛克的这一说法依赖于他的以下主张：情状和关系(就对象而言)的本质并不独立于它们代表的观念(3.5.3，3.10.33)。当人们确立情状和关系的观念时，他们并不遵从任何既有的相关模式(不像确立实体观念时那样)(3.5.6)。

人们依据定义性特征将关于社会现象的观念“集合组合起来并记住”(3.5.3)。同时，人们“用一个名称将它们结合在一起”，从而使得只有具备这些特征的社会现象才配有此名称(3.5.4)。通过这个方式，一个复杂观念被确立起来。它包含了关于这些特征的观

① 比较 3.43；3.5.14；3.11.15；4.12.8。

念并被赋予一个概括性名词(3.5.5)。对于其他那些“虽然在自然中有同样的联系”的社会现象,“人心任其松散,不把它们集合成一个**观念**”(3.5.6)。通过这种方式,“一个种类被构成”,一个共同体的社会现实被构成不同的种类(3.5.5):“这些混杂情状种类的本质,是人心的制造物……而且这些种类自身是由人制造出来的。”(3.5.4;比较 3.5.6)

18 虽然这些观念是关于既有的相关社会现象的观念(这些社会现象由这些观念构成),但它们不依赖于那一现实来获得其真假值:人不“用自然中具有特殊组织的模式来验证它们”(3.5.3;比较 2.32.11—2)。比如说,母亲、父亲、儿子、女儿和性交这些观念以特定方式组合起来就得出了“乱伦”这一概括性名词(3.5.6,普芬道夫也使用了这个例子:1.2.6)。这个观念必然是实在本质,因为正是“乱伦”这个观念本身决定了什么是一种乱伦行为。这类观念存在于我们的通用语言中,我们据此来判断现实(2.30.4,2.31.4,2.32.11)。

由于这些观念构成了社会实践和社会关系,所以它们就一起构成了某个文化的“生活方式”(3.5.8)。由于它们构成了社会实践,这些观念就随着社会实践的变化而同时变化(2.22.7)。在一种“默示同意”中学习语言,人们就学会了如何参与到一个共同现实中(这一现实由人们的语言和文化规范构成)(1.3.22;比较 2.28.10;3.2.8)。假如亚坡加克诺王(King Apochancana)在英国受教育,他就可能像一个英国人那样因成为一位神学家或数学家而出名。“他同较进步的英国人相比,其全部的差异只是:他在运用自己的能力时,受了本国风向、习俗和意念的限制。”(1.4.12)

至此，我们可以看到，洛克在解释情状和关系如何得以确立时，并不认为人以一种个别方式确立了它们。他是在解释一个关于（能够在主体间成立的）概括性观念的规范性框架（一个社会依照这个框架存续）如何得以确定。个体习得这些观念的方式是通过解释或者观察已经构成出来的行为，例如他获得“决斗”和“击剑”这两个观念的方式（2.22.9）。但是在某些情况下，人们制造了一个观念，然后依据这个观念来建构现实，发明“或自发地把心中的简单**观念**合拢起来。因此，首先发明印刷和镂刻的人，在这两种艺术未曾存在之时，心中就已有了它们的**观念**（2.22.9）”。发明者就像是一个工匠，创造了相关的观念（3.6.40）。

关于实体的观念则是另外一回事。关于实体的概括性观念是规范性“模式”或“形式”。据此，一个文化将自然构成为不同的事物。尽管如此，独立于这一观念（且人们无法知晓的）的是“那些确切的本质，自然据此制造了所有特殊事物，从而使得所有特殊事物被划分为不同**种类**”（3.10.21；虽然这不见得是一个本体的或确定不变的划分）。摹本观念（一个自然实体据此被分辨出来）使得某物被称为某个实体（3.6.50）。如果我们发现了（比如说）黄金是什么，我们就基于下述预设观察手中的东西是否是黄金：我们所谓的黄金这一种类（根据“**显而易见的外部特征**”而被构成）确实标明了相应的种类（3.6.25）。通用的摹本观念是名义本质，是“人造的构 19
成”，因为我们正是根据摹本观念将自然现象构成不同的特殊种类。但是，自然现象之所以起初是某个种类（即它的“真正构造”）的原因并不在于这一摹本观念。它不像关于社会现象的原型观念那样。洛克提出了一个关于文化将自然分类的演变过程的语用性

理论。很早以前，粗野而无知的原始人就基于人类的实际利益将自然分类。这一分类并不是由探寻事物实在本质的逻辑学家和哲学家做出(3.6.25)。另一方面，由于社会现象首先是根据通用的概括性观念来加以分类，所以发现事物的实在本质(不只是名义本质)，是通过了解其对应的名称在通常用法中的含义或定义(2.32.12)：

> 关于混杂情状的抽象观念，只是由人自愿集合起来的一些简单观念，因此，每一种情状的本质都是完全由人制造出来的。不过我们对于这个本质，在任何地方亦没有别的明显的标准，所有的只是名称本身，或那个名称的定义。

聚焦洛克的“构成”概念，能够使我们进一步理解洛克关于摹本观念和原型观念的区分。洛克认为，构成一个种类(无论是自然事物还是社会事物)的观念就是那个种类的本质(3.6.2)。洛克还指出，成为一个种类的本质也就因此而成为属于那个种类的事物的本质(3.3.12)。这是因为，单个事物本身并无本质可言，本质性(essentiality)预设了一个观念，这个观念决定了成为某个种类的特殊事物关键取决于什么(3.6.4；比较麦凯，1976 年：第 104 页)。本质并不是我们根据某个概括性名词挑选出的一系列现象中的一个要素。它是那些现象的构成、布局和组织。[①] 通过用观念来描述运动的某些特定组合，我们将身体运动构成人类行为、实践和制度等。这些描述被置于我们的语言中。它们作为我们的行动和生

① 比较培根，1874 年：Ⅰ，第 285 页；波义耳，1660 年：第 2 页。

活规范发挥作用，所以它们必然是实在本质。我们关于自然的观念也以这种方式运作。不同之处在于，自然世界以独立于我们对观念的描述性和规范性使用的某种方式被安排，所以我们对它的观念是名义本质，而非实在本质。

洛克认为，实在本质的第二个判断标准在于，事物的种类特征取决于实在本质（2.32.24；3.5.14，3.6.3，3.11.22）。就情状和关系而言，复杂观念本身"决定了某个种类的特征，而且种类的特征仅仅来自于复杂观念本身"（3.5.14）。要理解洛克这里的意思关键要看到，他经常将"原因"（cause）和"起源"（original）作为"实在 20
本质""真正构成"和"基于此"的同义词使用（3.3.15，18）。他并不是在思考一种休谟式原因，一种前-后关系。在混杂情状和关系中，实在本质和特征之间的因果关系（举例来说）是三角形与它的特征，行为与行为的罪恶和责任（行为的道德特征）之间的关系（2.28.4）。这个意义上的"原因"是 17 世纪的标准用法，基本上等同于我们在口语中对"原因"或"因为"的使用。原因作为事物的构成解释了事物的特征。

洛克用三角形（一个混合情状）来解释他的理论，但是他称，如果我们能够知晓实体的实在本质，他的理论也能用来解释实体（4.6.11）。我们从自己关于三角形的实在本质的观念（及一些定理和定义）中发现一些定义性关联，这些关联使我们得出关于三角形特征的某些主张。如果存在一个相应的三角形，那它就会具有我们主张的那些特征，因为三角形的构成就是三条线相遇形成三个角（即实在本质观念言称的那个构造或实在本质）（2.31.3）。如果一个图形不具有这些本质属性，那它就不具有那些特征："如果就一个三角形的观念而言，三角形的三个内角之和等于两个直角之和，那么在任何地方，当一个三角形真实存在时，这个命题亦是真的。”(4.4.6)三角形的观念是关于它的特征的主张能够成立的根据。这里的关系是根据与后果、假设与结论之间的关系。作为一个存在着的三角形的构成，三条线相遇而形成三个角是三角形的特征能够成立的“原因”。或者说，正是基于此，三角形才具有那些特征(3.3.18)。关于实在本质的假设或观念解释了现象(特征)，因为这些现象是根据这一假设被构建出来的。在这里，逻辑关系与本体论关系之所以同态是因为，对象的组织形式与为逻辑关系提供基础的观念一致(4.4.6)。解释项(explanantes)就是被解释项(explananda)的构成。格林(Grene)向我们指出，这个解释模式，即存在一个符合相关假设的形而上学原因，被早期的皇家协会(Royal Society，1963 年)的许多成员采用。正如他所写的：“某个解释能够成功地作出解释是因为事物被那个解释决定。如果一个解释是真实的，那么不仅对现象的描述在逻辑上是根据它得出的，而且现象本身就是这个解释言称的那个情况的效果。作为一种形而上解释，物理解释成为了因果解释。这不是通过在一个现象与另一个现象之间在时间序列上建立必然或恒定的关联，而是通过将所有现象整合在一起使之成为某物真正属于某个种类的后果。”(第 153 页)

在这个层面上给出某物的“原因”、解释或“起源”意在说明：为何 X 源于 Y；为何 Y 构成了 X(或者说 Y 是 X 存在的原因)。比
21 如说，当洛克在《政府论》的标题中写道，此书是关于公民政府的“起源”时，他的意思是这本书解释了政府的存在是指什么。“同意”被认为“构造”了政治社会(2.99)。之所以称之为一个政治社

会，是因为它由同意构成。这个“因为”后面的内容就是某物之为某物的本质或者说原因。比如说，某物为一盏灯是因为它提供光亮。

弗朗西斯·培根（1561—1626）在他的《自然的解释》（*Valerius Terminus*）一书中提出了“起源”的这层含义，它是培根对“*naturae notior*”一词的翻译（“*naturae notior*”是对亚里士多德的“τῇ φύσει”一词的翻译，Ⅵ，第 60 页；参见科斯曼［Kosman］，1964 年）。“τῇφύσει”的意思是“完全地更被了解”。在拉丁文作家中，它的意思是“在先的”，或者说“本性上更被了解的”。在完全意义上更被了解的就是亚里士多德所说的“原因”（“αἰτία”或“διότι”），即与被解释项（“*explanandum*”或“ὅτι”）相对的解释项（*explanans*）（《后分析篇》：71b 30—33，72a 22—24）。当 17 世纪的学者在探寻事物的起源或原因时，他们并不是在探寻事物的历史起源，他们在试图找到事物之所以是某事物的解释（比较巴贝拉克，1729 年：第 1 页）。勒内·笛卡尔（Rene Descartes）在将这些不同术语整合起来的过程中起到了关键作用。他将“本质”（essence）和“原因”（cause）直接与亚里士多德的“αἰτία”联系起来，使它们同时解释事实和构成事实。笛卡尔是通过将“αἰτία”（解释）与“τό τι ἐυ εἶυαι”（构造）等同起来，以达到这样一个效果。他在对第四个反对意见的回复中（跟随亚里士多德）写道，本质或原因是任何理论“知识的起源”（1967 年：Ⅱ，第 112 页）。这一理论知识的亚里士多德式模式一直到 17 世纪（包括整个 17 世纪）都被当作范式。如亚里士多德所言：“当我们认为我们意识到某个解释（对象基于此而存在）就是这个事物的解释，而且不可能存在其他情况时，我们就认为我们

完全地而不是像智者们那样偶然地理解了一个事物。”(《后分析篇》:71b 10—13)

混杂情状或关系的原型观念必然符合理论知识的这些条件。我们知道,原型是对象之所以存在的解释,因为对象根据它而被制造或构成。当也只有当对象与原型相符时,对象才成为某种对象。原型观念就是“基于此的那个解释”,其原因正是在于它们是原型。所以,“我们能够确实无误地断言,我们在这些**观念**方面所得到的知识,都是实在的,都可以达于事物本身。”(4.4.5;比较约尔顿,1970 年:第 108 页)由此,洛克向我们指出,人类所能获得的关于多数道德和政治内容的知识——人类行动、制度和社会关系——都是原型知识,故而是能够用来进行理论或科学研究的那种知识(3.5.14)。

如洛克所言,关于自然世界的知识恰恰与此相反(3.6.2)。在
22 这里,人认识了特征(现象),却无法认识作为特征的基础的实在本质。解释并构成特征的实在本质是人类无法知晓的(2.31.6),所以洛克(作为一名自然科学家)这里的任务是勾画出相关性和规律性并作出假设(4.12.12;比较约尔顿,1970:第 44—104 页)。关于自然世界的知识是特殊知识,而不是概括知识,而且其假设是概然性假设。要想以人获得关于社会世界的知识的方式来认知自然世界,就必须能够认识实体被制造或构成的方式。这就要求认识实在本质,而非名义本质,即获得关于实体的原型观念。但是,正如混杂情状和关系中的“对象”之所以能够被人们认识是因为它们是根据人的原型观念而被制造或构造出来的,实体也只能被它们的制造者——上帝所认识(3.6.3;比较约尔顿,1970 年:第 80 页):

> 我们如果能知道人的构成,人的动作能力,感觉能力,推理能力,都从中源源而来,人的有规则的形相亦基于此(天使大概可以知道这一层,造物主是确乎知道的),则我们对于人的本质所形成的观念将大异于现在关于人这个物种的定义中所含的一切(不论这个定义如何)。

2

在《人类理智论》的扉页对胡克的《教会政体的律法》的9.5章节的引用中,洛克其实已经暗示了他后来的看法:人对实体不具有理论知识,因为实体不是由人制造出来的。他后来通过使用“原型”这个术语来表示人对自己制造的事物(产品、行动、制度、实践和社会关系等等)拥有的观念,进一步强调了他的这一看法。柏拉图和多数基督教哲学家通常用“原型”来表示神的观念,上帝根据它来制造实体。通过将人对其制造的世界拥有的知识称之为原型,洛克想要指出,在这个领域中,人在认识论层面上处于与上帝相似的地位。

有关制造者知识的这种理论并不仅仅出现在洛克的学说中。在阿伦特(Arendt)和哈贝马斯(Habermas)看来,这个理论是现代认识论的一个标志(阿伦特,1973:第295页;哈贝马斯,1974年,第61页)。根据亚里士多德的说法,实体的本质可以通过“努斯”(*nous*)认识(《后分析篇》:100b 5f)。尽管如此,如洛克的好友罗伯特·波义耳在《形式与特性的起源》(*The Origins of Forms and Qualities*)一书中所言,亚里士多德关于实在本质的例子主要是人为制品。这类事物根据原型被制造出来,而原型被认为是本质(第 145 页)。科斯曼教授指出,阿威罗伊(Averroes)是对认知实体的实在本质提出怀疑主义意见的一位重要作家,而他的理由类似于洛克。相比较而言,实体的原因能够被自然而非被人更好
23 地认识,因为是自然制造了实体,犹如工匠与工艺品之间的关系(科斯曼,1964 年)。这一怀疑主义传统被奥卡姆(William of Ockham)和贝拉明主教(Cardinal Bellarmine)传接下来(以反对伽利略)。培根试图在《新工具》(*Novum Organon*)一书中通过提供回到实体之原因的方法(使得人能够创造效果),建立一个新的推理方法,缓和这一怀疑主义(培根,1874 年;Ⅰ,第 281 页)。笛卡尔主张实体的实在本质能够被认识,但是到了波义耳、洛克和牛顿那里,怀疑主义的论点又得以复苏。自然科学家通过建构最简单的假设来描述现象之间的关系。

洛克的原型观念的构成理论,或者说制造者知识理论,可以被看作对传统的实践知识或者说制造者知识理论的总结。阿奎那在《神学大全》(*Summary of Theology*)里写道:“实践理性……产生它认识的事物……思辨理性……从事物中获得其知识”(Ⅰ.Ⅱ.3.5.1)。思辨(物理)知识是摹本知识;实践知识是原型知识。实践知识的典范是一个行动者(agent),一位做事者(doer)或一位制造者(maker)拥有的知识。这些知识是关于他创造出的事物的知识。他的知识是他制造某物或做某事并对其结果进行评判所依赖的原型或形式。这一亚里士多德模式被许多 17 世纪著作家运用:苏亚雷斯(Suarez)、培根、霍布斯、普芬道夫、波义耳、牛顿、维柯以及洛克(3.6.40;4.11.7;1,52—54)。区分有关这种知识的两个主张是很重要的。第一个主张是,行动者拥有关于结果应该是什么的特

殊知识:规范性知识。他并不拥有有关这个结果将会是什么的先验知识;规定性(prescriptive)知识 。第二个主张是,行动者拥有的特殊知识可以被用来**评判**结果。

可以认为,洛克扩展了这个模式的应用,因为他在早先关于亚当引进新名词的例子中指出,以下这种情况是很偶然的:拥有规范性知识的那个人就是制造某物或做某事的那个人。并不是制造或做事而使得某人拥有一种特殊知识是认知原型(人根据这个原型制造或做事)使人获得特殊知识。其次,如我们之前已经提到的,不仅制造和做事这样的主观行为是意图性行为,对语言和观念的使用也是意图性行为。我们希望在运用自己的观念时与通常用法保持一致,所以我们将通常用法当作一个(可变的)典范,从而以与其接近的方式行动并形成我们的生活方式。被洛克扩展应用的制造者理论,并不指向一个制造或构成产品或行动的有知识的主体,而是指向一个形成默会知识的共同体,大致根据通俗用法中不够精确但可变的原型构成其生活方式的行动、关系和产品。

洛克的扩展应用得出了两个结论:我们的观念,从而我们的语言,既是描述性的,也是规范性的。另外,就人制造的世界而言,我们的观念享有原型优先地位。不过,在论及例如几何学家、建筑家 24
和工匠这些个体行动者时,对传统实践知识(制作和做事)的此种扩展似乎使得实践知识无法具备理论性。就这些行动者的实践知识而言,原型观念明晰而精确,但洛克还是在强调通用的原型观念具有不精确性和可变性。一个解决办法是忽视通常用法,用含义明确的定义确立清晰的观念,使用道德原理做出推断,然后将最终得出的共同体蓝图强加给社会。这显然就是霍布斯在《给数学教

授的六堂课》(*Six Lessons to the Professors of the Mathematics*, 1656)(1845 年:Ⅶ,第 183—184 页)与《利维坦》导论中提出的声名狼藉的策略。霍布斯在有知识的制造者这个传统模式上做文章[比较查尔德(Child),1953 年]。洛克将制造者的知识延伸至通用观念的构成作用,而且他坚持认为,必须从嵌入其所处的社会现实的混合情状观念与关系观念着手。这使得洛克的哲学进路与霍布斯完全不同(比较哈金,1975 年:第 6 页,提出了类似的对比)。就此而言,洛克与那些伟大的自然法学者以及差不多同时代的维柯(1668—1774)大体保持一致。在《新科学》中,维柯就人类关于自然世界与社会世界的知识给出了一个惊人相似的说法。对于下述事实,人们"不得不感到惊讶":"哲学家应该尽其全力地研究自然世界,而这个世界由上帝所造,只有上帝了解它;哲学家应该忽略对各个民族或者说市民世界的研究,因为这个世界是人制造的,人类能够了解它。"[维柯,1970 年:第 96 页。比较欣蒂卡(Hintikka),1975 年:第 86—87 页;庞帕(Pompa),1975 年:第 77—79 页,156—157 页。]接着,维柯进一步强调了从一个既定文化的构成性和规定性观念着手的必要性。

如约尔顿所言(1977 年:第 10 页),洛克思想的这一解释学面向在《人类理智论》中被反复提到并加以应用。这一维度使得洛克能够解释人对当前社会结构的附着,而且是《政府论》的规范政治学的基础(例如 1.58;2.223)。如邓恩所言,关于通用的概括性观念的构成理论从哲学上反映了,洛克"在多大程度上将人们像数据般生活于其中的社会结构视为社会事实,这些社会事实不能被解释为某些意图性行为的即刻结果,也无法被某些个体有效操纵,它们实际上构成了人们生活的语境”(1969 年:第 236 页)。邓恩指出,人们之所以误认为洛克是一位主张原子和抽象个体的哲学家,就是因为他们没有看到这点(第 229—241 页)。

洛克说,如果人能够拥有关于混杂情状与关系的清晰观念,就像几何学者和工匠那样,那么人就能够发现混杂情状和关系的特征 25 (3.11.10)。理论知识的起点是语词的通常用法或通俗用法(3.9.3,8)。这是必要的起点,因为通俗用法构成了理论家们希望讨论的混杂情状和关系(4.4.8)。只有以此为起点,知识才会是人造的,即“真正的知识”(4.4.9)。之所以必须以此为起点还在于以下这一事实:观念或行动包含了关于行动之“情景”的观念(2.28.4)。因此,理论家“还必须尽量小心地使用文字,尽力把自己的文字应用在平常人用这些文字所表达的那些观念上”(3.11.11)。以文字的通常用法对文字加以运用是交流的必要条件,是通俗交谈的充分条件(3.10.22,31)。它是洛克所谓的对文字的“哲学使用”的必要但非充分条件(3.9.3)。“言谈的得当使得我们的思想能进入他人的心中……尤其是在道德名称方面”(3.11.11)。

通常用法“是一个非常不确定的尺度”(3.11.25)。通用的观念往往是混杂的、不精确的、模糊的、可变的。[①] 洛克并不认为可以改造语言,但是他认为有可能使通常用法更为精确从而能够供哲学使用(3.11.2)。为此,我们必须明确语言的“不完善性”(3.11.3,27)。这是人们能够知晓如何“去做他们应该做的事”的相关

① 参见 2.31.5,2.38.8—14,3.6.2,3.6.2,3.6.51,3.9.6,3.10.22,3.10.32,3.11.6,3.11.11。

知识的前提(3.10.13,3.9.21)。使观念更精确化的唯一方法是观察这些观念如何被恰当地运用(3.11.11)。由于大部分名词具有一个以上的含义且意义不明,所以有必要搞清楚一个名词试图传达的意思。这项工作能够以直接的方式完成,但是人们通常在“谈话中”来完成(3.11.27)。

洛克在通常用法上面所做的这点小工是为了发掘具有足够精确性,可供哲学使用的名词,但这并要求我们知道一个概括性名词的所有含义。原因在于洛克所讲的“标记学”或观念的途径(the way of ideas)。约尔顿称其为“对概念关联的探索”(4.21.4)。需要的是将复杂观念的某个方面或某个含义(相关的论证基于此)单独置于一个恰当语境中(4.3.19)。这个观念的其他方面可以仍然保持模糊不清:“我们的**复杂观念**既是由简单观念集合体错综所形成,因此,**它的此一部分是明白清晰的**,**可是它的另一部分也许是模糊的**、**纷乱的**”(2.29.13)。这个说法适用于那些引起争论的问题(2.29.14;4.17.3)。举例来说,虽然“父亲”这个观念包含许多简单观念和复杂观念(例如爱),但是就决定父亲对他的子女的权
26 利和义务而言,只有生育行为这一部分是相关的(2.25.4,2.28.19,1.50)。洛克不断指出,观念的途径并不取决于拥有清晰的观念,而是取决于对两个或多个观念的相关方面之间的契合或不契合是否拥有清晰的察知。

洛克并非仅仅(像约尔顿所主张的)在《政府论》中建构他的政治哲学时运用了这种分析概念关联的方法(1970 年:第 160—196 页)。洛克在反驳菲尔默时也运用了这个方法。洛克认为菲尔默严格地采用了以下不合逻辑的推理:(1)菲尔默基于一种社会关系

(父亲)符合必要条件的某个方面,指出这个社会关系包含某些权利和义务。(2)他接着将这种社会关系的另一个方面来与另一种社会关系(统治者)类比。(3)他接着再指出这第二种社会关系也包含那些权利与义务。这一推理之所以错误是因为,将论断(1)推进到论断(3)的那个类比基于的点,虽然是两个社会关系共有的,但却不是满足那些权利与义务之成立的必要条件的那个点(1.20)。洛克将菲尔默著作中观念的非逻辑性关联称为疯狂(2.11.13)。

将必要的混杂情状和关系的观念从通常用法中复原出来使得理论具有了明确的基础。不仅获得普遍的确定知识变得可能,而且这一知识还是"实在的,都可以达于事物本身"(4.4.5)。几何学知识基于原型观念,所以它是理论知识,但是只有当存在某些对象与几何学家的数字相符时,这一知识才是实在的(4.4.6)。政治理论和道德理论将通俗用法中的原型观念作为起点,讨论那些已经构成人类行动和人类联络的观念。"道德话语中的真理和确实性是可以脱离人生和我们讨论的德性的实在存在的"(4.4.8)。因此,理论家能够在此基础上阐述的普遍命题不仅仅是理论性的、确定的,而且是人造的:"只要我们能看到观念间的契合或相违,我们就有确定的知识;只要我们能确知,那些观念与事物的实在相符合,我们就有确定的实在知识。"(4.4.18)

在得出这一结论后,洛克完成了《人类理智论》的一个主要思想目标:证明道德和政治知识潜在的确实性和科学地位,并阐明它们相对于自然世界之知识的优越性。《人类理智论》开篇就表明其目的是,确定知识的确实性和范围并将某些知识与意见划分开(1.1.2,3)。除非人们知道在哪儿能够获得知识的确实性,人们将会一直在“**存在**的大洋”中挣扎(1.1.7)。但是在开始这一工程前，洛克指出人类首先应关注道德知识和道德行动。“在这里，我们的任务不是要遍知一切事物，只是要知道那些关系自己行动的事物。如果我们能找寻出一些应遵循的准则，以使理性动物在人所处的现
27 世状况下，来支配他的意见和由意见而生的动作；则我们便不必着急，怕有别的事情溢出我们的知识。”(1.1.6)如我们已经看到的，洛克所得出的结论不仅仅是，道德是我们人类的事务，而且，道德还在认识论层面上优于其他知识。在道德领域中，人类可以获得“完美知识”：关于原型观念及它们之间的联系的知识，当然也包括关于原型观念及它们之间的联系构成的行动与实践的知识(3.11.16)：

> 根据这个理由，我可以大胆地说，**道德学是可以证明的**……因为道德的文字所表示的事物的实在本质是可以完全知道的，而且各种事物之相符或不相符亦是确乎可以发现出的——这正是完全的知识所依据的。

道德不仅是全人类的事务，而且还是一门科学(4.12.11；比较 4.12.8)。如洛克所总结的，他写作《人类理智论》就是要探求这种货真价实的确实性(4.4.18)。实际上，洛克还怕自己可能过分抬高了道德知识的地位，担心自己阻却了他的读者从事自然科学(4.12.12)。

面对人们在 17 世纪对自然科学日益增长的关注和投入，并不是只有洛克一个人在努力声张和确立道德科学的首要性。这是一个普遍的主题，吸引了一批自然法作家，特别是普芬道夫、坎伯兰

和维柯。巴贝拉克在其考察中首先称赞洛克为这一思想运动奠定了认识论上的必要基础。他引用了我上面分析过的《人类理智论》中的那些重要段落(第1—5页)。

第四节 理论与审慎

1

洛克实现目标的方法导致政治知识被一分为二。洛克通过一个做法将作为道德和政治主体的人抬升进理论领域。这一做法被巴贝拉克称为自然法哲学最重大的变革(第4页)。就道德理论而言,我们并不需要从实体方面知晓人的实在本质(3.11.16)。我们只要知道我们在使用“人”这个词时一般是什么意思就足够了。它是我们将人判定为人的典范。因此,可以被当作一个合理的标准来定义道德理论和政治理论的研究对象(3.11.16):

> “我们并不像人们假设的那样,全力地探索自然;就如我 28
> 们说,**人是受律法制约的**,则我们所谓的**人**仅仅是一个有形的
> 理性造物。至于这个造物的实在本质或别的性质,在这里,我
> 们并不思考它们。”

理性与有形(corporeality)这两个特质被绑在一起构成一个物种。如果一只猴子碰巧符合这个原型特征,那么在这个意义上它就是一个人(3.11.16)。洛克并没有探究理性与有形的原因。

如果这是一个本体论主张，那么这一探究就是必要的。该理论仅仅适用于那些通过教育使自己符合这个观念的人。如洛克在《政府论》中所写，这个理论“以人具有理性为基础，理性能教导他了解用以支配自己行动的律法”(2.63)。这显然与洛克的早期作品《自然法辩难》在认识论上分道扬镳。《自然法辩难》，对人的定义是本体论性质的(第198页)。这个规范性标准显然是必要的，因为实体层面上的人的实在本质超出了人类知识的范围。就如洛克在答复斯蒂林弗利特主教(Bishop Stillingfleet)时所强调的，他的这一论点意在驳斥经院派的主张，即“理性动物”是人的实在本质(1832年：Ⅳ，第73—79页)。洛克还意识到，此种概念转变常常将某个文化与另一个文化区别开来(3.8.2)。

2

区分原型观念与摹本观念为洛克提供了明确区分政治理论与经验政治科学的基础。在《关于一个绅士的阅读与教育的漫谈》(*Some Thoughts Concerning Reading and Study for a Gentleman*)一文中，洛克写道：“政治学包括两个部分，两者截然不同。其一包括社会的起源以及政治权力的起源与范围；另一个包括在社会中统治人的技艺。”(1832n2：Ⅲ，第296页)洛克对政治学的第一个面向(即理论面向)的定义是对《政府论》副标题的注解。洛克在政治学理论的书单中列出了胡克的《教会政体的律法》、普芬道夫的《自然法与万民法》和《政府论》。政治学的经验部分“关注统治的技艺。这方面我认为最好是通过经历和历史来学习，特别是这个人在自己国家中的经历和自己国家的历史”。

政治学的这两个部分分别是有关政治的实践知识的理论部分与经验部分(或者说"审慎"部分)。就这个区分而言,洛克是在追随培根的脚步(参见上文,第12页)。理论部分研究各种混杂情状和关系的概念关联以及它们与自然法、习惯法和市民法的关系。经验部分,如洛克在写给彼得伯勒伯爵夫人(Countess of Peterborough)的一封信的草稿中所言,"解释身处于社会中的人的各
种行动"(1969年:第394页)。比如说,政治理论严格地视父亲为 29
子女的男性生育者(一个关系),处理父亲在自然法上的权利和义务(1.50,98)。政治审慎处理的是,确切地说,某位父亲如何在某个既定历史语境中行动,如何根据这种经验知识尽其所能地通过制定法律,使得他的道德权利和义务最大程度地得到实现和保护[法理学](2.12)。

在1681年6月26日的日记条目中,洛克做了同样的区分(洛克的拉弗雷斯手稿,f. 5,fos. 77—83;1963年:第116—118页)。有两种知识:概括性知识和特殊性知识,各自基于不同的原则:真实观念与事实(或历史)。几何学、道德理论和政治理论被视为概括性知识的范例:

> 一个人如果拥有关于上帝、关于自己作为上帝的造物以及自己与上帝及同类的关系、关于正义、善好、律法、幸福的真实观念,他就能够认知道德事物或者说获得有关道德事物的可证明的确实性。

除了主张道德的理论性外,洛克将上帝以及人作为上帝之造

物的概念性模式作为这项规范性工作的重心。如我们之前所言，洛克在《人类理智论》(4.3.18)和《政府论》(2.6)中都是这么做的。他接着强调，人能够获得这种知识，如果他们致力于此的话。

另一方面，政治审慎则是关于事实与历史问题，所以是特殊的。相应的概念工具就是自然科学(同样以摹本观念为基础)应用的工具：

> 公共或私人事务的良好安排取决于我们在世间须加以考虑的人的多种不为人知的性情、利益和能力，而非取决于认识物理事物的确定观念。政治制度的设计及其审慎之道并不能得到证明。但是，人在这方面受益于有关事实的历史以及人所拥有的机敏(人借此在其运作和效果中得以发现类似现象)……尽管如此，人在公共或私人事务方面的这一努力是否能成功，是否大黄是一种泻药、金鸡纳树皮是否能治愈疟疾，取决人的经验。在这方面只有基于经验的概念性，或者说类比性推理，而不是基于确实知识或证明。

审慎知识是关于人如何行动的知识，它取决人的“性情、利益和能力”。这种知识与作为实体的人有关，所以是特殊的知识。

我们关于人类行动的知识是原型知识，因为我们知道构成人类行动的规范性观念。探寻人的性情和利益(它们是人类以某个特定方式行动的动机)就是探寻人的本性，所以我们在这方面的知识是摹本性的(和我们在所有自然现象方面拥有的知识一样)。从这个角度(在行为发生之后)看待人的特定行为，就像自

然科学家打量自然的视角。有关人类行为的预测性知识总是概 30
然性的、不确定的。正是在这个关键点上，洛克指出了他与霍布斯的根本分歧。霍布斯将其政治哲学基于以下预设：人的性情和利益是其行动的原因，而且是可知的（1650 年：6.6）。洛克由于注意到了这里涉及的决定论，故而拒绝了这一预设（1832 年：Ⅹ，第 255—256 页）。他在《政府论》中接着写道，霍布斯的利维坦被如下事实反驳：我们无法像霍布斯的哲学要求的那样事先知道人的性情和利益（2.98）。人性的行动是偶在的、自由的（2.21.51）。认为对霍布斯《利维坦》的这一简短提及是洛克对霍布斯的决定性回应并不为过，因为它来自于洛克的《人类理智论》的知识理论，得到后者的支持。

政治审慎之所以是政治学的一部分是因为，立法者正是基于这种关于何者通常与他者关联的概然性知识来立法。立法者大致根据自然法以及源于自然法的自然权利构成的总体道德框架，制定符合具体情况的法律（2.12，135，147，152，157f；比较哈贝马斯，1974 年：第 84 页；邓恩，1969：第 227—279 页）。尽管如此，政治学的这一经验组成部分并没有在《政府论》中扮演什么角色。洛克所有关于政治理论的陈述都与《政府论》的内容一致，而且洛克在一封写给理查德·金的信中也指出，这是一部理论著作。[①]

---

① 因此，我不同意拉斯莱特的以下观点：洛克 1681 年 6 月 26 日日记中对政治学经验性部分的讨论指涉的是《政府论》（1970 年：第 84—85 页）。我在这里所要想说明的是，洛克无疑是将《政府论》放置在理论的范畴内。

3

在《自然法与万民法》中，普芬道夫批判了格老秀斯在《战争与和平法》中对政治理论和政治审慎的区分，并且对其进行了重构从而为洛克的以上学说提供了一个平台。如巴贝拉克所写，对于道德实体的本质和自然法的本质，“我们在格老秀斯那里几乎看不到什么论述”(1729 年：第 84 页)。格老秀斯写道，自然法是理论的，但是从自然法中得出的结论以及对自然法的应用却必然是审慎的。这是因为，我们处理的是人类偶然的、变化的、历史的行动(《战争与和平法》“导言”：第 31 页；2.23.1)。这就是托马斯主义政治著作区分理论和审慎的方式(《神学大全》：Ⅱ.1.94.4)。正如格老秀斯所指出的，证成这种一分为二的方法是与数学进行类比：“正如数学考察脱离身体的数字，所以我在处理法权时，也将我的头脑从所有特定事实中脱离出来。”(《战争与和平法》“导言”：第 59 页)这里，数学的对象被视为亚里士多德意义上的存在本身(ens re)，它脱离于物质；而不是(像在洛克那里)被视为理性存在(ens rationale)或人造之物。

格老秀斯(如数学家一样)从事实着手，试图得出抽象的普遍规则。但是，数学家能够抽象出精确的规则，道德哲学家却做不
31 到。格老秀斯首先着手处理的那些人类行动和人类关系具有太大的可变性。因此，除了普遍自然法和人是理性动物这条真正的、确定的普遍准则，格老秀斯的其他概念都是非决定性、历史性的(1.1.10.1)。由于行动和关系的概念都不精确且嵌于相关具体情境中，所以道德科学是不精确的(2.23.1)。巴贝拉克责怪格老秀

斯过于依赖于历史论证(第84页),但这是格老秀斯在这个问题上秉持亚里士多德式观点带来的结果。

巴贝拉克口中的"著名的塞缪尔·普芬道夫"是使道德科学摆脱不精确性的主要功臣(第81页)。普芬道夫在其引人注目的名为"论道德学科的确实性"一章中讨论了格老秀斯的观点(1.2)。亚里士多德的以下主张成为他反驳的主要学说:道德无法获得确实性和精确性的(格老秀斯对此加以了引用)。普芬道夫颇具独到性的反驳首先是否定亚里士多德以下预设:全称命题需具有存在意含(existential import)。亚里士多德主义认为,在一个三段论中"结论的主词(谓词应用于它)必须是一个必然存在的事物"(1.2.2)。但是,一个三段论证明的对象并不是一个单独的词,而是一个完整的命题。这里涉及的唯一必然性是从前提到结论的逻辑推理。主词是否存在是偶然的。这里仅仅需要假定,如果主词存在,那么谓词对这个主词来说为真。"这个可证明的命题的主词是否必然存在无关紧要;但是如果假定这个主词是存在的,某些属性就必然与之契合,而且如果这可以用无可置疑的原则来加以说明,那就足够了。"结合洛克后来的作品来看,十分有意思的是,普芬道夫在这里所举的例子是"人是理性的"。

普芬道夫和格老秀斯一样,拿数学做了一个类比,但是普芬道夫认为,数学家构造了他们使用的数字,而且"从不试图探求是否一个三角形是必然的还是偶然的"。与此相似,道德学家处理的是被赋予人类行动而非来自人类行动的道德概念。比如说,无论谋杀这样一个行动是否存在,我们都可以根据自然法确定谋杀是一桩罪恶还是一项责任(1.2.6;比较洛克:4.4.8)。由此,我们可以在假想的例子中从理论上确定人的权利和义务以及各种关系的权利和义务。普芬道夫的这个做法给传统的道德和政治学说以迎头一击。普芬道夫不再处理可变的未从实践中抽离的人类行动与关系，他将精确的假定的普遍准则作为起点，证明人类行动与关系的道德属性。不仅自然法本身是理论性的，而且从自然法中得出的证明也是理论性的。

普芬道夫在《自然法与万民法》的开篇做了一个与洛克类似的
32 类比。上帝使杂乱的物质成为各种实体，各种特征随之而来(1.1.2)。人类则使身体运动和互动成为道德行动和道德关系。“我们的任务是说明(主要是为了指引意志)，某些特定属性如何被赋予事物和它们的自然运动，从而使人类的行动呈现特定的契合与便利”。这些属性是“道德实体”。道德实体是“理智的存在物赋予自然事物和运动的样态”(1.1.3；比较洛克：3.5.12)。这里，普芬道夫心中所念的主要是权利、财产、义务这些道德概念以及取决于这些概念的各种社会关系(1.1.16—23，4.4.1；比较巴贝拉克：1.1.5 注释 2)。上帝通过创世确立秩序，人类则通过“赋予”(imposition)确立秩序(1.1.4)。

道德科学的确实性得以成立的前提是普芬道夫关于道德实体及其道德属性的赋予理论。虽然这个理论与洛克(及维柯)的构成理论在许多方面相似，但是它包含三个重要的不同之处。首先，洛克的构成理论不仅包含道德概念(如财产权、权利、义务和关系)，也包含人类行动、制度和生产。普芬道夫几乎只处理前者，而且他的相关分析也是隐晦的、零散的。第二个方面关系到思想家在确立清晰的定义这个方面的作用。如我们之前所言，洛克将通常用法作为起点，然后复原某个观念的某个方面以为相关论证所用。普芬道夫则提出了一个精巧的方法，从日常语言中得出可用的定义(5.12)，但是他似乎并没有在证明过程中运用这个方法。和霍布斯一样，他设定了意义明确的定义。第三，普芬道夫将证明看作是三段论，而洛克则在哲学上攻击三段论，并且提出了他自己的非演绎的“观念的途径”(4.17.4—5；比较约尔顿，1970 年：第 96—102 页)。

当普芬道夫将道德的理论维度提升到自己满意的程度后，他接着以与洛克相似的方式来定义道德的审慎成分。理论“关注”“人类行动依各种律法具有的正当性；另一个部分(审慎)则关注为了我们自身的安全和利益(尤其是公共安全和利益)，如何机敏地统治(government)自己和其他人的行为”(1.2.4)。统治的技艺准确地说是关于“审慎”，相当于亚里士多德所说的实践智慧(“phronesis”，1.2.4)。可见，普芬道夫有关统治技艺的自由度和可变性的说明与格老秀斯分析审慎时指出的一样，但是在他那里，审慎是从普遍原则推演到实践，而不是试图从实践中**得出结论**(1.2.4，9)。普芬道夫强调他的理论与人的自由相容。我们的行动是自由的，这些行动的道德效果是偶然的，“但是一旦我们决定了如何行动，我们的行动与其效果之间的关联就是必然的、自然的，故而能够被证明。”(1.2.5)

4

洛克关于知识的制造者理论为规范政治理论奠定了哲学基
础，从而确立了政治理论在认识论层面上相对于自然科学的优越 33

性。洛克为这个来之不易的成功付出的代价是，关于语境性和历史性的社会行动和事务之间的经验关联和类比的知识，被置于认识论上相对次要的位置，但它们其实在实践中同样重要。对洛克的英国读者来说，通常的政治话语模式是历史性的：借助“古老宪章”的规范性力量进行论证。① 为了确保政治学的理论维度，洛克远离了当时盛行的政治话语常规，并将政治哲学置于一个更理性化的自然法图式中（斯金纳，1974 年：第 286—287 页）。因此，当洛克通过说明道德问题在认识论上更为重要，以此证明道德问题相对于自然研究所具有的首要地位后，他接着马上说明，他的这种道德和政治理论相较于流行的历史进路具有认识论上的优势地位。

对这第二种思想策略的证成其实已经包含在他对理论与审慎的区分中。洛克强调，关于历史、传统和共识规范的知识是重要的：“我不想让人们认为我在贬低历史的价值和益处。”（4.16.11）正如我们之前所言，这种知识对于人们每天的道德决定以及立法来说至关重要，因为自然法及其理论并不足以担当实践的决定性向导。尽管如此，有关事实以及事实的类比的历史知识是原型知识，无法提供普遍真理。它们是概然性的，不是理论性的：“概然性……知识是关于事实的，能够被观察、被证实的事物”（4.16.12）。因此，这个范畴内可获得的真理基于劝说而非确实性（4.5.11）。这种论证的持续危险是，人们并不会赞同那些具有最大概然性的命题，而是“一心服从某一宗派，只因他们受了某种教育或得到了某

① 参见波考克，1967 年；斯金纳，1965 年；凯尼恩，1977 年；汤普森，1976 年；高迪尔，1977 年，1978 年。

种利益”(4.20.18)。

洛克提倡的道德理论方法包括两个部分:“阐明概念之间的概念关联,以及……确定判断正确与错误的尺度”(约尔顿,1970:第163—164页)。第一部分包含两种情况。第一种情况是,将某个行动归于某个(被认为给定的)规则或原则,从而对其作出道德评 34
判(2.28.16)。上帝之法、政治社会的法以及风尚法是三种规则,“人们在采取行动时,在判断自己的道德正确性时,在称自己的行动为善为恶时,就是以这三种律法中之一为其尺度的”(2.28.13)。通过解释关联,人们分别澄清了罪恶与责任、合法与非法、德与恶这些道德关系。洛克发现,我们的行动概念通常既是描述性的,也是评价性的,因此上述做法是为了说明这两个要素(2.28.16)。

第二种情况是,参照两个事物的来源或起源,或引发自然关系或构建关系(如父与子、主人与奴仆)的行动,比较这两个事物(2.28.2—3;参见上文,第10页)。这些自然关系和构建关系的重要性在于,它们与义务和权利存在概念关联。也就是说,具有某种特定关系意味着拥有某些特定权利和义务:“人的行事有时是根据道德的权利,有时是根据能力,有时是根据义务。”(2.28.3)我们可以说,我们的自然关系和构建关系是通过相关的权利和义务而得到解释的。这些权利和义务源于产生那些关系的“来源”和“行动”。比如说,父亲拥有某些义务和权利因为他是一位男性生育者(1.51)。财产权,即“对任何事物的权利”(4.3.18),也属于这个范畴。它作为一种权利也需要得到相应的解释(4.5.4)。

这第二种情况与洛克的道德理论的第二部分,也是更具野心的部分密切相关,即确定判断正确与错误的尺度。“正确与错误的尺度"或者说"行动的责任和规则"(4.3.18)是上帝之法或者说自然法(2.28.8)。这些规则的"基础"(它们基于此得到证明)是上帝与人如制造者与制造物的关系(4.3.18)。如我们所看到的,自然法是一个确立义务的"应当"命题,因此能够通过理性得到证成(参见上文,第3—4页)。在洛克看来,这些律法的基础是制造者与制造物之间的关系(4.3.18)。就是说,人作为上帝的制造物拥有的义务(和权利)能够从这个制造物模式中推演出来,正如一个奴仆的义务源于他与他的主人的关系。使得某个关系(自然的或构建的)成为某个关系的原由是某个起源或行动(2.28.19)。这种实在本质产生了道德属性,就像三角形的实在本质产生了它的那些属性(3.5.14)。

《人类理智论》中的制造者知识这个主题到此结束。我们从《政府论》中的疑惑开始,绕了一个圈。起初,我们从洛克对保存的必要手段的财产权,回到自然法,而这种自然法似乎源于制造者模式。现在,我们业已审视了《人类理智论》的一个重大主题,这个主题支撑并奠定了这一系列推演。这表明,洛克运用制造者与制造物的关系这个通用的原型观念,得出人的自然义务和自然权利。

第二章　自然法

第一节　上帝作为制造者

1

如果洛克想要以《人类理智论》确立的方式应用制造物模式，必须满足两个条件。首先，“我们的制造者”这个原型观念必须是 35
一个通用的典型描述；从而构成17世纪社会的制造者关系。其次，必须有这样一位上帝，从而使得“制造者”一词确有所指。这样一来，虽然我们用以表达源于制造者关系的义务（和权利）的名词以及表述这个关系本身的名词也许受制于特定文化，但是这些权利义务是基于事物的本性，因而从这个意义上说是基于自然法的（比较邓恩1969年：第96—97页）。

洛克在《政府论》中说，“我们的制造者”这一惯用语是用以指代上帝的典型描述：“《圣经》上通常给予上帝的一种称呼，是我们的制造者上帝，我们的制造者主。”（1.53）虽然上帝也被描述为“我们的父亲”，但是这并没有带来什么问题，因为任何物体或人物都可以有好几种描述（2.25.7）。洛克想要说明的是，制造者这一关系观念是一个标准用法，而且能够以一定的方式承载洛克的相关论证，而“父亲”无法做到这一点(1.53)。洛克的朋友，艾萨克·牛顿(1624—1727)在他留存的《自然哲学的数学原理》(*Mathematical Principles of Natural Philosophy*)——第三卷的总附注(General Scholium)中试图澄清以下这点：通常情况下，“我们所说”的伟大的全能者是指“上帝这个相关名词”，意思是“万物的制造者和主”(Ⅱ.第 544 页)。

洛克将上帝描绘成一位制造者，这种观点处于两种极端观点之间。一个是泛神论的观点。乔尔丹诺·布鲁诺(Giordano Bruno，1548—1600)在 16 世纪晚期重申了这一观点。洛克的好友约翰·托兰德(John Toland，1670—1722)传播了这一观点。在这个模式中，“上帝(是)……宇宙的灵魂”，而世界是他的属性(托兰德，1751 年：第 17 页)。上帝和世界(包括人类在内)之间存在一种紧密的联系。但是正如牛顿在《光学》(*Opticks*)一书中所指出的，这个模式使得上帝随这个世界而定(第 181 页)。另一个极端观点是戈特弗里德·莱布尼茨(Gottfried Leibniz，1646—1716)的观点，后来被自然神论者和启蒙思想家所接受，即上帝就像制造机器那
36 样创造了世界(1717 年：各处)。这样一来，上帝并不随这个世界而定，但是人类对上帝也不存在持续且密切的依赖。只存在上帝创造世界这个偶然的事实。

在洛克的模式中，上帝并不依赖这个世界，但是人类却持续地依赖上帝。上帝制造了世界(不同于上帝对物质的创造，因为上帝从物质中制造了世界)，其方式类似于人类制造意图性行为。因此，人类对上帝有一种持续且密切的依赖，其方式类似于意图性行

为的存在与制造或实施它的主体之间的关系(4.10.19)。因此,人类依赖自己的制造者,因为后者制造了他并使得他持续存在。洛克的政治哲学取决于上帝与人的这种单向依赖关系,人类的自然义务皆源于此(洛克的拉弗雷斯手稿,c. 28,fo. 141):①

> 所有律法的起源和基础都是依赖。一个独立的理智存在者受制于他依赖的人的力量、指引和支配。他必须向着这个高级存在者为他指定的目的。如果人类是独立的,那么除了他自己的意志外便没有任何律法,除了自身外便没有任何目的。

制造这个概念强调并解释了人对上帝的依赖。洛克在分析"原因"时讨论了这个概念。原因"能使别的事物(简单的观念、实体或情状)开始存在"(2.26.2)。从这个意义上讲,有四种行为是原因:创造、生殖、制造和变化。当"原因是由外面来的,而且结果的产生,亦是由明显各部分的显著的分离或配合来的,我们称之为制造"。因此,当洛克称上帝为制造者时,他关注的重点是,上帝将人类从之前存在的物质中创造出来的行为,而非上帝持续保存人类的行为。这两方面对于上帝来说是不可分离的(上帝外在于时间且总存在于当下),这就犹如它们在意图性行为那里不可分离一样。而且在洛克的"制造"这个概念中,成为一位制造者和认知某物的特征(一个事物根据这个特征被制造出来)之间存在一种分析

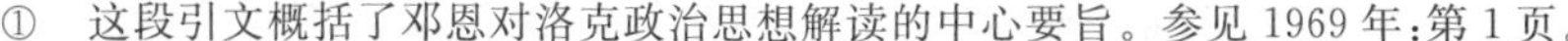

① 这段引文概括了邓恩对洛克政治思想解读的中心要旨。参见1969年:第1页。

关系(analytical relationship)。一位制造者根据自己的观念进行建构,所以这个观念构成了这个制品(3.6.40)。这个对象(一个制品或一个行动)是“存在于物质中的”观念(4.4.6—7)。在自然法作品中,这样一种制造者概念常常被用在上帝身上。[①]

2

第二个必须满足的前提是,这样一位上帝,祂制造了人。在洛克早期的《自然法辩难》以及后期的一些作品中,洛克的论证是从
37 设计(design)这个角度证明上帝的存在(1823 年:Ⅲ,第 244—245 页)。虽然洛克在《人类理智论》关于我们对于上帝之存在的知识那一章中给出了几个论证,但是他的中心论证是一个宇宙论的论证。这“既是如此基本的一个真理,它是一切宗教和纯正道德的依托”(4.10.7)。洛克首先提供了一个关于人类之存在的证明。洛克攻击怀疑论者,指出“怀疑这一点,显然是不可能的”(4.10.2)。让那些怀疑论者“安度其子虚乌有的幸福生活,等饥饿或别的痛苦使他产生相反的信念”。这一反-笛卡尔之举将证明责任放在了怀疑论者肩上,与一个悠久的传统分道扬镳,从而使洛克能够确立他的论证所需的前提。

走出这一步后,接下来不过是在两个方面运用充足理由律:一是本体论层面上的每个初始事物的原因;二是认识论层面上的开

① 参见阿奎那《神学大全》Ⅱ.Ⅱ.93.1;培根,1874 年:Ⅰ,第 342 页;巴贝拉克,1729 年:第 1 页;坎伯兰,1727 年:第 128 页;格老秀斯,1950 年:2.1;胡克,1717 年,1.1.3;牛顿,1962 年:第 107 页;普芬道夫,1729 年:1.1.1;苏亚雷斯,1944 年:2.2.10;惠奇科特(Whichcote),1685 年:第 91 页。

创事物的理由(4.10.3—6;比较 1931 年:第 281 页)。当然,洛克否认人能够获得关于上帝的实在本质的清晰观念(4.10.7)。制造者这一对上帝的描述并不是上帝的实在本质。它仅仅是上帝承载的一个关系。洛克接着反驳了亚里士多德有关世界不是被创造出来的观点,因为“他的观点否认上帝的第一件奇妙制造物:创世”(4.10.18)。

洛克指出,上帝的创世行为与人类通过意志创造身体运动(以及通过意志将身体运动变成特定行动)类似(4.10.19)。意志产生运动的神秘能力(涉及所有制造行为)为上帝和人类所共有。牛顿在他早期的《未发表的科学论文》(*Unpublished Scientific Papers*)中给出了一个相似的论证:“上帝……创造这个世界仅仅凭其意志行动,这正如我们依靠我们的意志行动驱动我们的身体。”(1962 年:第 107 页)牛顿赞同洛克将制造这个要素作为“道德哲学”的关键:“只要我们能够通过自然哲学了解第一因、上帝对我们的权力以及我们从上帝那里所得的获益,我们就能够通过自然之光了解我们之于上帝以及他人的义务。”(1704 年:第 182 页)

因此,构成制造这个概念的要素出现在上帝对人类的创造中:必要的创造性行为(在人那里,意志通过这种行为驱动身体)以及依照理性赋予物质组织某种模式的必要行为。这一复合行为是使用“制造者”一词的条件。它引发了这个关系涉及的义务和权利(2.28.3)。我们需要留意洛克这个分析的一个特征,这个特征在后面会显得很重要(参见第五章)。由于上帝与人都作为制造者是可以类比的,对于他们其中一方来说为真,如果其他条件不变,那么对于另一方来说也为真。上帝对人的支配以及人是上帝的“财产”的原因，同样也是人支配他的制造物并对其享有财产权的原因：“上帝**模拟自己的形象和外貌**，创造了人，使他成为一种有智力的造物，因此有能力支配。”（1.30）人类的理智是人类支配其他造
38 物的原因，这是洛克写作《人类理智论》的原因之一（1.1.1）。

现在我们知道了我们的制造者是谁，而祂就是我们的制造者。在《伦理学概论》（*Of Ethick in General*）这篇洛克本来打算作为《人类理智论》结论部分的手稿中，洛克指出了他的下一步任务。“这位上帝……我们已经证明了祂的存在。因此，接下来我们需要说明，祂的意志要求，所有人的行动都应该与某些规则、某些命令保持一致。”（洛克的拉弗雷斯手稿，c. 28，fo. 148；1830 年：Ⅱ，第 133 页；比较凡・列登，1970 年：第 69 页；邓恩，1969 年：第 187 页）

第二节　设计论证

1

洛克确信，自己在《人类理智论》中对上帝之存在的证明已经表明，上帝是一个“**有认知能力的存在**”（4.6.11）。对这个认知能力的一个运用是，上帝根据祂的知识制造了人类（3.6.3）。上帝可以说拥有一种我称之为制造者知识的东西。就制造而言，这里的认知除了知道自己制造的是什么东西外，还有另一层意思。这就是知道为何要制造：制造的理由或目的是什么。上帝在制造人类和世界时，对此是非常清楚的。胡克，这位洛克推荐的自然法权

威(在《政府论》下篇中不断加以引用,拉斯莱特,1970 年:第 56—57 页)曾简练地将依照理性制造的这两层含义表述如下:“他们(哲学家)都会将那个原因(上帝)看作是一个知道自己做工的对象是什么且为何做工的行动者,体现在制造精确的秩序或律法中。”(1.1.2)这就是说,这个“世界的制造者(是)一个有智慧的做工者”。

洛克在他的《自然法辩难》中采用了这个设计的论证(argument from design)来证明:上帝出于某个目的制造了人类和世界。在洛克的所有晚期著作中,宇宙具有目的性都是一个规定信条(约尔顿,1970 年:第 17 页;邓恩:第 95 页)。由于《自然法辩难》这篇早期论文是洛克唯一一部在哲学层面对此信条进行深入探究的著作,我们有必要来看看这部著作以了解其含义。亚里士多德的“已知事物”概念是洛克谈论的起点:“在任何时候,每个论证都始于我们所知道的和我们认为想当然的。”(第 149 页)我们所知道的是那些通过认识“感觉-经验的对象”获得的东西。人类所知道的,除了其自身的存在外,就是展现于感觉经验的对象中的秩序和规律性:“这个可见的世界是以非凡的技艺和规律性构造起来的。我们人类也是这个世界的一部分”(第 151 页)。植物的生长、潮汐的运动以及地球外围天空的运转都是这个规律性的范例(第 109 页)。洛克还提出另一个“没有人能够前后一致地提 39
出质疑”的论点。他写道,我们不可能说这些事例都是偶然的(第 153 页)。

接着,从可观察到的秩序中可以推断:存在一位这个秩序的制造者。在洛克看来,唯一的替代性解释是,人类的结构安排是人自

己做出的。这个解释基于以下理由被否定：如果人类是制造者，那么人类可以设想出比现状更高的完美从而将这些完美囊括进来（第153页）。在洛克反驳菲尔默时，这一不同寻常的论证变得更为清晰（参见下文，第59页）。由此我们可以准确无误地推出以下结论：《人类理智论》和《政府论》（1.52—53）中有知识的制造者是所有这些的起因。“祂用非凡的技艺亲手创造了灵魂，构造了身体，而且祂非常细致地查看了两者的能力和权力，以及他们隐藏的构成和本性。”（第155页）

洛克认为，我们由此可知：上帝“创造这个世界并不是一无所图、没有目的。没有明确目标地做工与如此伟大的智慧相悖”（第157页）。就像有支配无生命的自然界的律法一样，上帝必然是人类的“一些明确行为准则”的原创者。人们选择依这些准则而行动，从而实现上帝制造他们的目的（第111页）。人不可能是为了让他无所事事而被造出来，因为人被赋予了一个“机敏、能干的心灵”，他具有认知能力而且拥有一个“身体，这个身体在灵魂的指挥下敏捷而灵巧地活动”（第157页）。所有这些“行动所需的装备”被提供给人不可能是为了让人“优哉的闲散和迟钝”。因此，“上帝希望人有所作为”。

2

这个设计论证想要说明，有一位立法者，我们“正当地隶属于”祂，而且祂“就一些我们必须去做的事情”制定了律法（第151页）。这是自然法的五个标准的其中两个。自然法还必须是规范性要求，而不是命令，它们必须被公布而且必须以奖惩为其后盾（第111、

113、157、173、197页)。[①] 上帝为人类设定的目的就是神法,包括圣经中的道德要求(由“启示的声音”来公布)和自然法[“由自然(理性)之光”来公布](2.28.8;比较1.86,2.59,60;比较胡克1.1.8)。所有勤勉的人都具有知晓自然法所必需的理性(第187页)。

洛克的设计论证满足存在一位立法者这个条件,因为据说可以证明:存在一位上帝,祂的行为是有理由的,而这些理由是祂向人颁布的律法。由此可见,自然法预设了上帝的存在与不朽的灵魂(相关的奖惩适用于其上)(第173页)。尽管如此,即使我们发现了这些应该用来调整我们的道德生活的规范,它们的存在也不意味着我们必然要对其加以服从。逻辑必然性并不意味着道德义务。人们常说,洛克混淆了,或没能看到,或没有讨论证明一个规范性要求与证明照此要求行动的义务之间的区别。洛克不仅认可这个区分,而且在《自然法辩难》和《政府论》上篇中都用了一定的篇幅来澄清这个问题。《政府论》(2.6)和《人类理智论》(1.4.13)对制造物模式的运用显然预设了对义务这个更深入问题的回答。在《伦理学概论》中,洛克为自己解决了这一难题感到自豪(洛克拉弗雷斯手稿,c.28,fo.152;1839年:Ⅱ,第122—133页)。 40

我们之前已分析过,义务和权利来自于构成各种关系的行动。洛克指出,上帝作为制造者对他的制造物——人——拥有一种特殊权利,这种权利与人对上帝的积极责任或义务相关联。人的义

① 比较1975年:1.3.4,1.3.12,2.28.6;1970年第一部作品:1.86,2.59,2.69以及苏亚雷斯,1944年:1.5.10—13。

务来自于“某人对他人的权威和支配……通过自然权利以及创造的权利，正如万物正当地隶属于当初将它们制造出来并持续保存它们的那个存在”(第 185 页)。洛克还为人的义务设立了另一个标准：“义务部分来自于立法者的神圣智慧，部分来自于创造者对其创造物的权利。”(第 183 页)在《人类理智论》中，洛克还提到了善这个因素(2.28.8)。但是，制造者的权利及其对应的义务终究还是来自于人类对他的制造者的依赖关系：“我们有义务服从上帝意志的权威，因为我们的存在和我们的做工都依赖祂的意志(因为我们从祂那里获得了这些)，所以，我们有义务遵守祂划定的界限。”(第 182 页)另一方面，据说我们应该想要取悦上帝(祂是最有智慧的)是“合理的”。当洛克转而去谈“自然法约束力的来源”时，智慧和善都不见了，而他写道：“没有人能够束缚或约束我们做任何事，除非他对我们拥有权利和力量。实际上，当祂命令祂希望做和不做的事时，祂仅仅是在行使祂的权利。”(第 181—183 页)

人隶属于他的制造者与上帝能够行使祂的权利的方式在洛克
看来无可置疑。他用了一个类比来阐明这一点。上帝对人拥有
“权利和权威”，“因为有谁会否认黏土隶属于陶工的意志、一件陶
器能够被造就它的那双手所打碎呢?”(第 155—157 页)黏土当然
事实上(de facto)隶属于陶工的意志，而人在律法上(de iure)隶属
41 于上帝的意志。洛克并不是针对“隶属于”(subject to)这个多义
词一语双关。他是将无生命物体和人类隶属于上帝意志的方式类
比。无生命物体以机械的方式隶属于上帝的意志，所以它们可以
被看作是依照自然法运动。与此相似，人依照他的意志制造无生
命物体，所以这些物品隶属于工匠。人以道德方式隶属于上帝的

意志。人使用他的理性发现自然法，并且选择依照自然法行动，从而以一种与理性造物契合的方式参与到神圣秩序中。

洛克对义务问题的解决方案是意志主义者（奥卡姆主义者）和理性主义者之间的一个调和。根据前者的观点，自然法是命令，基于信仰而被接受。自然法之所以具有约束力完全是因为它们是上帝意志的表达。理性主义者认为，自然法是规范命题，由理性来发现。它们之所以具有约束力完全是因为它们是理性的。依此观点，如格老秀斯在《战争与和平法》中总结的，自然法独立于上帝的存在而具有约束力（《战争与和平法》"导言"，第12页）。洛克赞同意志主义者的以下看法：上帝的意志是义务的来源，但是洛克不赞同他们的以下推论：自然法效力的检验不可能是理性。洛克赞同理性主义者的以下主张：自然法是由理性来发现的而且依一些独立的标准可知自然法是明智的、好的，但是洛克不赞同他们的以下推论：这些就是自然法约束力的来源（比较邓恩，1969年：第187—199页；约尔顿，1970年：第167—169页；马博特 Mabbott，1973年：第105—128页）。弗朗西斯科·苏亚雷斯（1535—1600），这位耶稣会神学家、《律法与作为立法者的上帝》（*The Laws and God the Lawgiver*，1612）的作者表述过一个类似的看法。他对上帝意志的作用的解释（以及他的理论的其他许多方面）预示了洛克的以下观点："我们的意志控制着我们的肢体各部分并通过它的命令向其添加行动的必然性，虽然如此，神圣意志统领所有受造物并根据每种受造物不同的能力向其添加必然性。"（2.2.10）

制造这一行动带来了对其产品的权利，而这又带来了以某种方式使用这个产品的权利。由于上帝赋予人以理性，上帝的权利

与人的以下义务相关联:依照自己被制造出来的目的行动。洛克的例证正是为了说明:我们通常都会认可日常生活中有关制造的这种权利。在《论自然法》中,坎伯兰对制造者的权利做了类似的类比(1727 年:第 230 页):

> 在普遍而明确地考察一切所有权和权利的起源之前,我通常会像多数人的做法那样完全从上帝作为创造者中推演出祂的所有权。原因在于,我认为以下这点是不证自明的:每个人都是他的能力的主人,这个能力与事物的本质基本相同,所以它的效果必然隶属于他。从他的能力中,这个效果获得了它的整个本质。这就像在创世中一样,事物的整个实体得以被造出来以获得存在。

42 普芬道夫也出于类似目的探讨了上帝的制造者权利以及人相应的义务(1.1.4;2.3.19)。坎伯兰诉诸“多数人的做法”以及制造者权利的不证自明,这有助于支撑洛克的那个预设,即这种权利是无可否认的。这也许有助于解释洛克在《人类理智论》中的如下论断:某个直接来自于制造物模式的命题必然是不证自明的(4.3.18)。这里不可能是指自然法,因为自然法来自于更先在的东西。被认为显然不证自明且无可否认的是制造者对他的制造物的权利。

在阐明其自然法义务理论的过程中,洛克澄清并描述了他的自然权利。说一个制造者拥有对他的产品的权利就等于说这个产品是他的财产:“作为上帝的制造物,他们是(上帝的)财产。”(2.6)正如某人是他的产品的所有者,某人是他的行动的所有者(2.44)。

洛克在《人类理智论》中称，一个人“拥有”他的行动（2.27.17）。理查德·巴克斯（Richard Baxter，1615—1691），一位长老会神学家，在《神圣共同体，或者说关于政府之真正原则的政治箴言》（*Holy Commonwealth, or Political Aphorisms upon the True Principles of Government*，1659）中运用这种表达写道：“上帝的国度……主要由……祂的权利构成，这直接来自于祂作为我们的创造者进而是我们的所有者。我们的义务基于以下这点：我们是祂的创造物，并进而为祂所有。”（3.28）虽然洛克在《政府论》上篇中反复提及这个义务理论（1.52—54），但是他完全可以指望他的读者理解《政府论》下篇采用的制造物模式所包含的这个常规（2.6）。正如拉斯莱特所言“在我们这个时代之前，这是一个人们认为不需要深究的关于存在的命题”（第92页）。

3

洛克在《自然法辩难》中关于义务的阐述与他后来在《人类理智论》中的论述相符。义务是“律法的约束，约束人必须做恰当的事”（第181页）。自然法的义务在于“人必须依照他本性的理性而行为”。所谓“他的自然”，洛克指的是，人作为一种存在层面上具有依赖性的造物而具有的本性（第183页）。不论人作为人的实在本质是什么，他作为制造物关系的一方的一个重要特征是他的依赖性（1.52）。这被看作是上帝的宇宙中所有自然事物的一个特征。苏亚雷斯如是说道：“以下这点似乎是不可能的：失去了与它依赖的事物的某种超验关系，这个事物还能够被察知，或者存在。”（2.5.15）牛顿在年轻时曾强调这点以及这个问题与道德之间的紧密关系。“无论怎样绞尽脑汁，我们都会发现，无神论的理据仅仅是下述观点：身体在它自身中（之前就是如此）拥有一个完备的、绝对的、独立的实在……当哲学家试图对一个依赖上帝的事物形成
43 一个独立观念时……他们被带到了这样一个立场，没有把握住这个问题的要害。”（第 144 页）有趣的是，洛克和牛顿各自分别得出了对上帝与人之关系的相似解释。皮埃尔·科斯塔在他的《人类理智论》法文第三版中提到，他曾写信给牛顿，想让他说明一下洛克关于上帝的创世行动和人的意志行动之间的类比。牛顿在回复中提到，他和洛克曾在彭布鲁克（Pembroke）伯爵家中相遇并讨论了这个问题（1735 年：第 521 页注释）。

洛克接着区分了义务约束人的两种方式。由于义务由一位正当的立法者施加，因而义务“有效地”（effectively）约束人。这是义务的“形式因”（第 183 页）。其次，“某个事物‘最终地’（terminativelly）约束人，或者说通过划界来约束规定了某项义务的方式和尺度以及我们的责任。它仅仅是（那位立法者）意志的宣示，这个宣示我们又可以称之为律法”（第 185 页）。我们有效地受上帝的约束，但是划界义务的是祂在自然法中宣示的意志。洛克将其分为四种类型。有些义务的约束是绝对的、永久的，例如不可杀人与偷盗。其他有些义务的约束也是绝对的、永久的，但是涉及自然法要求的那些情感：“对神的敬畏，对父母的亲爱感情（以及）对邻居的爱。”（第 195 页）施舍的义务产生于特定情景中，所以只有当必要的情景出现时，这种义务才具有绝对的约束力。第四，某些行为反映了人的偶然举动且并不涉及任何直接义务。对这种行为的约束仅仅根据那个行为的情景而定。例如，一个人可以按自己的喜

好与他的邻居谈话，但是如果他进行了此种谈话，那么他就负有不说谎、不欺骗的义务（第 195 页）。

作为一种律法，自然法的第五个也是最后一个标准是附带奖惩。这个特征与律法的强制性有关。奖惩并不是义务的基础。如果是这样的话，我们将对僭主负有义务（第 185 页）。奖惩是对那些无法用理性控制自己欲望的人的一种心理刺激。从逻辑上讲，一项律法必须以奖励或惩罚为后盾，而这个奖惩不同于被规定的行为自然而然产生的奖励或惩罚，不然的话，律法这个概念就毫无意义了（2.28.6）。

第三节 自然法

1

思考律法的一种方法是，区分两种考察律法对人类行为所起的作用的角度。我们也许会承认，律法通常禁止某些行为并要求做某些行为，但我们主要关心的是以此为界限，人们可以自由行使其偶然偏好的领域。 44
如果我们认为这一领域最为重要，那么我们的律法概念实质上是一个消极概念。人被视为积极地依其意志在那个领域中行动，而律法在这个领域中并不作为向导发挥作用。这一观点被格老秀斯（1.3.1）和普芬道夫采纳（1.6.4）。另一方面，我们也可能，主要关心律法对我们的行动加以引导的那个领域。在这里，律法要求人们采取特定行动。如果此时我们认为律法给我们带来了真正的利益和对我们有益的东西，那么我们对律法的态度就是积极的。如果我们认为律法是积极的，并将行使偶然偏好视为在诸多特定行动中做出选择，帮助我们履行律法要求的一般义务，那么我们就持有与洛克相同的观点。

洛克将律法定义为"规定万物做工的形式、方式和尺度的东西"（第117页）。这一对律法的积极定义[使人想起胡克的定义(1.1.2)]在《政府论》两篇中不断出现："律法按其真正的含义而言，与其说是限制，还不如说是指导一个自由而有理智的主体去追求他的恰当利益，它并不在普遍善之外作出规定。"(2.57)洛克接着指出，律法的消极或限制方面也并不应该被视为是一种制约，因为此时律法仅仅是为了保护我们"不致坠下泥坑和悬崖"。"律法的目的不是废除或限制自由，而是保护和扩大自由。"由于上帝出于某种目的将人类放置在尘世中，所以以下这点就不足为奇：对于洛克来说，律法的意义在于指引人类实现这些目的。

洛克首先探究与履行所有自然法义务都相符的行为的"形式和方式"。"人被规定了与他的本性相适的某种行为方式。"（第117页；比较2.4，22）胡克将其称为"第一律法"(1.1.8)。探究这种行为方式（以及发现阐明它的各种目的的自然法）的方法是神学的方法："我们应该做的究竟是什么，部分地根据万物明确的目的推断。原因在于，所有的事物都源于一个恩慈的神圣目的，它们都是一位最完美、最智慧的制造者的作品，所以祂意使它们谋祂的荣耀而非其他任何目的，万物都定然与之关联。"（第157页）这一推理的另一方面也是神学性的。我们可以"从人类的构造与装备的

能力中推知，我们所负义务的原则与明确规则”（第 157 页）。人的
理性以及其行动所需的装备将被用来使人依照理性（理性原则）行
动（第 111 页）。因此，“人的恰当功能是依照理性行动”（第 113
页）。“依照理性行动”就是基于理性去发现客观的道德规范，并将 45
这些道德规范作为行动指引。洛克以赞同的口吻引用了亚里士多
德的结论，即“人的特殊功能是按照理性原则，积极运用自己的心
灵能力”（第 113 页）。

由此可见，洛克关于律法的积极定义使得他提出了一种对自由的积极定义。人通过慎思发现行动的恰当规则（自然法及其暗含的东西）并得出与之相符的行动方案。洛克在《人类理智论》中阐述实践推理时指出，理性原则是人进行慎思的指引，进而为其后的审慎行为指明方向（2.21.50）。与消极律法观不同，这“并不是一种限制，它是我们的*自由*的目的，是对*自由*的行使”（2.21.48）。这是一种积极自由的义务理论。洛克的解释澄清并说明了他希望为自己的以下描述赋予的内涵：人既是上帝的制造物，也是“理性存在物”（4.3.18）。

要为这种行动设置限定，就必须发现指引和指导它的自然法。发现的途径是揭示上帝制造人的意图（通过考察人的自然属性包含的目的），揭示人和其他自然现象被设计出来的目的。它们就是自然法。这个神学分析回应了洛克的以下观点：自然法是规范性的，所以存在可以证成自然法的理由（1.3.4）。人的某一组属性的目的就是某一条自然法的理由。通过对此加以探究，我们就能够发现上帝为何以这种方式构造人。

2

第一条且最根本的自然法是人类应当被保存。① 这个结论的一个推导直接来自于制造物模式。由于上帝出于某些目的设计了所有人，让他们完成“他们的事务”，人类能去做任何事的一个必要条件是他们必须“得以活下去”(2.6)。为了上帝之事务，人必须活下去，所以“基于根本的自然法，人类将被保存”(2.16)。由此，“每个人……必须保存自己，而且……当他保存自身不成问题时，他就应该……保存其余的人类”(2.6)。人在事实层面上的目的(即“被保存”)变成了一个规范命题，即他应当被保存。这进一步转化为每个人保存自我，并且在自己的保存不成问题时保存他人的义务。
46 在某些极端情况下，某些人的生命必须被牺牲，“无辜者的安全被认为更重要”(2.16)。这条保存的配置原则潜藏在“人类得到保存”这条基本自然法一般表达式之下(2.135)。洛克在《政府论》下篇第六段提供的证明其实是一个语源学论证。上帝拥有决定人的存在目的的权威，因为祂是人类存在的原创者(author)。人有义务保存人的存在(人作为上帝的制造物属于上帝)，所以人是上帝的仆人。“仆人”(servant)一词来自于“*servare*”，意思是保存。

洛克论证这条首要自然法的另一个方法是探究人与自然环境之间的目的性关系。上帝“在这世界上准备了适于人类衣食和其

① 参见1970年第一部作品：1.86，2.6，2.7，2.11，2.16，2.23，2.60，2.79，2.129，2.135，2.138，2.149，2.155，2.159，2.168，2.171，2.200；1970年b：第157、173、181页。比较：阿奎那，《神学大全》：Ⅰ.Ⅱ.94.2；胡克，1717年：1.1.5；普芬道夫，1729年：2.3.15；苏亚雷斯，1944年：2.7.7。

他生活必需的东西，俾能照着上帝的旨意，使人类能在地面生存相当的时期”(1.86)。这样来解释上帝的意图是因为相反的解释难以令人相信。上帝的意图不可能是“要让如此奇妙的制造物由于其自身的大意和必需品的缺乏，在生存不久后便告死亡”。这些事实的定局性证明以下准则为真：“理性，作为人类心中的上帝之声，不能不教导他并且使他相信，按照他所具有的自我保存的自然倾向行事，就是服从他的制造者的意志。”

在这个部分中，洛克谈及人的自然“倾向”和“保存它的生命和存在”的“强烈欲望”，可能会造成误解。麦克弗森认为，洛克从人的欲望中“推演”出上帝的意图以及上帝的道德原则(1975 年：第 229 页)。麦克弗森使用“推演”一词来描述欲望和权利的关系，他这里的意思可能是，因为人有保存自己的自然欲望，所以谋求自己的保存是正当的。这应该就是麦克弗森的意思，因为他进一步指出，他的解读表明洛克在这方面与霍布斯相似。

显然，洛克想要说明权利和欲望之间存在某种关系，但并不是以上这种关系。洛克用以证成自然法的标准是上帝制造人类的方式，包括保存这一自然欲望。尽管如此，由于这是上帝的欲望而非人的欲望，这就是一种理性欲望，而非人的任何欲望(此种欲望当然可能会是非理性的)。洛克的观点包括两个方面。一方面，人可能拥有主观欲望。如果这些欲望与上帝对人的客观欲望一致，它们就是理性的，从而是正当的。上帝总是让祂的欲望受制于祂的理性(2.21.49)。因此，依此验证方法，依理性的欲望而行就是依上帝的理性(即自然法)而行。正如洛克所言，理性“教导”人类受此理性欲望的激励，“他遵从他的制造者的意志”。与霍布斯的观

点不同，并不是所有刺激人去寻求保存的欲望都符合这一标准。理性的欲望仅仅是那些刺激人们以有助于实现上帝保存人类之欲
47 望的方式去获取保存的欲望。如我们之前所看到的，这正是自然法教导的那种人类的保存。

第二方面是第一方面的一个预先假定。正当与欲望的关系在于，正当的东西（“自然法”）与理性欲望一致。这就假定（反对奥卡姆主义者），正当的规则并不与可欲的、便利的事物毫无关系，但并没有走向另一个霍布斯主义极端，认为可欲的就是正当的。正当的也是便利的，但正当的东西之所以正当（有约束力的）并不是因为它是便利的（比较约尔顿，1970 年：第 145—147 页）。洛克在《基督教的合理性》(*Reasonableness of Christianity*)一书中表达了以上这一观点（1832 年：Ⅶ，第 142 页）：

> 自然法也是便利之法(law of convenience)。以下这点是不足为奇的：那些聪明能干，勤于德性的人……应当能够通过沉思了解正当，就算是通过可观察到的便利和便利的美好，而没有从自然法的真正原则中得出其义务及道德的基础。

以下信条是自然法理性论的一个非常重要的常规：我们通过自己的理性本性倾向自然法。它来自于阿奎那最初有关自我保存为首要自然法的说明和分析[《神学大全》：Ⅰ.Ⅱ.94.2；比较麦金太尔(MacIntyre)，1974 年：第 117—118 页]。

因此，自然法通过事物的最终因或目的而非事物的本质被知晓。其次，自然法规定的目的（如保存）不是人的主观目的，而是上

帝为所有人确立的目的。因此，当人为自己的保存设想行动方案时，他负有使他的方案有助于所有人的保存这项自然义务。当他自己不会由此遭受毁灭时，他确实有为他人的保存而尽力的义务。自然法"协调"人类的行为以使得整个人类共同体都被纳入考量并得到供养(第207—211页)。如果采取另一个立场，保存仅仅是基于个体自我保存欲望产生的主观目标，那么将不存在任何洛克式道德理论。我们将不可能得出保存他人的积极义务，也不可能获得正义的自然标准用以界定并限制合法的自我保存行为。在《论学习》(*On Study*)这篇短论(写于1677年春天)中，洛克指出，霍布斯的追随者们欣然接受那种自我主义的道德理论，所以他们无法解释对他人的，自然的积极义务："任何霍布斯主义者以及他的自我保存原则(人们认为他持有这一原则)无法轻易地承认诸多质朴的道德义务。"(洛克的拉弗雷斯手稿，f. 2，第128页；1830年：Ⅰ，第191页)将道德基于人与上帝的关系，从而使人在道德上依赖上帝的客观意志，这样做的要点就是反驳以上那种主观主义。

在《自然法辩难》中，洛克问道："身处具体情境的个人判定，有利于他自己和他的事务的都符合自然法，故而对他来说不仅合法而且在所难免。此外，没有什么事物依其本性具有约束力，除非能带来直接的个人利益。这些说法对吗？"(第207页)洛克马上回答道："这就是我们要否定的。"《政府论》对这一点的强调丝毫没有减少(2.22，59)。[1] 48

这种自然法理论("所有事物都关涉"上帝的目的)在托马斯

① 参见下文，第101—105页。

主义传统中很常见(《神学大全》:Ⅰ.Ⅱ.93.Ⅰ)。人类行动的总体目的由神法设定,但是人有自由在一系列可能有助于实现上帝的全局意图的具体目标中作出选择。人没有慎思终极目的的自由,但是人有自由、有义务慎思各种可能在特定情景中实现这些目的的途径。如同依据自然法制定实定法,人在一个审慎领域中行动,理论在其中提供指引但并不决定具体行动方案。洛克在他写给丹尼斯·格伦维尔博士(Dr. Denis Grenville)的信中,对理论与实践之间的这个"自由度"做了一个长篇的解释(1976年:Ⅰ,nos. 328,374,426;比较狄瑞福,1928年)。洛克对基督教伦理学的这一常规概述介于在17世纪均被视为无神论的两个极端观点之间。人们认为,无神论者要么认为,上帝对人类没有什么意图,所以不存在任何客观的道德规则;要么认为,人的行动在因果层面上是被决定的,所以并没有自由可言(1.3.13—14;比较普芬道夫,6.3.7)。

3

第二条自然法是:每个人"出于某种自然倾向而渴望能进入社会,而且言说能力以及语言交流使他们能够维持社会的续存"(第157页)。保存社会的义务在《人类理智论》(1.3.10)和《政府论》(2.134—135,195)中都得到了强调。这一条自然法反映了,人在存在层面上,对与他人构成的社会的依赖。在1678年7月15日所写的日记条目"Lex Naa"中,洛克写道(洛克的拉弗雷斯手稿,f. 3,fos. 201—202;凡·列登,1956年:第34—35页):

> 如果他发现，上帝将他和其他人置于这样一个状态中，在这个状态中，如果没有社会则人们将无法继续活下去，而且上帝赋予人们以判断力使得他们能够察知怎样能够保存这个社会，那么他是否肯定会得出以下结论：他有义务且上帝要求他去遵守那些有助于保存社会的规则呢？

既然人有保存人类的义务，而且离开与他人构成的社会，人就 49
无法生存，保存社会的义务就随之而来了。“上帝……将人类设计为一种社会性造物”(3.1.1)。上帝的设计不仅使得人在物质需求方面依赖社会，而且“赋予人以理智和语言以维持社会、享用社会”(2.77)。人的存在和乐事依赖上帝和社会，这一预设在自然法作品中较为常见(苏亚雷斯：3.11.7；普芬道夫：2.3.20)。

由此可见，正如兰普雷克特(Lamprecht)早在其1918写作的《约翰·洛克的道德和政治哲学》(*The Moral and Political Philosophy of John Locke*)一书中就已指出的，洛克从来没有设想过一群前社会的、孤立的个体(第132页)。洛克不能如此而为，因为社会是人之存在的无法化约的前提假定。由于保存社会及其成员的准则是社会自身的构成部分，所以洛克的分析总是预设人被整合进一个统一的共同体中。没有这些准则(包括信守承诺)，任何共同体都会“成为一盘散沙……正如自然法被废除的话，社会自身将成为一盘散沙”(第119页)。鉴于此，《政府论》下篇开篇就陈述了这个对偶命题(2.4)。外在于社会的个体不是人，而是“野兽”(2.11)。邓恩指出了洛克和霍布斯在这一基本假定上的根本分歧

(1969 年:第 79 页):

> 霍布斯的问题是如何从伦理真空中建构一个政治社会。洛克在《政府论》中从没有面临这个问题,因为他的核心假定就是,并不存在此种真空。这一假定是洛克与菲尔默所共有的,因此洛克仅仅直陈了他的立场中这个直接驳击霍布斯的方面。

除了保存社会及其成员的准则外,关于承诺的制度也构成社会的一部分。洛克追随格老秀斯和普芬道夫,将信守承诺作为一条自然法戒律(《战争与和平法》"导言",15:341)。"这些协议(承诺)被信守或被违背。如果它们被违背,那么订立它们就毫无意义;如果它们被信守,那么正义就被确立为一项义务"(洛克的拉弗雷斯手稿,c. 28,fos. 139—140)。如果协议被违背则协议就毫无意义,因为订立一个协议就意味着承诺不违背它。由于做出承诺确立了信守承诺的义务,那么将信守承诺建立在自然法的基础上似乎是多此一举。但是,洛克接着指出,他想说的是:一项承诺被确立后,我们总是能够追问,我们为何要一直信守这个承诺。假如说,我们确立承诺的理由是私利,那么当信守承诺不再有利于自己的私人利益时,我们就可以违背当初的承诺,而且这样做是正当的。由此可见,如果关于承诺的制度想要获得约束力,想要发挥保存社会的做法,就需要一个其自身之外的基础。否则,每个人"都
50 将受制于所有其他人的力量和欺诈",而且"除非一个人既比其他人强大又比其他人聪明,他将无法获得幸福"。因此,信守承诺必须

基于保存社会的自然义务并且是后者的一条戒律。由于任何社会缺失这点都无法存在，所以信守承诺是被各个社会(但并不存在于各个社会之间)普遍认可的一条自然法戒律(1.3.10)。所有社会在这方面的做法都“与神法保持一致”(2.28.10)。洛克在《政府论》中指出甚至连上帝也不例外，以强调信守承诺极大的重要性。

这两条自然法来自于对上帝作为制造者以及人作为上帝的制造物的探究和解释，它们为洛克的自然权利理论提供了客观基础。正如邓恩对此作出的简练总结，“神学母体作为一条解释性公理发挥作用”(1969 年：第 98 页)。第三条自然法表明了人们“赞美、敬重和光耀”上帝的义务(第 157 页)。它是个体的基督教个人生活的基础，它并没有在决定人的权利中发挥直接的作用。

第二部分

自然权利

第三章　包容性自然权利

第一节　政治语境

1

在了解了支撑洛克政治哲学的认识论和神学方面的关键内容后，我们现在可以回过头更好地理解洛克《政府论》中的权利理论，或者说财产权理论。洛克在《政府论》中回应的一个主要问题是专 53
断的绝对主义政府。他猛烈地攻击了对这种政府的最流行的辩护：罗伯特·菲尔默爵士（1588—1652）的政治短论。在这个问题上，洛克重申了一种关于大众主权的激进宪制理论以及一种个体反抗理论（邓恩，1969 年：第 87—187 页）[①]。菲尔默的论文写于 1638 年和 1652 年间，发表于 1684 年、1652 年和 1653 年，是对绝对君主制的一个保皇派立场的辩护。这些论文于 1679 年和 1680 年重新出版。《父权制》一书是菲尔默的主要作品也是洛克攻击的

① 关于《政府论》的这两个问题的 17 和 16 世纪背景，参见富兰克林，1978 年和斯金纳，1978 年：Ⅱ。

主要对象，首次发表于他1680年的作品集中（拉斯莱特，1949年：第33—48页）。这些论文的出版正值排除危机（Exclusion Crisis，1679—1681）发生之时，肇于辉格党人试图将詹姆斯（约克公爵，Duke of York）从皇位继承席中排除出去。辉格党人认为詹姆斯将来的皇位继承危及他们“试图对君主推行政策施加有效制约”的努力（邓恩，1969年：第44页）。菲尔默的作品被印刷出来是为了服务于托利党人的意识形态目的，使辉格党人将专断的政府定为一种威胁的说法归于无效，并为消极服从世袭继承提供正当性。[①]

在这个语境中，洛克于1679年（在读了菲尔默1679年版的论文集后）开始反驳菲尔默。如果暂且不论其他问题，那些似乎无休止地争论着《政府论》写作日期的人似乎对这点还是可以达成共识的。[②] 在此期间，洛克在工作中与泰伦尔有着密切的来往。泰伦尔反驳菲尔默的作品《父权非君主制》于1681年出版。“当洛克和泰伦尔着手写作时，他们的靶子是1679年出版的一个集子。这个集子收录的是菲尔默的一些小作。但是到了1680
54 年初，菲尔默的大作《父权制》紧随而出。他们意识到必须调整他们的计划。”（高夫，1976年：第584页）托利党人用菲尔默的作品来描述他们的宫廷行为并将其正当化，而洛克正是通过反

---

① 参见拉斯莱特，1949年；斯特拉卡（Straka），1962年；邓恩，1969年：第43—58页、第84页；伯纳特（Bennett），1976年；凯尼恩，1977年，第3—10页和高迪尔，1977年，1978年。

② 此争论的参与者包括：狄瑞福，1928年；拉斯莱特，1970年；希尔顿（Hilton），1974年和1977年；乌利韦克罗纳（Olivecrona），1976年；凯利，1977年。

驳菲尔默来攻击他们的立场，并通过阐述他的反抗理论正当化辉格党人的反抗。

面对当时盛行的诉诸历史的规范性力量的“辉格党”常规做法，洛克却用自然法和自然权利的语言来执行自己的意识形态使命。如果我们考虑到洛克对自然法理论的认识论优越性的重构以及互为补充的对诉诸历史的任何理论的拒斥，我们就能够完全理解洛克的这一做法。因此，此举是对排除危机具有革新色彩与突出理性主义色彩的贡献（如邓恩所言），而同时又不是一部“排除危机之作”（1969 年：第 51—52 页）。洛克的认识论研究的所寓之意与邓恩所得出的以下结论不谋而合：《政府论》“并不是关于政治审慎的作品，这样的作品给出如何行事的建议，其地位取决于事实。这部作品是对政治权力界限的阐释，其地位取决于自然法知识”（1969 年：第 50 页）。

除了反驳菲尔默并书写自己的学说，洛克的另一个任务是回应菲尔默对自然法的批判。菲尔默在《政府起源研究，基于霍布斯先生的〈利维坦〉、弥尔顿先生对萨尔马修斯的反驳以及胡果·格老秀斯 1625 年的〈战争与和平法〉》（*Observations concerning the Original of Government, upon Mr. Hobs Leviathan, Mr. Milton against Salmasius, H. Grotius The Law of War* (*1625*)）中的结论是：作为政治理论的基础，自然法无疑是混乱的，逻辑上不融贯的。在批判格老秀斯的《战争与和平法》的那一章中，菲尔默一开始就嘲笑由罗马法学家、教会学者、政治家和神学家做出的关于自然法、市民法和万民法的前后矛盾的分类（第 261 页）。他接着指出，“这些区分的多样及矛盾主要源于异教徒教导的一个错误，即所有事物起初都是共有的，且所有人起初都是平等的。”（第262页）菲尔默在将这一混乱的源头定位在“一个所有事物的共有，或者说所有人的平等”上之后，又接着指出，格老秀斯的解释是自相矛盾的，因为它基于上述这个“幻想”。菲尔默的最后一击锁定格老秀斯以此方式解释财产权时表现出的逻辑不一致（第274页）：

> 格老秀斯说，依据自然法，万物起初是共有的，但他却又教导说，在财产权被引入后，共用万物是违背自然法的。他这样做不仅使得自然法是可变的（他说过上帝也无法改变自然法），而且使得自然法自相矛盾。

如果洛克想让自己的方案在当时所有读者面前显得可信，他
55 就必须说明，财产权以及平等能够以与自然法相符的方式得到解释。若非如此，洛克用自然法和自然权利来“证成对专断政府的反抗以及将该政府的解体正当化”（凯利，1977年：第84页）。这项主要意识形态任务，对于所有读过菲尔默作品的人来说就是荒唐可笑的。因此，菲尔默这一批判的出现及其广为人知的情况就使得，提供一个融贯的、关于财产权的自然法理论成为洛克实现其主要目标（一个令人信服的反抗学说）的一个必要前提。

洛克还面临着另一组问题。格老秀斯和普芬道夫都运用自然法和自然权利的规范性语言来建构他们理性主义的绝对主义理论。他们都提出了一种关于财产权的“协议论”，作为其绝对主义理论的一个构成要件。格老秀斯的协议论同样遭到了菲尔默的嘲笑(第273页)。因此,洛克不仅要驳斥菲尔默的财产学说,并提出自己的理论,克服菲尔默对自然法财产理论的批判,他还必须在运用自然法与自然权利的通用语言建构自己的理论的同时,既避免协议论的绝对主义倾向,又躲开菲尔默对格老秀斯协议论的那种批判。最后,他必须提出一种能够为他的反抗学说提供基础的理论。这个复杂的思想语境是洛克进行思考的母体。据此我们才能理解他的财产权理论。洛克运用了制造物模式来攻击菲尔默对财产权的解释,并将自然法重新确立为他的权利理论的基础。为了理解洛克的反驳,我们就必须了解他在《政府论》的标题页所言的“罗伯特·菲尔默爵士错误的原则和根据”到底是什么。

第二节　在财产问题上反驳菲尔默

1

君主国、家庭和政府是菲尔默在分析财产问题时使用的三个关键词。“君主国名义上和实质上的定义”都是“仅仅一个人的统治”(第281页)。菲尔默正面引用了让·博丹(Jean Bodin)对家庭的父权式定义,即“所有人服从于家庭中的同一个首领”(第75页)。因此从定义上看,一个君主国就是一个家庭,一个家庭就是一个君主国(第63页)。菲尔默用一个词源学论证来支撑家庭和君主国的同一性。他指出,“家庭”一词的希伯来语“来自于一个指称首领、君主或领主的词”(第75—76页)。由于“被统治(governed)就是予以服从并且屈从另一个人的意志或命令”(第205页),所以政府(government)与君主国和家庭是一个意思。三者都是父权统治。由此得出的结论是:“除了君主国,没有其他形式的政府”,“除
56 了父权君主国,没有其他形式的君主国”,“除了绝对或者说专断的父权君主国,没有其他形式的父权君主国”(第229页)。

鉴于政府和家庭的同一(而非类似),即两者本质上都是父权式绝对君主国,其中一者的根本特征也会在另一者身上体现出来[比较肖切特(Schochet),1975年:第146—150页]。“如果我们将父亲的自然义务(权利)与国王的进行比较,我们会发现它们是一样的。除了在限度和程度上略有不同外,它们没有什么差异。”(第63页)一位君主拥有的绝对且专断的权利和义务,每位父亲也对他的家庭享有:“一位父亲对一个家庭所拥有的,一位国王也同样拥有,就像是一位许多家庭的父亲。”父亲存在于主人对奴仆、奴隶和所有物,父亲和丈夫对子女和妻子的经济关系中。菲尔默批评亚里士多德根据其不同的权利和义务来区分和分析这些关系。每对关系中的掌权人都是同一个人,他的权利和义务在每个关系中都一样(第76页)。洛克的目的明确:说明这些关系是不同种类的关系(2.2)。这显然是针对菲尔默,而且与菲尔默参考的亚里士多德《政治学》的相关章节观点相似[参见麦基翁(McKeon),1973年:第303—304页]。

菲尔默用一个“亚当式”论证来加强这个观点,并阐明君主的权利和义务的性质(第188页):

> 亚当是他的家庭的父亲、国王和主:儿子、臣民和奴仆或奴隶起初就是一个意思。父亲有处置或卖掉他的子女或奴仆

> 的权力。因此我们发现，原先在财物的账目中，男仆和女仆和其他物品一样列于这位所有者的占有物和财物之中。

亚当的未分化且不受限制的权力（可称为“财产权”或“所有权”）是所有类型政府的基础：“如果不是人们知道，在创造之时有一个人被上帝制造出来，万物的所有权都归于他，从他那里其他所有人获得了他们的资格，人类仅凭自己的智慧无法知晓政府的第一依据和第一原则（财产的起源来自于此）。”（第 203—204 页）亚当的“**自然的、私人的所有权**”（第 71 页）推向世间万物，所以“除非得到他的授予和准许，或者是从他那里得到继承，所有他的后代都无法获得占有任何事物的权利”（第 188 页）。这是为了证明，当前任何性质的所有权资格都“来自于父亲的身份”。现在的任何一位父亲和统治者本质上都是最早的原型——亚当的君主国——较难察觉的后裔。任何性质的掌权的权利，无论是对人还是对物，都被解释为一项使用、滥用和让渡的私有财产权。因此，当前的每位正当所有者都对他的“家庭”拥有得到神圣认可的绝对财产权。 57
主权者则对所有臣民拥有绝对权利，这些臣民构成了主权者的家庭（第 63 页）。①

洛克当然想要说明，各组关系中的统治者、主人和所有者的权威并不相同。他还急于推翻以下这个论证：政治权威是绝对的、专断的。此外，意识到以下这点也非常重要：洛克写财产问题的一个

① 这似乎是拉斯莱特（1949 年：第 13 页）和邓恩（1969 年：第 66 页）的解读的共同之处。

目的是，反驳菲尔默关于每位父亲都拥有自然的、不受限制的、专断的私有财产权的主张。在起初说明菲尔默笔下的私人所有权或者说父亲的身份权时，洛克注意到，这种权利被所有父亲以及所有统治者拥有："这种父亲式权威，这种父亲的权力和国王的权力，他将它们混为一谈。"(1.7)当洛克将菲尔默的权利确立为他的攻击对象时，他强调这种权利必然蕴含一种绝对主义的、毫无责任可言的私人所有权概念(1.9)：

> 这种父亲的威权或父亲的身份权，照我们的作者的意思，就是一种神圣的、不可变更的主宰权，一位父亲或一位君主对他的儿女或臣民的生命、自由和资产据此享有绝对的、专断的、不受限制的和无法被限制的权力，从而他可以任意取得或转让他们的资产，出卖、阉割和使用他们的人身——因为他们原来全都是他的奴隶，他是一切的统治者和所有者，他不受限制的意志就是他们的法律。

正如我们前面所言，洛克担心如果人对上帝的依赖关系不复存在，自然法义务将消失，一种自我主义将占上风。如果人是独立的，那么除了他自己的意志，他将不受制于任何律法，而这意味着除了他自己他不会考虑任何其他目的(参见上文，第36—42页)。"人将是自己的上帝，满足自己意志将是他行动的唯一尺度和目的。"[伦理学B(*Ethica B*)，洛克的拉弗雷斯手稿，c. 28，fo. 141]这与洛克描述的菲尔默立场相符。洛克指出，菲尔默学说中的每位父亲都是一位绝对君主。他仅仅根据自己"不受限制的意志”行使对属于他的、未分化的占有物的主宰权。通过这种方式重述并指摘菲尔默的学说，洛克直接改换了菲尔默对主宰权被分化将导致什么后果的说明(第 224 页)。因此，洛克拆解菲尔默的“完美体系”的重要一步是推翻其神学前提。然后再着手重建自然法以及人的自然法义务，削弱那种“不受限制且无法限制”的私人所有权。

2

洛克的反驳始于对菲尔默如下观点的引述：他所谓父亲的身份权基于生育这一技能。“人一生出来，就很不自由，一出生便成
为生他的父亲的属下。”(1.50)虽然菲尔默没有解释为什么生育带 58
来了权利，但是洛克指出，菲尔默“听到别人运用”“父亲因生育儿女而获得对他们的绝对权力”这个论证(1.52)。这是唯一可能成立的证明，因为“一个人对从来不是他的，也不是由他给予的，而是得之于别人的慷慨赐予，因而权利属于他人的东西，当然没有理由提出权利要求”(1.52)。如果这里存在一种自然权利，那么它必然是制造者的权利。肯定是父亲赋予了子女生命和存在。如果是这样的话，那么人与上帝之间的依赖关系就不复存在了，洛克的政治哲学的基础也就随之坍塌。如果一个菲尔默者诉诸历史和常规来证明，那么这里的权利就不是自然权利，将会遭到维柯对博丹的那种批判(1974 年：第 1009—1019)。

洛克所言的那种对父亲的身份权的证明被其他人称为传殖论(traductionism)。他自己的观点被称为创造论(creationism)，即子女的存在或本质来自于上帝。亚里士多德通常被认为是传殖论

的鼻祖(《尼各马可伦理学》:1158b 22—23)。在《综合的奋争》(*Struggle for Synthesis*)一书中,莱姆克(Loemker)描述了16世纪这两种学说在神学上的激烈辩论。他指出,传殖论为原罪的传送以及父权服从的证明提供了更好的解释。创造论则消解了存在于人与上帝之间的居间性宗教权威者,将人与上帝更为直接、更为亲近地连接起来(1972:第76,100页)。除了洛克,霍布斯、苏亚雷斯、巴克斯和牛顿都主张创造论。洛克死后不久,威廉姆·沃拉斯顿(William Wollaston,1660—1724)的《宗教本质的界定》(*The Religion of Nature Delineated*,1724)一书中,对传殖论提出了详尽的批判(第87—93页)。

洛克接着马上强调传殖论和政治理论之间的关联,并为自己的逻辑前提提供《圣经》支持(1.52):

> 那些说父亲给予了他的儿女们生命的人们让君权思想弄昏了头脑,以致忘记了他们不应该忘记的一个事实,即上帝是生命的原创者和授予者:**我们只有依靠上帝才能生活、行动和生存**(《使徒行传》17.28)。

洛克问道:"一个连自己的生命是由什么构成的都不知道的人,怎样可以认为他给予别人生命呢?"这一点以及接下来的部分都是为了说明,人并不知道生命为何物,他们也无法"设计和制造一个有生命的生物,将其各部塑造成型,使之适合于它们的用途"(1.53)。人是无法"将一个活的灵魂放入其中"的。如果人确有此
59 本事,那么他"也许确是可以自称能够毁灭自己的制造物"。一位

传殖论者也许会回答说，人也许没有这个本事，但是人还是可以在生育这一行为中延续生命。但这一回答并不能令人满意。洛克的潜台词是：任何一个规整的、有目的的物体是它的各个部分依照其本质观念的构成。这预设了一位有知识的制造者。由于人显然没有这一必要知识，而孩童是一个规整的、有目的的创造物，所以“这足以使我们深信上帝是一位智力无边的设计者，祂显然对人类这个祂的制造物有主张的权利”。由此可见，上帝是“主(King)，因为祂的确是我们一切人的制造者，而所有的父母却不能以子女的创造者自居”。

父母仅仅是这个过程中的起因，是“他们(子女)存在的偶因”(1.54)。上帝是制造者，因为祂拥有人的蓝图，人类的孩子依此而被生育出来，因为“只有上帝才能吹动生命的气息”(1.53；比较欣蒂卡，1975 年：第 90—91 页)。因此，人生来隶属于上帝，而非他人，所以人类生而“平等，不存在从属或服从关系”(2.4)。这一论证推翻了菲尔默的父亲身份权并重建了人的自然法义务的基础。此外，它将平等确立为人与人之间的自然处境，从而使之成为政治理论的一项基本原则。

洛克在《论理智行为》(*The Conduct of the Understanding*)中写道，“所有人都是自然平等的”这一真理，当“在理智中确定下来，并且通过关于人在社会中享有的各项权利的各种争辩而深入人心后，它就会结束所有争辩并且指示出真理在哪一边”(1832 年，Ⅲ，第 283 页)。这一论证破坏了菲尔默的自然财产权利说，为洛克的财产学说奠定了基础。正如洛克早就指出的(1.52)，如果人对他制造的物体拥有一种类似制造者的权利和权威，那么人就必须以类似上帝的方式进行制造。

3

在说明了菲尔默“这本企图为全人类设置锁链的书”的基础“只不过是一根用沙砾做成的绳子”之后(1.1),洛克接着对照菲尔默的私人所有权,一步步阐释自己的自然权利。相关的证明包括两个方面:圣经和自然法。洛克认同托马斯式的主张:圣经和理性是互补的。自然法和圣经的命题构成了神法相互补充、部分重合的两个部分。在《人类理智论》中,洛克写道:“凡是由我们的理性
60 所发现的那些真理,启示亦可以发现出来,传达出来。”(4.18.4)圣经(反映了上帝制造人与世界的目的)能够对理性加以核对和证实,而理性发现了自然法和衍生的权利(4.18.7,10)。这个二元方法在《政府论》上篇中被加以运用,其结论被作为《政府论》下篇的前提,声称被理性和圣经同时确认(2.25)。

分歧之处在于《创世记》第一章第二十九节(1.23):

> 上帝就赐福给他们,又对他们说:“要生育众多,遍满地面,治理大地,享有对海里的鱼、空中的鸟,和地上各样行动的活物的所有权。”

依洛克所言,菲尔默将这段话解释为赋予了亚当“对整个地球以及所有低等的和非理性造物的私人所有权”。菲尔默将私人所有权称为“财产权”。洛克同意,“在这里,赋予亚当的就是财产权”。但是,财产权并不是私人所有权。“上帝给予他的不

是他对低级生物的‘个人所有权’，而是他与一切人类共有的权利”（1.24）。因此，第一种财产权是全人类共有的权利，或者说是巴贝拉克在《自然法与万民法》的注释中所说的“所有人共有的权利”（4.4.3 注释）。在接下去的第四段中，财产权被界定为“全人类对低级生物的所有权”。洛克接着在稍长的一节中对此做了说明，这一给予并不是只给了亚当而“排除了其他人”。它不是一个“私人所有权，而是一个共同所有权”（1.29）。因此，财产权是共有的权利，也就是共有的所有权，与菲尔默的“排他性”私人所有权相对（1.36，39，45—47）。

“权利”一词包含两个意思。它可以在语句中从客观角度使用，即某某是一项权利。它还可以从主观角度使用，即某人被认为享有或拥有对某物的权利或道德能力。洛克所讲的全人类共有的财产权或权利是一项主观使用权。在对菲尔默的说法（即上帝的恩赐包括了动物以及整个地球）表示赞同后（1.39），洛克接着给出了人类财产权的一个定义性表述：“一种利用食物、衣服和其他生活便利品的权利——这些东西的原料上帝已为他们提供了那样丰富的供应。”（1.41）如何区分上帝提供的原料与用这些原料进行加工从而为人所用的东西（人类的财产主要是指这些东西）这个问题被留到了《政府论》下篇。赐予人类的财产权表现为这种自然使用权。它是一种共有财产权。《创世记》“不但远远不能证明亚当是唯一的所有权人，正好相反，它确认了一种存在于所有世人中间的万物原初的共有”（1.40）。无论洛克的圣经注解是否正确，他的意思很明白，即所有人共有一项使用权，而且这项权利并不存在相互紧张的地方。这个财产权属于“所有世人”“全人类”“他们所有人” 61

等等。

洛克这里给出的无时态(因而)自然的财产权概念在五个重要方面不同于菲尔默。它是所有人都享有的权利,而非亚当一个人独享的权利。它只是使用的权利,而不是使用、滥用和让渡的权利。第三,这一权利表征的是共有财产权,而不是私有财产权。麦克弗森提出了一个术语可以用来说明这第三个差异对比。私有财产权可以被称为一项排他性权利(exclusive right)是因为,除了权利人对权利指向的对象拥有的其他具体道德或法律能力外,所有者有权将他人从这项权利指向的对象中排除出去。共有财产权可以被称为包容性权利(inclusive right)是因为,除了权利人对权利指向的对象拥有的其他道德或法律能力外,权利人在使用权利指向的对象方面,有权"不被排除在外"或有权被包含在内。在这两种情况中,主张权利都证成了一项请求:要么请求排除他人,要么请求被包含在内(1975 年:第 123—125 页)。根据霍菲尔德(Hohfeld)的分类,菲尔默和洛克的权利都是请求权,即他人有义务让权利人行使此权利。他人有义务戒取菲尔默的私人所有权(或者现代的私有财产权)指向的财产。他人有义务腾出位置,在对共有财产的使用中将洛克的权利拥有者包含在内。第四,菲尔默的财产权是对自己占有物的权利。洛克的财产权是对属于所有人的某物的权利。这是一种对某人配得之物(one's due)而非某人所有之物(one's own)的权利。最后一点,洛克的财产权含有一个特定目的,而菲尔默的财产权除了所有者自己不受限制的意志外没有其他目的。洛克的财产权是为了"生活的便利"或"维持生活的方便"而使用某物。"一项使用地上的一部分以供养他们自己和家庭的

权利。”(1.37)

正如以上引用的原文所示,洛克用“财产(权)”一词同时表示一项权利和此权利所指向的对象。此外,洛克有时用“权利”一词来表示某项权利的所指之物(2.28)。他显然对这里的含糊了然于心。这看上去似乎仅仅是延续了类似拉丁词(如“*ius*”和“*dominium*”)的含糊。含糊通常是一个语义信号,说明这两个词存在某种关联。如果使用完全不同的词,则这种关联将难以被察觉。就此而言,含糊不同于含混,后者是指两个词有着同一个名字,但是它们之间却没有任何关联。“Bank”既指河流的一边,又指保存和借贷货币的机构,这是含混。“Politics”既指某种活动,也指关于那种活动的知识,这是含糊。

4

接下来的任务是要说明,这一圣经式共有(被重述为所有人拥有的包容性权利)与理性相一致。这里有两个论证。第一个 62
论证基于创造物模式。由于上帝制造了世界和动物,所以上帝是它们的所有者。因此,人类的财产权只能是上帝允许的使用它们的权利:“就作为天地的创世者和全世界唯一的主和所有者的上帝而论,人类对生物的所有权只能是上帝允许的**利用它们的自由**。”(1.39)与此相似,人类的生命也是上帝的财产,所以人的生命只有在人不以自杀毁灭自己生命的前提下才是人的财产(2.23)。但是,作为使用上帝所造世界的权利的财产权的关键证明是洛克的以下论点:这是自然法的应有之义。洛克从自然法中推演出三项自然权利。其中的第三项权利或者说财产权反映了圣经式共有。

一个提出我们应当采取某个行动的规范命题预设了另一个命题，这个命题告诉我们实际该怎么做，以此确立那个规范命题[卡维尔(Cavell)，1976年：第23—31页]。洛克运用一项自然法及其预设推导出了前两项自然权利。基本的自然法是“人类得到保存”(2.135)。它要求人类得到保存，(依照洛克的配置原则)所有人得到保存。目的是所有人都能持续存在与维持生计。由于保存是上帝为人类设定的目标之一，所以实现这一目标是人的自然责任，因此人对此享有自然权利：“人一出生就对自己得到保存享有权利。”(2.25)这是一项其持续存在不被否定的包容性权利。其次，基本的自然法是人的存在事实上被保存，从而应当被保存(2.16)。它被重述为每个人保存自己以及在其他条件不变的情况下保存他人的自然义务(2.6)[①]。由此可见，这项自然义务要求实施保存人得到目的导向行动，而第一项自然义务则是在确保这一目的，即人的保存。因此，人对这个行动享有自然权利：“人们总是有权利来保存它们没有能力去放弃的东西(他们的生命，这只属于上帝，他们只可以加以使用)。”(2.149)这项“原初”权利(2.220)是“人拥有的保存全人类的权利”(2.11)。

这两项自然权利服务于两个目的。它们的首要作用是证成对专断的绝对统治的反抗。如果一个统治者任意地侵犯我的或

① 在以下段落中，基本自然法是通过“得到保存”(preservation)来表述的：1.86，2.129，2.135，2.149，2.159，2.170，2.182和2.209。在以下段落中，基本自然法是“保存”(to preserve)来表述的：1.88，2.6，2.8，2.11，2.159，2.220。

他人的保存权利，他就违反了自然法。我保存自己和他人生命的权利就登场了，我可以惩罚他(2.13,135)。只有在道德上允许的情况下，我才有这么做的权利。因为这项权利来自于保存自己和他人的义务，所以行使我的权利是我的积极自然义务(2.149；比较邓恩，1969 年：第 180—186 页；斯金纳，1978 年：
Ⅱ，第 338—339 页；富兰克林，1978 年：第 194 页)。其次，这两 63
项权利是对共有财产的自然权利的基础。如果人拥有保存的权利和保存自己与他人的权利，那么他就有权利“因而可以享用肉食和饮料以及自然所供给的以维持他们的生存的其他物品”(2.25)。也就是说，每个人对保存自己的必要**手段**拥有一项自然权利[斯泰纳(Steiner)，1977 年：第 41—49 页]。“凡能主宰自己和自己生命的人也享有设法保护生命的权利。”(2.172)

这项**来自于自然法**的财产权或者说包容性权利，与根据圣经解释得出的财产权概念一致(1.86—87)。这一推演确认了洛克的圣经解释，而且另加了一笔。这项以及另两项自然权利来自于保存自己和他人的自然法，所以人并没有行使或不行使此权利的自由。人负有积极的自然法义务去这样做。要求履行对上帝的义务必然导致这三项权利，而且后者对前者做出了解释。行使这些权利**就是**保存自己和他人的义务。由此可见，以下主张[如施特劳斯在《自然权利与历史》(*Natural Right and History*)中所为]具有误导性：洛克是一位自然权利思想家，而不是一位自然法思想家(1953 年：第 248 页)。其实，自然法是洛克的三项自然权利的基础。用科普尔斯顿(Copleston)的话来说，人拥有自然权利是**因为**他们负有自然义务(1964 年：vi，第 139

页）。邓恩强调“对洛克来说，定义人类生活的是一系列义务以及通过与这些义务相符的方式促进幸福的权利”（1969 年：第 218 页）。[①]

5

在确立了原初的共有财产后，洛克面对着两个标准性问题。使用某物的共有权利本身并没有说明共有者如何使用所有人的共有物。共有权要得到行使，就需要一个原则来说明共有物如何被所有人使用。如马克思在《德意志意识形态》（*The German Ideology*）中所言，这是任何形式的共产主义的一个分析特征（1976 年：Ⅴ，第 228—230 页）。洛克引入第二种财产权利来应付这个问题，被称为“对某物的财产权”（property in）。他在《政府论》上篇中仅仅提及了这一点，同时指出进一步的分析“可参见《政府论》下篇的第五章”（拉斯莱特，1970 年：第 224 页注释）。在又一次重申“人们有一种共有权”后，洛克接着说“没有任何人以不同于其他自然
64 共有物的方式对这些共有物享有财产权。关于这一点，我将在适当的地方再加以说明”（1.90）。在早先的段落中，洛克也提到了拥有共同使用权与说明共有财产如何被使用的权利之间的这种概念关联，他接着指出“他或任何其他人怎样能够这样做（对特定之物拥有财产权），将在别的地方说明”（1.87；比较1.86）。本书开头即

① 很遗憾，帕里 1978 年讨论洛克的权利和责任概念的作品对我来说出现得太晚了，我没能将其包含进来。

已指出，这正是《政府论》下篇第五章开篇面对并要解决的问题（参见上文，第1页）。

在《政府论》上篇的以上段落中，洛克在言及财产的个体化这个问题时，用的是过去式并指出此问题与自然状态相关。这预示了他在《政府论》下篇中的以下论点：财产在政治社会中是以不同的方式被处理的。洛克面对的第二个问题是：人利用共有物创造出的产品如何被使用。我们知道，它们可出于人类的保存而被使用，因为上帝正是基于此目的才将世界赐予人类。但是，洛克还暗示它们可出于人类的便利而被使用（1.41），出于超出保存的目的而被使用："上帝给予我们的东西很丰富，供我们享用（《提摩太前书》，Ⅵ.17）。"（1.40）这个问题也是由《政府论》下篇的第五章来处理。

注意到洛克的这个自然权利框架，对于理解在"论财产"一章中做了什么来说非常关键。它同时呈现了共有财产和每个人使用共有财产的权利和义务，而且呈现了自然法，后者定义了使用目的。由于这一框架构成了洛克要处理的问题，所以除非我们以相同的描述问题的方式进入这一章，否则我们几乎不可能理解洛克在做什么（关于这一点，比较麦金泰尔，1962年：第48—70页）。在阐述自己的自然权利时，洛克并不仅仅意在反驳菲尔默并给出一个替代方案。他还试图重建自然法和自然权利，回应菲尔默对格老秀斯的财产理论的批判。我们现在可以来看一看洛克学说的这部分内容，并在17世纪的自然法语境中定位洛克的原始处境。

第三节　其他17世纪学说中的自然权利

1

圣·托马斯·阿奎那(1225—1274)在《神学大全》中对财产问题的分析从三个方面启发了17世纪的自然法作品。阿奎那提供了一种分析模式。这一分析模式后来成为常规的分析模式,而且基于此模式,“什么是共有的”这一问题先于“什么东西正当地属于
65 某个人自己”这一问题(《神学大全》:Ⅱ.Ⅱ.66.1)。其次,西班牙新托马斯主义学派在16世纪晚期和17世纪早期对自然法的复兴基于阿奎那的学说,而这个新托马斯主义政治哲学对于我们理解洛克非常重要。第三,洛克不仅熟知阿奎那的作品,而且他在解释共有财产时与阿奎那有相似之处。

在阿奎那看来,存在以下三项自然法:保存人类、保存社会以及崇敬上帝(《神学大全》:Ⅱ.Ⅱ.94.2)。阿奎那在《反异教徒大全》(*Summary Against the Gentile*s)一书中对《创世记》第一章第二十六节的解读与洛克同出一辙:人能够获得某种所有权是因为他拥有一种理智天性(Ⅲ,81;比较Ⅰ.30,40)。同样相似的是,阿奎那认为《创世记》第一章第二十六节赋予人类对地球和其他低等生物的所有权(《神学大全》:Ⅱ.Ⅱ.66.2)。准确地讲,世界是上帝的财产,所以人对其实体并没有权力。因此,人的所有权是“对这些东西的使用”。人拥有自然的财产使用权,“因为人能够凭借理性和意志利用这些东西,为己所用”(《神学大全》:Ⅱ.Ⅱ.66.1)。

和洛克一样，阿奎那的这个区分基于如下信念：上帝创造了世界，所以世界是上帝的（《神学大全》：Ⅰ.44—46）。

当阿奎那言及世界作为人可以使用的共有财产时，他使用了“dominium”和“possessio”这两个词。当阿奎那言及某种个体的排他性占有时，他使用的是“*proprietas*”，并将其与共有财产（*communitas rerum*，*possidere communiter*）进行对比（《神学大全》：Ⅱ.Ⅱ.66.2）。也就是说，阿奎那首先确立人的自然共有财产，接着再讨论“个人财产的限度”。他是在回应安布罗斯（Ambrose）时提出了这一对比。安布罗斯认为，“*dominium*”的意思是对某个对象的排他性控制。因此，由于对某物享有自然所有权的判断标准是带来此物的存在，所以只有上帝可以被认为对物质享有自然所有权。因此，对于人来说，所有权或财产权都不是自然的。阿奎那同意，在这个意义上对自然物的“*dominium*”只对上帝而言是自然的，但是他认为，在使用的意义上，对自然物的“*dominium*”对人而言是自然的、共同的（《神学大全》：Ⅱ.Ⅱ.66.1）。使用是为了保存和便利（《神学大全》：Ⅱ.Ⅱ.62.5）。阿奎那这一新颖的回应既确立了一种排他性财产权概念，也确立了一种包容性财产权概念。如我们之前所说，洛克非常明确地重申了这个区分。

2

阿奎那似乎没有使用主观权利这个术语。塔克认为权利理论是随着12世纪波伦亚（Bologna）的罗马法新科学而出现的，从奥卡姆（William of Ockham，约1285—1374）一直到杰·吉尔森（Jean Gerson，1363—1429）（塔克，1979年）。托马斯主义在16世

66 纪的伟大复兴，通过将政治哲学和主观权利扎根于阿奎那的自然法概念，赋予政治哲学一个更客观的基础，并赋予主观权利一个更有限的理解。这个新托马斯主义始于一位多米尼加神学家，弗朗西斯科·德·维多利亚（Francisco de Vitoria，约 1485—1546）。他起初在巴黎大学讲授《神学大全》，接着于 1526 年回到西班牙，之后一直在萨拉曼卡学院承担神学教席。多明戈·德·索托（Domingo de Soto，1494—1560），维多利亚的学生、多米尼加同胞，著有《律法与正义十书》（*Ten Books of Law and Justice*，1553—1557）。此书在 16 世纪被重印了二十七次。他们的理念在 16 世纪后半期被耶稣会成员接受和发展，特别是路易斯·德·莫利纳（Luis de Molina）和弗朗西斯科·苏亚雷斯（Francisco Suarez，1548—1617）。苏亚雷斯在科英布拉（Coimbra）关于律法的讲义于 1612 年出版，名为《律法与作为立法者的上帝》（*The Law and God the Lawgiver*）。他还写了《为天主教和教皇的信念辩护》（*The Defence of Catholic and Apostolic Faith*，1612）来回应国王詹姆斯一世对英国效忠宣誓的辩护。斯金纳对此写道："这两部作品不仅是他对法律和政治思想的主要贡献，而且是 16 世纪托马斯主义政治哲学流派提出的类似观点的一个最清晰的总结。"（1978 年：Ⅱ.第 138 页）这个学派的作品构成了天主教反宗教改革的主要思想。[①]

苏亚雷斯的作品在整个 16 世纪拥有大量的读者。莱姆克认为，苏亚雷斯是欧洲现代早期的导师（1972 年：第 119 页）。菲尔

---

① 塔克（1979 年）和斯金纳（1978 年：Ⅱ）对这些作家的研究使我受益匪浅。

默认为必须要考虑苏亚雷斯对自然法、自然平等和财产的观点(第74—78页)。虽然没有确凿的证据表明洛克阅读过苏亚雷斯的作品,但是好几位历史学家都强调了他们的政治哲学思想之间的相似之处(凡·列登,1970年;科普尔斯顿,1963年:Ⅲ,Ⅱ,第168—169页,第245—246页;斯金纳,1978年:Ⅱ,第189—189页,第163页,第165页,174页)。因此,苏亚雷斯的作品可以被当作一个比较的对象以显示17世纪自然法理论的传承与创新之处。

在《法律与作为立法者的上帝》一书中,苏亚雷斯提出了他的主观权利概念。他首次指出,权利(*ius*)“与什么是正当(*iustum*)和什么是相等(*aequum*)具有相同的含义”(1.2.4)。这是正义(*iustitia*)的两个对象。但是正义本身也包含两层含义。就其一般含义而言,正义代表所有道德德性,“因为所有道德德性都以某种方式指向并带来 67
相等”。就其更特定的含义而言,正义“也许是指一种特殊的德性,给予某人配得的东西”。相应地,权利与正义的这两个含义契合。在一般意义上,权利“是指任何符合理性的相等的东西,这是抽象上的德性的一般对象”。其次,权利就其更特定的含义而言“是指根据正义,每个人配得的相等”。在将权利定义为两种亚里士多德式正义的对象后,苏亚雷斯引用阿奎那来证明,权利和正义的特定含义才是它们“首要的”“严格意义上”的含义。

特定和首要意义上的客观权利(即每个人根据正义的配得)被重述(通过两个精细的步骤)为两种主观权利。根据“权利的严格意义,每个人都拥有的某种道德能力被赋予‘权利’这个名称。这种道德能力要么指向正当地属于他的东西,要么关于他配得的东西”(1.2.5)。这样一来,严格意义上的、传统的正义含义被证明反映了两个对象(由严格意义上的权利来表达):正当地属于某个人自己的(*rem suam*)的东西与正当地由某个人配得的东西(*ad rem sibi debitam*)。“权利”能够用来表述针对这两个对象的道德能力(权利)是因为,这种道德能力在客观意义上必然是正当的。这种能力指向正当的东西:一个人自己的东西和一个人配得的东西。接下来需要具体说明这两种情况中的道德能力:

> 因此我们可以说,某物的拥有者对此物享有一项对物权,一名工人基于他被认为值得雇佣的东西,享有指向他的薪水的权利。

苏亚雷斯补充道,这个术语在法律和圣经中经常出现,“因为法律以此方式区分‘对物权’(*ius in re*)和‘向物权’(*ius ad rem*)”。这两种权利都表示一种“每个人对自己的财产或以某种方式属于他的东西拥有的请求权,或者说道德能力”。向物权表达的请求指向:就其配得而言属于某个人,但此人并不占有的某物。对物权表达的请求指向已被某人所有并占有的某物。这两种权利等同于洛克所说的“使用某物的权利”(a right to use)与“对某物的财产权”(a property in)意义上的财产权。在洛克的用语中,“指向某物的权利”(right to)和“对某物的财产权”(property in)似乎就是对“向物权”和“对物权”的翻译。这两种权利以下述方式形成概念关联。如果符合了某个标准,拥有指向某物(例如薪水)的权利的人就“真正拥有了”(用洛克的用语来表达)对此物(薪水)的权利，从而占有了它。有一个现代的例子可以阐明这种关联。比如我们认为，作为一种公民正义，公共交通工具应当对每个公民开放。这是公民的配得，他可以被认为对此拥有一项指向某物的权利，而共同体相应地负有提供此物的积极义务。这里的权利是指，就使用公共交通工具而言，不被排除在外或不被否定的权利，如果他决定行使这项权利的话。当这项权利被行使时，那位公民对他 68
占据的那个座位或地板面积拥有使用的权利。这个对物权是一项排斥其他人在同一时间使用同一个座位的权利。这个例子说明，"指向某物的权利"为了被行使就需要"对某物的权利"。这两种权利的关联方式可能会有所变化。通常情况下，公共交通工具上的"指向某物的权利"的应用标准是先占，但是老人、残疾人、负重者和孕妇的权利可以推翻先占原则。尽管如此，这两种权利之间的概念关联仍旧成立。举个例子，即使我们所有人对使用一个工厂享有共同权利，而这被进一步理解为共同使用权，以下说法也依然成立：每个人对在某个特定时间使用工厂的某件工具享有权利，而其他人在同一时间就不能要求使用这件工具。

苏亚雷斯在讨论财产权的初始情景时，使用了他的"对某人配得之物的权利"这一概念。他跟随阿奎那指出，根据自然法，有一种对所有东西的共同所有权，而 *proprietas* 被限定为一种排他性占有（2.14.14）。菲尔默那样的亚当式论证遭到驳斥。作为上帝之赠予或一项自然法命令的私人所有权被否定（3.2.3）。《创世记》的第一章第二十八节意指上帝将世界赐给整个人类。从自然法中可以得出同样的结论："自然赋予所有人对所有东西的共同所有，因此给予每个人使用它们的能力，但是自然并没有授予私人所有。”(2.14.16)苏亚雷斯接着引入了他的“向物权”概念来重述阿奎那的共同所有。“因为我们已经说过权利(*ius*)有时是律法(*lex*),有时指对某物的财产权(*dominium*)或准财产权,即对其加以使用的请求。”(2.14.16)他进一步指出,所有人都有义务为每个人行使此权利提供支持,就此而言这是一种包容性权利。有“一种自然法的积极律令,其目的是为了保证没有人被他人阻止而无法对共有财产加以必要的使用”(2.14.17)。在这一点上,自然的共有财产权这一托马斯式概念被有效地转化为主观权利的语言。几年之后,洛克重申了这个共有财产权的新托马斯式概念来反驳菲尔默的亚当理论。后者与苏亚雷斯的反-亚当理论针锋相对。

3

格老秀斯在1594年,自己十一岁时进入莱顿大学,并于1598年在法国奥尔良大学获得博士学位,他曾受命于一项外交任务而赴法[耐特(knight),1925年:第27—32页]。1604年,格老秀斯被东印度公司的阿姆斯特丹律师事务所聘为律师,为荷兰捕获敌
69 人货物的行为辩护。此案件涉及的事件是:雅克布·凡·海姆斯凯克(Jacob van Heemskerck)于1603年捕获了一艘载满货物的葡萄牙帆船(凯琳号)。格老秀斯为此写了《捕获法》(*Commentary on the Law of Prize and Booty*)一书,但是此书并没有出版。此书的手稿直到1864年才问世,并于1868年第一次印刷出版[弗鲁因(Fruin),1925年:第3—74页]。此书的中心意旨是为了证明,荷兰拥有与印度进行贸易的权利,从而拥有向葡萄牙宣战

的权利,后者则宣称自己拥有垄断权。因此,东印度公司有权占有从凯琳号获得的捕获物[邓姆邦德(Daumbauld),1969 年:第 27—28 页]。1607 年,荷兰东印度公司再次受到西班牙国王的威吓,它需要为自己与印度进行贸易的权利辩护。格老秀斯拿出了《捕获法》的第十二章,将其出版为《海洋自由论,或曰荷兰所拥有的参与东印度贸易的权利》(*The Freedom of the Seas, or the Right Which belong to the Dutch to Take Part in the East India Trade*,1609)[德·波夫(De Pauw),1965 年:第 18—21 页]。

为了完成这一思想理论任务,格老秀斯试图证明:海洋并不是私有财产权的恰当客体,所以不能被垄断。为了说明这一点,他在第五章重构了有关财产的语词。这一重构使得表述一种托马斯式共有财产概念变得不可能。格老秀斯认为,"财产权"(*dominium*)和"共同所有权"(*communio*)这两个词在"人类存在的最早时候"的含义与现在大为不同。在古代,"'共有'仅仅意味着'特定'的对立面。'所有权'意味着正当使用共有财产的能力(*dominiun autem facultas non iniusta utendi re communi*)"(第 23 页)。但是,今时不同往日。现在,"当几个人根据某种合伙或协议(据此其他人被排除在外)共同享有某物的所有或占有(*proprietas*)时,我们才称之为'共有'"(第 21—23 页)。"财产权"(*dominium*)现在"是一项特定的所有权(*proprium*),据此所有其他人的占有都被排除在外"(第 22 页)。此外,"'使用'是一项特定的权利"(第 23 页)。因此,财产以及使用在定义上都是私有性的。共同所有权意味着每个所有人对其份额享有一项权利。

旧有的"财产权"概念是指"一些人……没有被阻止去成为某

物实质上的主宰者或所有人”(第24页)。但是,格老秀斯接着马上强调:这“与我们现代的财产权一词的含义相背离……这个词现在是指,特定的或私人的所有权”。当人们开始占据或私占事物并且主张他们的所有权时,这一重大的概念转变就出现了。因此,财产预设了实际占有:“人们认定,这就是个人财产。它被称之为‘占据’。”(第25页)格老秀斯接着得出了两个结论。第一个结论是,那些还没有被占据的“或者是从来没有被占据的事物不能成为任何人的财产,因为所有财产权都来自于占据”(第27页)。财产权
70 等同于排他性占有。托马斯式和洛克式的如下信念被略去了:世界属于人类共有,在逻辑上先于占据,因为财产权现在被认为是起于占据。第二条规则是“由自然构造的所有那些虽然目前服务于某人,但是却足以供所有其他人共同使用的事物,目前是而且也应该永远保持自然起初创造它时的状态”(第27页)。不足为奇的是,海洋自然被认为属于这个范畴。它应该保持对所有人开放的状态。海洋并不是所有人的共有财产,即每个人都拥有使用海洋的请求权。由于财产权起于占据,所以海洋不属于任何人。它可以被所有人使用,但不能被占据。“海洋为所有人共有,因为它是如此的无边无际,无法成为所有人的一项占有物。”(第28页)海洋为所有人共有,但不是任何人的(私有)财产(*communia omnia, propria nullius*)(第28页)[①]。在实现这一思想意识任务的同时,格老秀斯对财产权概念做了一个重大的简化。财产权如今被限定为私有财产权,作为一种排他性权利,并且预设了实际占有。

① 德·波夫为格老秀斯的论证提供了一个出色的分析,1965年:第35—37页。

1617年，格老秀斯卷入到一场地方与中央政府的宪法争端中。1619年，格老秀斯被逮捕并被判终身监禁，但是他于1621年成功逃往法国并领受国王路易十八发给他的补助金（邓姆邦德，1969年：第11—14页；耐特，1925年：第151—186页）。在巴黎的流亡期间，格老秀斯完成了他的巨著《战争与和平法》（1625年）并将其献给国王路易十八。他与托马斯主义学说的彻底分裂体现在此书关于权利和财产的部分中。

格老秀斯从三个角度来定义权利（*ius*）。权利在客观层面上指正当的东西（*iustum*）。权利的第一个主观含义是“人的一种道德属性，使之能够正当地拥有某物或做某事”（1.1.4）。他接着将权利的概念限于人对所拥有之物的权利，一种排他性权利，从而略去了人对配得之物的权利。“罗马法学家将人对自己的权利称为能力（faculty）；但是我们这里将其称为精确意义上的、严格意义上的权利。”（1.1.5）对自己的权力（名为“自由”）和对他人的权力（例如父亲对他的儿子或主人对他的奴隶）、财产权以及“要求自己配得之物的能力”都被包含在这个单一内涵的权利概念内或者说可以用这个权利概念来表示。格老秀斯解释说，他所说的“要求自己配得之物”仅仅是“归还他人占有的我的物品”（1.1.7）。因此，格老秀斯的财产权是一种与菲尔默的私人所有权相同的权利。

因此，当格老秀斯在讨论财产权的起源时，交替使用“*dominium*”和“*proprietas*”这两个概念，因为它们都指代同一种排他性 71
权利。让“我们来考察一下财产权（*proprietas*）的起源，我们的法学家通常将其称为所有权（*dominium*）”（2.2.1）。这两个词被翻译为英语中的财产权（property）或所有权（dominion）。根据格

老秀斯的纯粹历史解释，世界起初是共有的，但是其共有方式却与苏亚雷斯和洛克描述的方式完全不同。这个世界起初不属于任何人，它对所有人开放。它并不是也不能以相同方式属于每个人，因为格老秀斯放弃了可用来表述共有财产权的术语。人被认为拥有的那种历史性权利是人通过首先占有获得的对物的排他性权利。“上帝赋予人类对本性较低之物的普遍对物权。”(2.2.2.1)后来的英语翻译(1738 年)通过将这种排他性权利译成“对某物的所有权(dominion)”而进一步确认了格老秀斯的这一激进的语言修正。格老秀斯还针对哪些使用可以被视为“财产权”这个问题做了进一步简化，因为他称这种权利的确“以前替代了财产权的位置”，但它其实并不是财产权而只是一种使用权(2.2.2.1)。

格老秀斯的这一新颖立场可以用西塞罗的关于剧院的著名比喻来加以说明：“虽然剧院对看戏的人来说是共有的，但是每个人所坐的位置却是他自己的。”首先占了某个座位的人对使用此座位拥有排他性权利，这同时意味着其他人负有消极义务不去在同一时间抢占这个座位。如果剧院的座位满了，那么被排除在外的人则没有权利要求获得一个座位(普芬道夫随后也得出了这个结论)。与此相对，根据苏亚雷斯和洛克的学说，每个人享有要求不被排除在外的请求权，他们有权利要求其他人为自己挤出空间来，而且其他人负有这样做的积极义务。通过去除获得某人配得之物的共有权，格老秀斯避开了这个关键步骤而直接走向排他性占有。格老秀斯运用这个私有财产权概念，解决他的前提假设迅速导致的人类无序状态。

普芬道夫于1632年出生于萨克森的乡间。在完成了莱比锡大学和耶拿大学的学业(1650—1658)后,普芬道夫在哥本哈根的一位瑞典公使家中做家庭教师。当瑞典与丹麦重燃战火时,普芬道夫被逮捕入狱。在狱中,他在反思格老秀斯和霍布斯的基础上(巴贝拉克,1729年:第81页)写作了他的第一部重要作品《普遍法学的要素》(*Elements of Universal Jurisprudence*,1660)。在1661年,由帕拉廷选帝侯(Elector Palatine)卡尔·路德维希(Karl Ludwig)提议,普芬道夫接受了海德堡大学的国际法与哲学副教授职位。按照巴贝拉克的说法,普芬道夫被卡尔·路德维希任命去讲授格老秀斯(1783:第x页)。普芬道夫于1667年被瑞典的查尔斯六世任命为隆德大学的国际法教授。普芬道夫随即于1670年晋升为全职教授,而他献给查尔斯六世的多卷本大作《自然法与万民法》于1672年出版。这本书的精简本《人和公民的自然法义 72
务》(*On the Duty of Man and the Citizen according to Natural Law*)于次年出版[克里格(Krieger),1965年:第15—23页]。

4

在《自然法与万民法》(1672年)中,普芬道夫延续并完善了格老秀斯用财产权一词专指私有财产权的做法。他将所有权和财产权相等同:"我们将所有权(*dominium*)和财产权(*proprietas*)视为相同。"(4.4.2)财产权定义如下:

> 财产权或者说所有权是一项权利,据此某物的实体(虽一如以前)属于某个人,就其整体而言此物不再属于其他任何人。

这个财产权作为排他性财产权的现代概念有两个核心特征。首先，财产权被看作是对某物实体的权利。在阿奎那和洛克看来，就自然物而言，此权利专属上帝。普芬道夫意识到他远离了托马斯的信条并反对以下看法：人的所有权仅限于对自然世界的使用(4.3.1—2)。普芬道夫和洛克不同且对立的定义包含了对人与世界之关系的完全不同的看法。对于普芬道夫而言，财产权表述了人支配世界的权利(4.3.2)。对于洛克而言，财产权表达了人使用世界的特权。这个世界本质上并非人所有，它可以出于保存和享用而被使用，但不能被滥用，而且也不是出于人的目的而被使用。洛克在其日记“爱国心”(Patriae Amor)中，对旅行的一段讨论也许最好地传达了他的这一态度。“人应该将世界视为一个异乡，使用并享用异乡所提供的东西但不带走一片云彩——他的心思远在其真正的家乡，等待游子旅程结束回到那里(1830 年：Ⅱ，第 92—94 页)。”

其次，普芬道夫将格老秀斯的革新蕴含的结果进一步明确。说财产不可能以同样方式在整体上属于一个以上的人就是否认共同所有权可以算作某种形式的财产权。某个占有物可能以不同方式属于几个人，每个人对此物拥有不同程度或方式的控制。例如国家、地主和佃户的不同权利(4.4.2)。财产也许可以被多人持有，每个人拥有不同的部分，但是不能被共同享有：“一些人也许能够以相同方式持有某物，但并不是持有此物的整体，而是依照决定好的份额。”基于这一最终的定义，格老秀斯始创的概念革新被稳
73 固而明确地加以认可。财产权事实上就是私有财产权，这个观念通过格老秀斯和普芬道夫作品的一再重印和广为传播，一直传遍

18 世纪的欧洲。在其权威的《英国法释义》(*Commentaries on the Laws of England*)中,布莱克斯通(Blackstone)在 18 世纪中叶重申:"财产权"是"一个人对世界之外部物体主张和行使的唯一且专断的所有权,完全排除了宇宙中其他任何个体的权利"(Ⅱ.Ⅰ.Ⅰ)。巴贝拉克在对普芬道夫的评注中告知读者参考洛克如何反驳将财产权从概念上降为私有财产权的做法以及对共有财产权概念的重申(4.4.2—3 注释)。他指出"我们的作者普芬道夫提出了一种与物品的普通共有相对的特殊的(而非通常的)财产权概念"。

虽然普芬道夫与洛克的财产权概念大为不同,但是它们共享有关自然法的诸多常规预设。人类得到保存是基本的自然法(2.3.14)。和洛克一样,普芬道夫否认以下观点:同时保存自己和他人是不自然的,自我保存才是自然的(2.3.16)。这个论点以及其他一些论点都是针对霍布斯。霍布斯的前提是,自我保存对人来说是自然的,而保存全人类是"人为的"。因此,为保存全人类而建立的政治社会是反自然的(1651 年:2.2.5;1642 年:2.17)。普芬道夫接受了传统的自然法信条,即政治社会在某种意义上对人来说是自然的,它并不与前政治的自然状态存在彻底的断裂(2.3.6,16)。为了证明这一预设,普芬道夫试图反驳霍布斯对人的前政治状态的描述,即"每个人自然而然地对一切事物享有权利"而且"由于对此项权利的行使,一切人对一切人的战争定将出现,这个状态对于人类的保存非常不利"(3.5.2)。

普芬道夫的回应始于他对以下两个问题的思考:非自然的义务如何基于某种行为产生以及他人如何获得权利(3.5.1)。当"某人被赋予一项义务,他人便即刻拥有一项对应的权利……此人可

以公平地要求这项义务,或者至少可以公平地接受我的义务",但是反过来说就不对了。比如说,一位官长有惩罚罪犯的权利,但是罪犯并没有义务经受惩罚。通过区分两种类型的权利,我们可以解释权利与义务的这种不对称。严格意义上的权利是"拥有某物的能力或倾向(aptitude)",它总是与一项义务关联。但是,并不总是或必然有一项义务与"做任何事"的权利关联。拥有某物的权利要么与戒取的消极协助义务关联,要么与提供某物的积极协助义
74 务关联。如此来说,霍布斯的一切人对一切物的权利根本就不是一项权利。"原因在于,如果对于我们试图行使的能力,如果其他人都有一项对等的权利来妨碍或阻却,那么称这种能力为权利是荒唐且毫无意义的。"(3.5.3)

这并没有成功回应霍布斯的论点。巴贝拉克指出了这样一个情景,两位海难人员被冲到一块木板前,但是这块木板无法同时承受他们两个人的重量。两人都对此木板享有一项权利并"推开他的同伴",而"两人之间并不存在义务"(3.5.1 注释)。如果我们都同时竭力行使我们对公共停车位的权利,情况也是如此。尽管如此,普芬道夫继续使用他关于权利和义务的关联性论题来描述"先于任何人类行动"的人的处境(3.5.3)。人和动物一样拥有使用事物的能力。这个能力"如果对他人产生了一种道德作用,它就转化为一种恰当的权利。他人就不应妨碍此人对这些有用物品的自由使用,而且在没有得到此人的同意前,应克制自己不去使用这些物品"(3.5.3)。这种权利和义务要想被创造出来就需要"人们的同意,无论是明示的还是默示的"。因此,拥有"对某物的权利"的一个分析性特征在于,它既与一项义务关联又是由一项协

议创造出来的。普芬道夫马上阻却了他对霍布斯的回应隐含的激进结论：除了人们进入政治社会时同意制定的法律，财产权利不受更高层次的约束。为了赋予约定财产权一个自然基础，他强调有一种自然权利（与义务关联）能够适用于任何被引入的约定财产权。

> 先于任何人类行动的，对所有物品的权利不应被理解为是排他性的，而只是不明确的。也就是说，我们不应想象一个人能够将所有东西占为己有，排除所有其他人。我们只能说，直到人们同意通过某种分配和划拨，将他们所拥有的东西进行划分，自然没有确定或决定物品的哪一部分应属于某个人，而另一部分属于另一个人。

在私有财产通过协议被引入之前，人们处于一种“消极共有”状态（4.4.2）。

> 在任何人类行为或人为协议宣告某物属于某人而非其他人之前，物品被认为是消极共有的。在同样意义上，物品被认为是在消极意义上而不是在否定意义上不属于任何人。也就是说，这些物品还没有被分配给某个人，而不是说它们无法被如此分配。它们都是被标示出，有待任何人自由取走的东西。

普芬道夫赞同格老秀斯的以下论点：世界起初并不属于任何

人，它对所有人开放。这个关键的起点（使得普芬道夫与苏亚雷斯和洛克的学说不同）源于普芬道夫对格老秀斯的财产权定义的接
75 受。普芬道夫与格老秀斯的不同在于，他认为对物的权利必然是约定的，而非自然的。他的以下论点是在回应菲尔默对格老秀斯的批判：私有财产此时还没有被确立，但是它能够被确立。菲尔默指出以下说法是自相矛盾的：自然法在此时规定了共有，在彼时又规定了私有财产（第 274 页）。普芬道夫的回答是，对于这两者自然法都没有规定。他指出，菲尔默错误地预设上帝赋予亚当以私人所有权。这是因为，“财产权意味着排除他人对此物的权利”，所以“直到世界出现两个以上的居住者，财产权才能被理解”（4.4.3）[①]。相反，上帝赋予人“不明确的所有权，并非正式享有，但完全允许人们享有；不是实际的，而是潜在的所有权”。普芬道夫在讨论霍布斯的权利时首次引入了这一不明确的自然权利。称之为“不明确的”是因为，它适用于人类后来约定的任何财产权并且是这种财产权的基础。在此之前，并没有财产权，只有消极共有。这种共有是自然法许可的，但并不是自然法要求的。由于普芬道夫的术语能够表述的唯一一种财产权形式是私有财产权，所以他只能确信建立财产权的协议将会证成盛行的私有财产关系并为其提供神圣认可。

普芬道夫对菲尔默的回答是，虽然上帝没有**赐予**亚当以私人

① 虽然普芬道夫并没有提到菲尔默的名字，但是巴贝拉克认为他这里的批评指向一位“英国爵士，名为罗伯特·菲尔默”。

所有权，但是上帝许可了约定的私人所有权(4.4.4)：

> 万能上帝的赐予(上帝基于此让人类使用地球上的供给物)并不是所有权的直接原因，因为所有权指向其他人并使得其他人戒取……此种所有权必然预设了某种人类行为和某种信约(默示的或明示的)。

巴贝拉克对此评注道，这个表述的结果最终与菲尔默颇为相似而没有表达出洛克的重要论点，即上帝给予所有人以一种使用地球供给物的包容性权利。“但是洛克先生(他在一部英语作品中反驳了《父权制》一书)明智地回答道……他(上帝)没有给他(亚当)对所有生物的财产权，将其占为己有，而是将其作为一种共有权赋予整个人类。”(4.4.4 注释)

普芬道夫不是没有意识到，他和格老秀斯彻底脱离了经院派的共同所有权和私人所有权概念。约翰·斯特劳克(John Strauch)于1674年出版了《论海洋的主权》(*Dissertation on the Sovereignty of the Seas*)一书。他在书中点评了格老秀斯在《海洋自由论》中对荷兰参与东印度贸易之权利的证明。斯特劳克恢复了被格老秀斯摧毁的那个区分。上帝赋予人类一种占有和使用的潜在财产权或道德能力，他称此为财产权的第一现实。它与财产权的第二现实具有分析性关系，后者是指一个人因占有一个东 76
西从而实现了他潜在的财产权时享有的权利。斯特劳克通过与继承进行类比来说明这两种权利相关联的方式(1.8)。某个人处于继承某物的位置，那么可以认为他拥有指向此物的权利，所以他对

此物享有潜在的所有权（作为他的配得之物）。一旦他继承了此物，他就实现了他潜在的所有权，此物就变成他的了。当然，人类的共同所有和继承权之间存在一些重要的不可类比之处。普芬道夫认为，当我们讨论这两种相竞争的财产权概念时，这种解释会带来术语上的混乱。

普芬道夫否认潜在的所有权是一种财产权或者一项权利。如果他想与自己对财产权的定义保持一致，那么他必然会对此加以否定。当遗嘱人死后，他的物品马上传给了他的继承人从而成为他的继承人的财产。这之前，这些物品是遗嘱人的财产，而他的继承人不能被认为拥有对它们的权利，因为遗嘱人可能（而且经常如此）在任何时候改变他的意志（4.4.10）。遗嘱人生前的意志表达在他的继承人身上创造了一种所有权的“拟制”，但这不是真正的所有权。因此，继承人对他配得之物的请求权要么是对他所有之物的实际权利（在遗嘱人死后），要么是一种对遗嘱人的财产（在事实上和法律上都是遗嘱人的财产）的权利的拟制。由此直接得出的结论是，财产权意味着实际占有或获得仅属于自己的东西：

> 因此，生活在自然法之下的人（由公民宪制确立的拟制对于他们大多数来说是陌生的），无法获得与实际占有相对的有权占有（*potestative possession*）。可以用以获得占有的权利和能力本身也不能被赋予占有之名。

普芬道夫似乎认为，将财产权定义为对共有财产权的必要实现是对以下三种不同概念的混淆：获得一项排他性权利的能力、拥有并运用一项排他性权利、享有一项排他性权利“而不践行或行使”(4.4.10)。在普芬道夫看来,获得一项权利的能力被混同为享有一项排他性权利,所以被错误地称为权利。这就像将成为音乐家的潜能与真正成为音乐家但不发挥这种能力混为一谈。普芬道夫将这个混淆归到他的对手身上是不对的,而且有些不厚道。说是这么说,但是表示这些区分的惯用语的确容易产生混淆,所以有必要对此做出澄清。

在苏亚雷斯和洛克的学说中,由于每个人都享有占有某些东西的权利,所以每个人都可以说拥有“指向某些东西的权利”(a right to)。此外,我们除了会说某个所有者享有一项对其占有物的权利(a right in)外,我们通常也会说他享有一项“指向其占有物 77
的权利”(a right to)。对于这种权利,我们通常的理解是,他对其占有物可以提出一项请求以排除其他人,即使他没有在使用此物。“a right to”在上述两种情况中指涉两种不同状况,而普芬道夫则认为两者是一回事。我们可以将财产权定义为“对任何东西的权利”(a right to any thing),就像洛克在《人类理智论》中的做法(4.3.18),同时指涉上述两种情况。莱布尼茨认为洛克在此段落中就是这个意思(1916 年:4.3.18)。要将这个定义的双重指涉(但意思相同,即一种道德能力)分开,我们必须搞清楚权利指向的对象是什么。私人所有者的“a right to”指向他自己所有的东西;共同所有者的“a right to”指向他配得的东西。一个指实际占有,一个指潜在占有。格老秀斯和普芬道夫在概念上做的简化,通过排除“对自己配得之物的权利”消解了这项区分。虽然洛克展示了这项区分,用“right to”这个短语来表示某人的配得之物,用“property

in”这个短语来表示某人的所有之物，但他同时也接受了常规做法，用“right to”来表示某人的所有之物。“权利”作为一种道德能力，在“a right to”与在“a right in”（在这种权利的两种指涉中都是如此）那里是一样的。

5

1609年，詹姆斯一世（1603—1625）治下的英国开始发力对抗强大的荷兰青鱼捕鱼业。一项枢密院诰示要求所有的外国人必须获得许可证才能在英国的邻近海域捕鱼[富尔顿（Fulton），1911年：第755—756页]。几次海上冲突接连发生，荷兰随后组织了外交团赴英。格老秀斯作为一名荷兰公使于1613年来到英国（耐特，1925年：第137—139页）。格老秀斯的《海洋自由论》被看作是荷兰一方的辩词，所以遭到了英国政论手册作者们的攻击。首次反驳来自于威廉姆·威尔伍德（William Welwood，1578—1622）的《海洋法节本》（*An Abridgement of all Sea Laws*，1613）一书的第十七章。但是在英国对格老秀斯的回应中，最为著名的是约翰·塞尔登（John Seldon，1584—1654）的《论海洋的所有权两卷》（*Of the Dominion or Ownership of the Sea in Two Books*，1636）。塞尔登于1618年完成此书，但一直没有出版，直到查理一世于1635年催促他做好出版的准备，以证明重启1609年的那项诰示的合理性，应对荷兰日益增长的抗议（德·波夫，1965年：第12—13页；富尔顿，1911年：第365—374页）。此书的目标有两个：在此书的第一卷中，塞尔登试图证明海洋并非所有人共有，它是可以变成私人所有或私人财产；此书的第二卷坚持主张大英国的国王

享有对周边海域的领土权[弗莱彻(Fletcher),1969 年:第 10 页]。

第一卷第四章包含了塞尔登对财产权起源的解释。他给出了一个财产权(*dominium*)的定义,既包括私人所有权,也包括共同所有权(1652 年:第 16 页)。

> 所有权,即使用、享用、让渡和自由处置的权利,要么无差 78
> 别地由一切人作为占有者共有,要么是私有的并专属于某人。后者是指被某一国家、君主或个人加以分离和分配,使其他人被排除在外或至少在某种程度上无法自由地使用和享用。

这显然(原因也一目了然)是对格老秀斯将**所有权**(*dominium*)限于私有财产权之做法的反驳。这一章的题目是“论所有权,一切人共有的和私人的”。这种对共有财产的解释,即以同样方式属于一切人(以及格老秀斯对共有的解释,即不属于任何人)被菲尔默舍弃(第 63—66 页),但是被洛克采纳,并称之为“财产权”(1.23)。抵制格老秀斯在概念上做出的限定,同样得到了理查德·坎伯兰的强烈响应。

6

坎伯兰写作《论自然法》(1672 年)是为了“反驳霍布斯先生的哲学要素”(*A Confrontation of the Elements of Mr. Hobbes's Philosophy*,第 39 页)。他的方法论在许多方面与洛克类似。我们之前已讲过,在洛克那里,上帝的神圣所有权来自于他的创造权(参见上文,第 41 页)。这被看作是对霍布斯如下主张的反驳:上帝基于祂不可抵抗的权力而拥有做任何事的权利(1727 年:第 321 页)。对洛克来说,上帝的所有权与人“使用万物、享用他人帮助的**次级权利**”(第 319 页)一致。与洛克一样,坎伯兰的自然权利也是从自然法中推演出来的。一旦自然法被发现,就能推出实现自然法规定之目的的必要行动,接着就能推出使用那些对于完成这些行动来说必需的事物的权利(第 313—315 页)。这种实践三段论的方法贯穿整本《论自然法》。自然法要求保存,所以要求“对其现世生命的权利”以及“对必要保存手段的权利,即对外物和人类劳动的有限的分开使用”(第 66—67 页)。或者如坎伯兰更为简要指出的(第 315 页):

> 自然法为人们带来所有人的共同幸福,所以自然法为具体的人确立和保存他们对(个体幸福显然必需的)外物的财产权,对(相互帮助所必需的)某些人及其行动的财产权,以及对其他外物的财产权。

理论分析的最后一步,即实际践行的第一步,就是对物的权利,坎伯兰称之为“财产权(*proprietas*)和所有权(*dominium*)”(第 313 页)。坎伯兰之所以同时使用这两个词是因为,他不希望被误解仅仅认同私有财产权(第 315 页):

> 79 我选择使用**某种财产权或所有权**这种不甚明确的词语是因为,我坚决认为,自然本身并不总是必须确立那种将外物彻底划分的财产权。对于真正的财产权或所有权来说,重要的

仅仅是一个人应该拥有(受法律保护的)占有或处置蕴于某物的好处的权利。此物可以是一块未分割的土地,我们和他人共同使用和享用,他人无权将我们排除之外。

这是对共有财产权(进行“占有的包容性权利”)的经典重述。尽管如此,坎伯兰还是意识到了,财产权概念已经丧失了通用的固定意涵。“如果有人提出,我这里对财产权或者所有权这个词的使用并不恰当,我不会与他就语词问题进行争论,而是关注其内容。”(第 315 页)。他接着马上说,格老秀斯并不会认为我这里讲的东西是财产权(*dominiun*)。坎伯兰接着指出,他讲的是一项不被拒绝给予保存之必需品的请求权,这是一项自然权利(第 315—316 页)。因此,“人的所有权”是指“依所有人的共同权利,或依我们自己的特定权利,属于我们的东西”。

7

洛克的写作话语包含两种财产权概念。一种财产权概念仅限于私有财产权。格老秀斯、菲尔默和普芬道夫采用的就是这种财产权概念。另一种财产权概念更为宽泛,它包括共有财产权和私有财产权(如塞尔登),或者说包括两种相关联的不同财产权(如苏亚雷斯),或者说包括指向某物的权利和对某物的权利(如洛克)。这可以证明并阐明麦克弗森的以下主张:将财产权概念限于私有财产权的做法“可以追溯到 17 世纪”(1975 年:第 124 页)。这一简化发生在格老秀斯那里。格老秀斯建构这样一个概念是为了得出以下这个结论:海洋不属于任何人,它对所有人开放,由此为荷兰的海上贸易辩护。麦克弗森为这个概念转变提供了不同于我提出的目的解释方法的另一种方法。他认为“这可以被看作是正在出现的资本主义社会之新关系的产物”(第 124 页)。如果真的是这样，那么麦克弗森在这点上对 17 世纪的分析就存在一个矛盾。采用私有财产权概念的作家，格老秀斯、菲尔默和普芬道夫，将这一概念整合到他们的绝对主义学说中。最坚持共有财产权概念的作家则是洛克。麦克弗森的解读意味着，正在出现的资本主义社会可以在罗伯特·菲尔默爵士的《父权制》中找到其核心概念的最清晰表达。

第四章 《政府论》下篇第五章的背景

1

苏亚雷斯在考虑人类的共同所有权如何能在前-政治社会中个 80
体化时，没有发现这里有什么问题。他仅仅如此设想："当没有对他们行为的正直存有偏见时，人在纯真状态下会占有某些东西并在他们中间进行划分，特别是那些可移动之物和日常必需品。"(2.14.13)在《为天主教和教皇的信念辩护》一书中，苏亚雷斯称这种自然的排他性使用权为"特殊财产权"(*dominium peculiare*)并指出：人们在采摘水果时自然获得的权利就是这种权利(3.2.14；比较《作品集》，Ⅲ.Ⅰ.Ⅴ.8.18)。这一权利与戒取属于他人之物的自然法义务关联(2.14.14)。特殊财产权与人类的共有财产权不同，前者是后者的完成。特殊财产权与私有财产权也不同(在前者到后者的转换中，"*dominium*"被改为"*proprietas*")，后者是在向政治社会转变中由协议带来的(2.14.16)。

2

与苏亚雷斯的漫不经心相反，格老秀斯细致解释了他所讲的不属于任何人但向所有人开放的自然共有物如何被人们使用。人的历史性的对物的使用权属于首先取得(*arripere*)此物的人(2.2.2.1;比较乌利韦克罗纳,1974 年 a:第 215 页)。这项权利与他人戒取的消极义务关联:“任何人都不能正当地夺取他人首先占为己有的东西。”它来自于格老秀斯的“属己”(*suum*)这个不可化约的概念(1.17.2.1):

> 一个人的生命依据自然是他自己的(确实不可毁灭之,而应该保存之)。他的身体、肢体、名声、名誉和行动也都是如此。

从人的生命由他自己来保存这一事实可以得出:人对“获得外
81 物(缺之则无法顺利生存下去)的行动”享有权利(2.2.18)。这包括了用武力保护自己所得之物的权利(1.1.10.7)。因此,获得和占有某物以及协议或意志行动只要对保存来说是必要的,它就是正当的、自然的。以这种方式获得的东西成为“属己”的一部分。“属己”定义了什么是自然意义上一个人自己的,它受到以下自然正义原则的保护:“戒取他人之物”(《战争与和平法》“导言”,第 8 页)。这个消极性的、个体性的概念是社会的基础。政治社会与之不同之处仅在于人的使用权被私有财产权代替(1.2.1.5)。

> 社会的目的是:每个人在整个共同体的帮助和联合力量下,安然享有他自己的一切。我们很容易就可以观察到,即使我们所讲的财产权(*dominium*)还没有被引入,借助暴力手段保卫自己的必要性也可能出现。这是因为,严格地讲,我们的生命、肢体和自由仍然是我们自己的,所以它们不可能在无明显

> 不正义的情况下被侵犯。而且,对共有物加以利用和消耗都是先占者的权利,只要这是在自然规定的范围内。如果任何人试图妨碍其他人如此行动,他就因一项真正的侵害而有罪。由于财产权已经由法律或习惯来调整,所以这点就更容易理解了。

如我们之前所讲(参见上文,第31页),从这个前-政治状态到政治社会的发展是历史性的。如果人满足于简单生活和相互关爱,那就没有理由进入一个政治社会(2.2.2.1)。但是,人很快就增长了知识并用知识来为善或为恶。农业和牧业发展了,人变得狡诈而不讲求公道。伟人时代被随之而来的谋杀、对抗和暴力所取代。大洪水结束了伟人时代,开始了一个充满享乐、乱伦和通奸的时代(2.2.2.2)。奢望(ambition)这一“不那么卑微的恶”开始出现并成为下一个时代不和谐的主要原因(2.2.2.3)。对格老秀斯来说(对洛克来说也一样),恶是历史的产物。为了防止不和谐的局面,外物的分配开始了。人们分裂为不同的国家,私有财产权被引入,首先是针对可移动之物,接着是不可移动之物(2.2.2.4)。

有两个原因使得奢望和防止不和谐的愿望促使人们引入私有财产权。首先,由于奢望之心,人们想要“以更舒适、更惬意的方式”(2.2.2.4)生活。“劳动和勤勉”对于达到这个目的来说是必要的,所以有些人以某种方式劳作,另一些人以另一种方式劳作。这使得人类趋向于(但并不是必须)弃绝使用权。最重要的原因是,“正义和关爱的不足使得劳动与劳动成果和收入的消耗方面的公平平等无法得到遵守”。正义和公平的缺失其实是格老秀斯的使用权和正义 82
概念的直接后果。如果一个人制造了某物,但没有立即使用它,此

物就不属于任何人，每个人都可以去获取它。由于除了戒取他人所有之物，没有其他自然正义原则，如果不引入私有财产权，就无法避免不和谐。格老秀斯指出，在劳动和消耗外物的问题上存在不正义的行为。这一主张其实预设人对他们的劳动享有某种权利。但是，格老秀斯无法在他的使用权和戒取义务构成的框架中提出一项令人信服的自然原则。在人间出现并促使人建立私有财产权的不和谐其实源于格老秀斯定义人类自然处境的方式。洛克准备在《政府论》下篇的第五章中解决这个问题。

格老秀斯分两步来解释建立财产权的协议是如何形成的。首先，他强调这一制度不可能自然而然地产生，不可能仅仅由某个个体的心智活动创造出来。一个人“无法猜想到什么是他人想要私占的东西，而他能够戒取这些东西。此外，几个人也许会在同一个时间对同一样东西心生向往”(2.2.2.5)。使用权的运用并不牵扯这些问题，因为使用权和他人相应的戒取义务的标准是实际占有。私有财产权则与之不同，它必然意味着一个人在不使用此物时排除他人干涉的权利。因此，私有财产权制度“来自于某种协议或契约。它要么是明示的，例如通过一种分配，要么是默示的，例如通过占据”。“占据”在这里并不是为使用权的行使创造条件。这种协议含有一项附带条件：未被分配之物应当成为先占者的财产(*proprietas*)。私有财产权基于协议，是对土地的固定财产权，是一种不依赖使用而成立的所有权，包括出租和出售的权利(1.1.5)。因此，它就是我们上一章讨论的一个人对他的物品和自由(包括将自己卖身为奴的权利)的完全排他性权利。

由于私有财产权并不直接来自于个体行动，所以私有财产权似乎并非自然的“属己”，因而并不比其他约定性质的法律行为和承诺行为享有更高的地位。格老秀斯通过一个区分来消除这里潜在的激进意涵。这个区分最早由苏亚雷斯提出(2.14.14；比较苏亚雷斯，1978 年：Ⅱ，第 153—154 页)。物被分为在“严格意义上”依自然法而定的物和在“简化意义上”依自然法而定的物。在严格意义上，物要么由自然法直接规定，要么由自然法直接否定。另一些物则以被许可的方式或者说依简化原则而符合自然法，“有些事情，我们在上文中提到，被称为是正义的，是因为其中并不存在不正义。有时，基于一种对语词的错误使用，那些我们的理性认为是诚实的、是相对好的事情(并非自然法要求我们的)被认为是符合自 83
然法的”(1.1.10.3)。因此，某些自然法许可但不要求的安排一旦产生便得到自然法的支持。私有财产权就属于这种类型(1.1.10.4)：

> 我们必须进一步指出，自然法不仅着眼于独立于人的意志的东西，而且着眼于某些意志行动带来的东西。因此，比如我们现在所说的财产权(*dominium*)，它首先来自于人的意志而且被人们接受，那么自然法就指示我们，违背某人的意志夺取正当属于他的物是一种恶行。

这个区分使得格老秀斯得以解释共有财产和私有财产如何与自然法相符。自然法要求我们戒取他人之物，但是它没有定义什么是他人之物。在自然状态中，人拥有一种历史性的使用权利。一个人获得的东西他可以自己使用。一旦私有财产权被引入，就出现了关于什么是一个人自己的，什么是一个人对此的权利的新定义。自然法对两种情况都许可，但是一旦这种新定义确立起来，戒取的自然义务就适用于它。菲尔默讥笑这个区分，认为格老秀斯使得自然法既要求共有又要求私有财产权（第 266 页），所以他笔下的自然法是自相矛盾的（第 283 页）。由于这样一种逻辑，人们凭借意志行动在政治社会中获得的东西变成了“属己”的一部分，而社会被建立起来正是为了保护这些东西。

将权利限于对自己所有之物的排他性权利意味着将正义，即尊重和保护他人之权利，也进行同样的限定：“戒取他人之物、归还我们手中的他人之物以及通过此物获得的利益、履行诺言的义务、赔偿由于我们的违约造成的损失、接受人们的惩罚。”（《战争与和平法》“导言”，第 8 页）格老秀斯知道自己瓦解了“给予每个人配得之物”（*suum cuique tribuere*）这种正义。解释什么是某人配得之物并不是正义的应有之义。他将权利区分为“完备的”和“不完备的”两种。完备的权利是一个人对自己所有之物的“能力”（faculty），而不完备的权利指涉一个人的配得，就此而论它不是一项权利而是一种“倾向”（aptitude）（1.1.4）。完备的权利是一种道德能力，因为拥有一项权利意味着一个人能够主宰或控制权利指向的对象。主宰这个要素是权利的定义性特征。倾向或不完备的权利缺少主宰这个要素。它意味着某个行动者要求得到（或应被允许给予）不完备的权利指向的东西，但是他并没有控制或主宰这个东西（1.1.5—7）。用现代的术语来说，完备的权利是一项“积极”权利，而不完备的权利是一项“消极”权利［莱昂斯（Lyons），1970 年：第 45—70 页］。

84　拥有一项消极权利就是对被他人给予某物或被他人允许做某

事享有权利，而拥有一项积极权利则是享有自己去做某事的权利。如果所有的权利都被建构为消极权利，那么拥有一项权利仅仅是承认：某人是他人的积极或消极义务的接受者。一位积极权利思想家否认，主张一项权利就是他人一项义务或一系列义务的启动。这似乎贬低了（如果没有消除的话）主张一项权利表达的核心意思，即道德选择的主宰地位。在积极权利思想家看来，拥有一项权利不仅仅是指成为某些义务的接受者，而是运用某人的主宰权，从而在某种意义上给他人施加某些义务。消极权利表明：一个人处于他人义务所涵盖的某个位置上。积极权利表明：一个人主宰他的道德世界的某个部分。

格老秀斯对能力和倾向的区分使得所有的权利都是积极权利。洛克和苏亚雷斯对此并不会表示异议，至少就被称为“财产权”的那种权利而言。关键的分歧点在于，格老秀斯否定而洛克和苏亚雷斯坚持：权利可以指并非某人拥有之物。苏亚雷斯和洛克主张，每个人不仅仅对他所有之物，而且对他配得之物拥有一项请求权。这种权利是出于保存之必需而使用外物的积极权利。依赖于权利和倾向的区分，格老秀斯批判了亚里士多德对正义的分类，用自己的理论加以替代。充分正义是与完备权利对应的真正的正义。充分正义包括私有财产、契约及归还原物。分配正义与某人的配得和不完备权利相对应，所以不是正义的一部分（1.1.8）。在此基础上，格老秀斯指摘由苏亚雷斯和洛克提出的理论：

倾向或适当属于分配正义，它们被不恰当地称为一项权利。但是，仅仅从倾向或适当那里得不出真正的财产权，所以

> 也不存在归还原物的义务，因为一个人不能称他仅仅有能力获得或适于获得之物为他自己所有之物。

格老秀斯对权利和正义的解释使得他对慈善(charity)的本质做了某种修正。戒取属于他人之物的义务有一个例外，这个例外包含在确立私有财产权的原初协议中。如果一个人陷入极度贫困，他可以被认为享有原初的使用权，从而可以使用他人的财产(2.2.6.2)。原因并不是也不可能是，贫困的人可以要求他们的配得之物。格老秀斯强烈反对神学家们将此种慈善描述为一种积极义务。“这一观点成立的基础并非像一些人所说的那样，即
85 所有人负有慈善之法施加的义务将其财产分给那些有需要的人。”(2.2.6.4)它的基础是“对外物的财产权在建立时就含有一项人人都会赞同的例外，在此例外情况下人们重新获得原始共有权”。慈善是一项消极义务。只有当贫困的人证明自己陷入一种绝对贫困的状态时，这项义务才应被履行。只有在将共有土地挖得足够深而无法获得水源时，某人才可使用他人的水井。

格老秀斯通过其权利理论的最后一个区分来确立不受限制的主权者。个体的权利(自然的和获得的)是私人的或者说低位的，它们是“为了每个人的个别利益”。主权者的权利是高等的或者说优位的。主权者的权利的行使“指向共同体所有成员的人身和资产，是为了他们的共同利益，所以高于前者”。主权者的权利比主人或父亲的权利要大，所以“国王出于公共利益而对其臣民之财物享有的权利要比此财物所有享有的权利大”。拥有一个主权者的社会是一个完美的社会(2.5.23)。在讨论反抗的那一章，即“论臣民发动

的对其上位者的战争”(1.4)中,格老秀斯讨论了人们曾经在自然状态中拥有的保护自己不受攻击的自然权利在一个共同体中所处的地位。人们对他人享有此项权利,但对主权者不享有此项权利:“被赋予主权力量的主体不能被合法地反抗。”(1.4.7)

格老秀斯的权利和正义理论从两方面确立了主权者的绝对性和不受限制。由于剔除了对某人配得之物的请求权(无论是自然的还是获得的),臣民无法基于任何权利反抗不正义的统治者。其次,由于财产是约定的,臣民没有可用以评判和批评当前财产分配状况的自然正义原则。作为一连串个体意志行动的意外结果,财产的分配具有正义性是因为它建立在“属己”之上。因此,无论现在的财产模式如何,它都是正义的、得到自然法认可的。主权者仅仅负有执行充分正义、保护这个模式的责任,虽然他享有推翻这个模式的更高权利。由于缺失了关于某人配得之物的自然原则和向主权者施加责任贯彻此原则的请求权,先占就是有效的且无可置疑。就像诺齐克在《无政府、国家与乌托邦》(*Anarchy*, *State and Utopia*)中的做法一样,格老秀斯将促进私人利益的事留给(仅享有排他性权利,仅负有消极义务的)臣民自己来做:“以下这一点并不违反人类社会的性质:每个人自力更生,关照自己,只要这无损于他人的权利。”(1.2.1;比较乌利韦克罗纳,1974 年 a:第 214 页)

3

普芬道夫通过对照格老秀斯的每个观点来阐述自己的学说。
与格老秀斯一样,普芬道夫将他的权利概念基于什么是“一个人自 86
己拥有的”(属己)这个自然概念。它包括一个人的生命、肢体、自

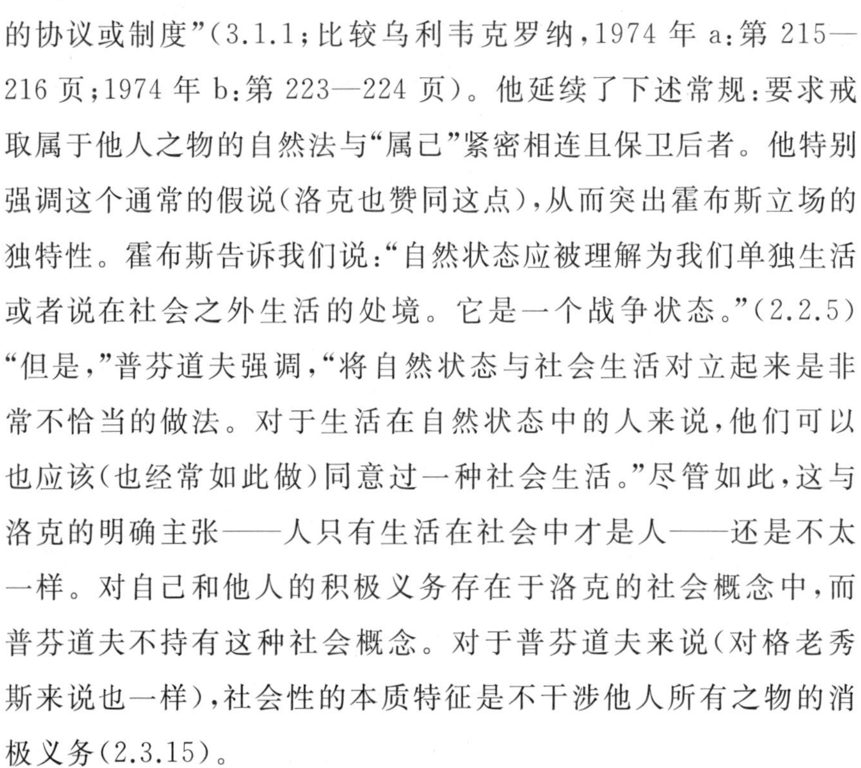

由、德性和名誉，“所以必然扩展至所有我们赖以获得任何财产权的协议或制度”（3.1.1；比较乌利韦克罗纳，1974年a：第215—216页；1974年b：第223—224页）。他延续了下述常规：要求戒取属于他人之物的自然法与“属己”紧密相连且保卫后者。他特别强调这个通常的假说（洛克也赞同这点），从而突出霍布斯立场的独特性。霍布斯告诉我们说：“自然状态应被理解为我们单独生活或者说在社会之外生活的处境。它是一个战争状态。”（2.2.5）“但是，”普芬道夫强调，“将自然状态与社会生活对立起来是非常不恰当的做法。对于生活在自然状态中的人来说，他们可以也应该（也经常如此做）同意过一种社会生活。”尽管如此，这与洛克的明确主张——人只有生活在社会中才是人——还是不太一样。对自己和他人的积极义务存在于洛克的社会概念中，而普芬道夫不持有这种社会概念。对于普芬道夫来说（对格老秀斯来说也一样），社会性的本质特征是不干涉他人所有之物的消极义务（2.3.15）。

虽然有一项自然戒律要求戒取他人之物，但并没有关于什么是一个人自己拥有和什么是他人自己拥有的自然定义，除了构成了自然“属己”的东西。自然状态是一种消极共有。外物并不属于任何人，它对所有人开放，但是并不存在像格老秀斯的“先占”那样一个衡量什么是一个人自己拥有的标准。普芬道夫在这里与格老秀斯分道扬镳。他认为，就外物而言，有关一个人自己拥有之物的概念都是约定的。基于此，如果人们并不想在自然状态中饿死，那么必然存在某种关于什么是一个人正当所有之物的协议。这个新观点显然是来自于普芬道夫的反-霍布斯论点：因为拥有某物的权利与他人的义务关联，所以必然建立在协议的基础上。因此在这个问题上，普芬道夫在其财产起源的解释中引入了“第一项协议”。“对于任何人从外物的共同存量或外物孳息中加以占有并意图为己所用的东西，其他人都不能夺取。”(4.4.5)普芬道夫赞同格老秀斯的以下看法：先占赋予一个人对其占有物的使用权，但这不是完全的财产权。

普芬道夫阐述了他对格老秀斯以下观点的不满：先占是“何为一个人自己拥有之物”的自然标准，所以这里并不需要一项协议(4.4.5)。普芬道夫借用了朗伯·维尔图伊岑(Lambert Velthuysen, 1622—1685)的《论正义和正派的原则》(*the Principles of Justice and Decorum*, 1651)一书中的几个论证。此书对霍布斯的学说有 87
精彩的分析(略微偏袒霍布斯)。首先，所有人都自然平等，所有人必然对地球上的供给物拥有平等的权利。由于没有关于分配的自然原则，任何划分都必须基于一项协议。这个论证巧妙地以尚未得到证明的结论作为论据。它其实仅仅说明了协议是一种分配方式。第二个论证较为精巧。它有助于解释为什么洛克选择拒绝“先占”，无论是自然的还是约定的。如果先占是行使一项权利以排除他人，那么可想而知，处于极度贫困中的人就会被阻却在他的保存所必需的事物之外。但是，根据格老秀斯的说法，人在完全必要的情况下使用他人必需品的权利是确立私有财产的协议规定的例外情况。因此，在此协议形成之前，自然权利本身的运作可能会造成某人的死亡。这有悖于自然法，因为自然法要求保存，所以先占不能成为自然标准。因此，先占必须基于一项将极度贫困作为例外包含在内的协议。巴贝拉克称，保存自己和他人的自然积极义务

(由自然请求权强制执行)的框架可以使得此问题不再成为一个问题(4.4.5 注释 5)。维尔图伊岑的第三个责难指出,先占这个标准是任意的:为什么不将首先看到作为标准呢?先占使得对外物的占有变成了一场竞赛,而行动较慢者在竞赛中处于劣势。普芬道夫如此来指责格老秀斯的解释:“如果人们处于这样一种处境,即每样东西都被首先得到它的人占据,那么等到正确的时候再出手就为时已晚了。”(4.6.2)普芬道夫对此总结说:任何此类标准似乎都损害人的自然平等,所以需要用同意来使先占具备正当性:

> 我们无法理解为何一个纯粹的身体行动(如占据)能够损害他人的权利和能力,除非他人的同意被加入其中,对其表示确认,即一项信约加入其中。

他还加入另一个条件:这里的先占必须怀有清晰的使用意图。

普芬道夫接着将其笔下的自然人带入一系列历史发展的困境与争吵中,使得最终确立私有财产的补充协议呼之欲出。首先,“那里必然会发生无止境的冲突,因为许多人都欲求同一样东西,但是所有人无法同时得到满足。世界上的大部分东西本来就无法同时满足多个人的需要”(4.4.6)。此外,大部分东西需要通过劳动和耕作才能成为可使用的食物和衣物。如果仅有一项使用权,没被即刻使用掉的劳动制造物就会成为共有的、对所有人开放的。这会带来“纷争和敌意”以及格老秀斯正确指出的那种不正义:

> 但是这里有一个问题非常麻烦:某物经过一个人的辛劳

> 而首次得到了喂养或种植，或被加工和创造出来，从而得以能 88
> 够被进一步使用。而另一个人没有对某物付出辛劳，但却应和此人一起对此物享有一项平等的权利。

为了解决这个问题，普芬道夫引入了第二项“默示协议”，给予人对可移动物及必要的不可移动物（例如房屋）的排他性权利。这项协议要么确立私有财产权，要么确立“积极共有”。积极共有像是一种私人财产权，因为它具有排他性，但是它还表明物品属于“许多人”而不是一个人。普芬道夫马上又解释道，某位积极共有者并不对共有物享有共有权。“在这里，由于任何一位共有者都不享有扩展至整个物品的权利，而仅仅针对其中一部分，所以外物保持不被分割的状态。这说明，一个人不能凭自己的权利完全处置某物，而仅限于他的固定份额。”（4.4.2）普芬道夫的权利理论导致共有限于多人共有财产，排除所有人共有财产。前述引文还包含了财产权包括让渡的权利这个假定，这是格老秀斯和普芬道夫的财产权概念的一个分析性特征：“让渡我们的占有物或者将其转让他人的能力和特权由**完整的财产权**的本质引申而来。”（4.9.1）基于这个原因，使用权并不被格老秀斯和普芬道夫称为“财产权”。洛克和苏亚雷斯认为，由于人们无法让渡属于他们共有的财产，所以让渡并不是财产权概念的分析性特征。根据普芬道夫的以上说法，任何关于整个积极共有物（由多人共有）的决定都要求获得“每位共有者的同意和某种行为”（4.4.2）。所以，普芬道夫批评塞尔登在评论格老秀斯的学说时混淆了消极共有和积极共有。塞尔登使用了一种不同的积极共有概念，即所有人共有财产。

在一段时间里，土地一直处于消极共有状态，人们仅仅在其占据期间享有使用权以排除他人。最终，第三项协议产生了，它将土地归入财产。这是一项“明示协议”：“灌溉者和改进者”的土地应当成为他们的私有财产，而那些“剩余下来的土地应当成为后来耕耘的人的财产”(4.4.6；比较 4.6.1—2)。普芬道夫援引亚里士多德的论证来反驳柏拉图的积极共有主义并以此来支撑他自己的结论。普芬道夫强调了亚里士多德对不正义的说明，即一个人通过劳动制造了一个物品而另一个人却有使用此物的权利这样一种不平等(4.4.6；比较 4.4.8)：“如果他们在享用和劳动方面不是平等的，那么那些劳动很多但得到很少的人必然会对那些劳动很少但却得到很多、消耗很多的人心怀不满。”(《政治学》：1263a12—15)这里的问题(使得引入私有财产权成为必要)，亦如格老秀斯所言，在于没有一种与劳动相连的权利。与格老秀斯一样，普芬道夫认
89 为这是一种不正义，而他的权利理论提供的唯一解决办法是确立私有财产权。尽管如此，普芬道夫并不赞同格老秀斯的以下主张：“以下这点是可能的，即所有人在某个地点聚集起来”对分配表示同意(4.6.2)。正确的理解应该是“当人类起初分裂为众多家庭时，通过分配确立了不同的*所有权*(dominions)。在此次分配后，谁碰巧最早占有某物(此物之前不为其他人所有)，谁就被认为最早获得了此物”(4.6.2)。

普芬道夫认为自己已经阐明，确立私有财产权是结束必然伴随共有状态的纷争与战争的方法。这样一来，他就可以得出他的理论要点[与托马斯·莫尔爵士(Sir Thomas More)和坎帕内拉(Campanella)相对]：与“粗俗之见”——“我的和你的之分是世界

上所有战争与争吵的来源”——相反，“我们做出我的和你的之分其实是为了防止这些争夺”(4.4.7)。当下的敌意和冲突的原因就是因为“人们变了……试图打破这种你我之分”。如此重要的制度不可仅仅具有实定法权威，而没有更高的权威来源。一旦人们决定引入私有财产权，普芬道夫的权利理论就使得人们别无选择。他们的自然的、不明确的权利以这种方式被确定下来，私有财产权获得了神的认可(4.4.3)。此外，普芬道夫也援用了“严格意义上的”和“简化意义上的”自然法这个区分。戒取他人之物的自然命令认可了私有财产权制度。普芬道夫强调：“我们所负有的不侵占他人之物的义务与人类同时存在，这个主张一点也不荒谬，虽然我的与你的之分是后来才规定的。”(4.4.14)

因此，我并不赞同下述这个普遍的看法：将财产权建构为约定的东西具有内在激进性，在普芬道夫那里更是如此。卡贝(Cabet)在《伊卡洛斯的航行：一部哲学和社会小说》(*The Voyage of Icarus: a Philosophical and Social Novel*, 1842)这本书中运用了这个说法(第485页)。原因在于，正是由于财产权对于格老秀斯和普芬道夫来说是约定的，所以现状被认为是有效力的。只有当存在一个财产权的自然标准可以诉诸时，一位激进思想者才能批评盛行的财产权形式并为其对立面提供证明。这点现在来看也许比较清楚，但当我们考查洛克时必须牢记这一点。只有当一种财产权的自然概念反映现存的财产权关系时，它才是保守的。我们还没有看到洛克的自然财产权学说是如何展开的，但是他拒绝接受那种常用来将当前的私有财产权正当化的权利理论的做法已经反映出他的激进意图。

90 虽然普芬道夫像格老秀斯一样，主张主权不受臣民关于配得之物的自然权利的限制，但是他批评格老秀斯的有限正义学说。普芬道夫接受格老秀斯对“完备”与“不完备”权利的区分并指出：主张一项完备的权利的标准方式是声称，“凭他自己的权利”（*suo jure*）他可以要求获得某物（1.4.7）。但是，这两种权利的差异其实只是程度不同，而非性质不同。尊重完备的权利有助于社会的“存在”；尊重不完备的权利则有助于社会的“安泰”。因此，不完备的权利（指向某人的配得之物而不是某人的自己所有之物）与某些义务关联。这些义务的“履行的必要性要低一些”而且“由每个人的良心和正派来维系”。因此，认为它们不是权利是不对的。尽管它们没有使得履行义务成为必要，但是它们建议履行义务。

格老秀斯没有重视亚里士多德对总体的正义和具体的正义的区分。不完备的权利作为一种权利与总体的正义对应，关系到共同体的安泰（1.78）：

> 当我们根据他人的不完备的权利而给予他某物或向他行某事时，当我们并不是根据严格的交易原则而向他人行某事时，我们被认为是在尊奉普遍的或者说总体的正义。这就像一个人为他人提供其所需的建议、物品或帮助，或者出于孝敬、尊敬、感激、人道或仁慈而向他有义务报答的人行好事。

当对象为某人自己所有之物时，正义是具体的，权利是完备的。格老秀斯和霍布斯都错误地将所有类型的正义等同于具体的正义或充分正义；“遵守信义和履行协约”（1.7.13）。格老秀斯所讲的归还某人之配得并不是给他之前不曾有的新东西，而仅仅是归还或保护此人已有之物。“比如说，某人从我的书房中借得一本书。他若将书还我，并没有增加我的书房的存书量，而仅仅填上了因此人借阅而空出来的空间。”（1.7.11）普遍正义，即不完备的权利的领域，被称为分配正义。它是任何关心其自身安泰的社会的一个组成部分。分配正义包括如何分配公共奖励、头衔、荣誉、职位和公共财产。这些东西根据臣民的长处和需要，以不完备的方式成为他们的配得之物。

格老秀斯和普芬道夫都认为：排他性权利最重要，而且特定社会对排他性权利的分配之所以正义是因为，这个分配是每个个体运用其自由（要么是通过身体行为，要么是通过契约或协议这种意志行为）的结果。如此获得的财产成为某人“属己”的一部分。政府的作用就是通过充分正义来对其进行保护。在格老秀斯那里，这已经穷尽了要求主权者所行的正义（当然，主权者可以不执行）。
普芬道夫则更进一步提出，依据人的长处和需要对某些物品进行 91
分配是主权者的一项非必要职责。这两种正义学说似乎分别代表了个人主义的自由正义学说和集体主义的自由正义学说。普芬道夫学说的突出之处（类似的其他自由派学说也是如此）是在充分正义保护的排他性权利的基础上引入分配正义。结果分配正义在多数情况下（如诺齐克所言）成了一种“再分配”正义（1974年：第168页）。一个彻底的分配正义学说与此不同，起于什么是每个人配得之物这项原则，如洛克那样。财产依照这项原则分配，而这一分配受到充分正义的保护。这种彻底的分配正义学说的不同之处在于，包容性的某人配得之物这个意义上的“属于”才是最重要的，而某人所有之物与排他性权利概念是次要的，它们被用来保障分配原则得到有效落实。因此，分配原则决定了财产权模式，而不是仅仅是向既存的安排提出行使某些不完备的请求权（如普芬道夫那样）。

普芬道夫重新引入以下古典看法：除了人的生存外，正义还与人的安康有关。基于此，普芬道夫阐明了这如何得出一个不同的慈善理论：私有财产被引入不仅仅是为了消除战争的根源，而且也是为了使得“分配更大程度上行人道和善事”（2.6.5）。人们现在能够行慷慨之道，而如果人们在自然状态中仅享有使用权的话，这就是不可能的。因此，人负有一项不完备的、普遍的积极义务去帮助贫困境的人，这些人拥有要求获得帮助的不完备的权利。他们有权利要求某位所有者给予他们一些必需品（2.6.6）。由于不完备的权利和完备的权利之间只存在程度上的差异，而不存在性质上的差异，所以如果没有获得帮助，贫困的人可以求助法院。他们的不完备的权利就“被明确为”完备的权利。如果这过于麻烦，他们可以直接要求或拿走必需品。

4

在塞尔登描绘的自然状态中，争吵和敌意明显缺席了。为了坚持一种宽泛的财产权概念（有包容性的，也有排他性的），塞尔登为私有财产权的转化提供了一个历史解释。私人所有权在“黄金时代”并不为人所知。它似乎是在大洪水以及诺亚和诺亚的儿子之后才首次出现（第 19 页）。此后，“交换、买卖盛行起来”。人们认为是该隐“首先为土地设置了界限”。最后，通过“人类整体的同意(以某种协议为中介,从而能够约束他们的后代)""私人所有权出现了"(第 21 页)。因此,塞尔登不同意格老秀斯关于原初共有之性质的说法,但是他同意,自然法要么许可一种共有(财产),要么许可私人所有(第 20 页)。一个国家最终可能采纳的财产形式 92
比格老秀斯和普芬道夫所说的要多。建立财产制度的约定包括了三种财产:个人占有的财产,"多人占有的财产"和"明确由所有人共有的财产"(第 21 页)。第三种财产——所有人共有的财产——是包容性的,因此无法用格老秀斯和普芬道夫的权利理论的术语来表述。塞尔登并没有解释共有者如何使用共有财产,但是显然共有者对此并不存在什么争执。确立这三种财产是为了促进一种更好的生活方式(第 22 页)。

5

如之前所述(参见上文第 79 页),坎伯兰使用了共有财产的词语。与塞尔登不同,他与洛克一样认为:世界是人类可以使用的自然财产,因此每个人都享有使用的请求权。塞尔登的共有财产权概念是:有些物以相同方式属于不止一个人,因此,这些人每人都有使用的自由权。也就是说,每个共有者被允许使用,如果他们选择行使这项权利,他们就不能被排除在外,但是这些人并不负有运用此权利的义务。这些人享有此权利的含义是,他们并没有义务不去使用共有物。对公共车位的权利就属于这种包容性自由权。洛克和坎伯兰都是从自然法中得出自然权利的,所以他们得出的结论认为,每个人有义务行使他的包容性权利。与此相似的包容性义务权利是西方国家中的教育权。

坎伯兰将所有自然法义务概括为一项至高义务[被西季威克(Sidgwick)称为一项效益主义原则,1906年:第174页](第16页):

> 在我们的能力范围内,尽我们的全力促进理性行动者构成的整个系统的共同善,就我们而言,有助于这个系统每个部分的善,而我们自己(作为某一部分)的幸福就包含在其中。

坎伯兰根据这一义务推断,每个人负有使用世界的包容性义务权利。个体化的第一步起于以下这一被格老秀斯和普芬道夫共享的预设:对物的使用必然限于某人、某时和某地。“因此,如果正当*理性*要求对物或*人的服务*的使用应该对所有人*有益*,它必然也会要求,在某一具体的时间和地点,对物或人类服务的使用应当被限于特定的人。”(第64页)据说由此可知“对物和人类服务的*分配*(至少在对其他人有益时)对所有人的利益来说都是必要的”。行使包容性义务权利需要使用对保存来说必需之物的排他性权利。这是一项排他性使用权。当使用停止时,相关的土地就恢复为共
93 有。这种个体化自然模式不会带来争执,因为行动者对他的劳动产品拥有一项自然制造者的权利,类似上帝对世界的权利(第320页;参见上文,第41页)。由于除非一个人的生命、健康和体力得到保存,否则无法增进共同善,所以共有财产权的这种特定化通过以下方式得到证成:它是“实现那个目的的明显必要手段”。与格老秀斯不同,财产权被理解为实现某个目的的手段,而不是目的本身。就此而言,整体通过部分得到保存而得到保存,而部分,即“特定的人”,通过“对物和人类劳动的分开使用”得到保存(第65页)。

人的劳动被囊括进来是基于以下认识：一个人无法在同一时间服务不同的人（在不同的地方）。在这个意义上，劳动类似于物。坎伯兰使用“财产权”（*proprietas*）一词的方式不同于格老秀斯和普芬道夫的另一个地方在于：他将这种有限的使用权称为“财产权”。因此，他不认为财产权和共有相互排斥。财产权作为一种使用权是分配共有财产的手段：“在事物因真正的必要而被占据和使用后，这种分配结果（一种财产权）其实可以与某种共有共存。”

坎伯兰承认，随着人口的增加和勤勉的增进，这种使用变得不那么方便。人们继而决定“引入一种更完整的所有权或财产权……在某种意义上可以说是永久性的”（第 65 页）。虽然不便之处提供了引入私有财产权的动机，但是其正当理由在于：此举可能更易于促进共同善。因此，公民政府的功能和责任是，保障每个人拥有足够的财产从而能够促进共同善（第 67—68 页）：

> 由于做出此种分配的权利只能派生自对共同善的关注，因此上帝对万物的所有权显然没有被破坏。而且，根据这项原则可知，没有人能够获得对他人的这样一种所有权，这种权利允许他随意夺走无辜之人的必需品。恰恰相反，这些无辜之人被赋予了绝对支配权，每个人的权利都不再遭受争执带来的弊端，也许在事物的自然本性（辅之以人类的勤勉）允许的范围内，还能有所增加。

如此一来，坎伯兰彻底对调了充分正义和分配正义的作用。政府的责任是通过实现共同善的方式分配财产，然后再对其加以保护。私有财产权被视为，将人们对其配得之物的自然权利个体化的约定手段，因此也可能据此变更私有财产权（第 68 页）：

> 既已简要**推演出**……具体理性存在者的**财产权**（至少就其必需品而言），那么某些人就被赋予了某些**权利**，每个人都可以正当地将这些东西称之为**他自己的**，而正是基于**同一种律法**，所有其他人都有义务将此物**放弃给这个人**。（这通常被包含在**正义**的定义中）。

坎伯兰直言，他所讲的正义不是具体的正义，而是普遍的正义
94 （第 316 页）。市民法被制定出来是为了根据共同善分配财产与保护财产，从而反映自然法。“分配财产的自然法，和……正义（或者说，保护如此分配的财产的意志）”，共同构成了政府的责任（第 324 页）。因此，“我们的财产的尺度……根据共同善【被】确定和决定下来”。

普芬道夫和坎伯兰在同一历史时期采用相同的题材，反驳同一位作者，但却在律法和财产权的关系上得出了完全不同的结论。对普芬道夫来说，律法必须（除非有人陷入极度贫困）保护现存的排他性权利的分配。坎伯兰认为，律法的首要功能是保证排他性权利的分配与每个人的配得保持一致（比较第 326—327 页、第 346—347 页）。

第五章　排他性权利

第一节　洛克的省略

1

《政府论》下篇第五章的开篇归纳了包容性自然权利，提供了将本研究继续下去的一系列前提。[1] 在前八行中，洛克确立了两 95
个初始处境，部分定义了人的自然状态。圣经告诉我们，这个世界是上帝赐予人类共有的礼物。自然理性教导我们，每个人对自然为了让其生存下去而提供的物品享有一项权利。我们之前已经分析过，这两个命题来自于圣经解释和自然法。这两个推论是互补的，所以这两个结论描述的是一幅相同的图景。肯德尔（Kendall）指出，从“人们”享有的自然权利到世界作为“人类”共有财产的转化不符合逻辑（1965 年：第 69 页；拉斯莱特，1970 年：第 303 页）。其实，说**每个人**享有一项来自于自然义务的包容性请求权在逻辑上等于说世界以相同方式属于**所有人**。洛克马上继续说道，如果

① 洛克自己指出，《政府论》上篇的结论是《政府论》下篇的前提（2.1）。

我们承认这个意义上的共有财产，那么“有些人似乎还很难理解：怎能使任何人对任何东西享有财产权呢。”(2.25)。这就是说有些人似乎很难理解，任何人可以对共同属于所有人的东西的一部分享有一项排他性权利(对其享有财产权)。洛克接着说道，这是他将在第五章中解决的问题：“我将设法说明，在上帝给予人类为人类所共有的东西之中，人们如何能使其中的某些部分成为他们的财产。”(2.25；比较乌利韦克罗纳，1975 年：第 63—64 页)这就是他在《政府论》上篇预先提出的问题(参见上文，第 63 页)。

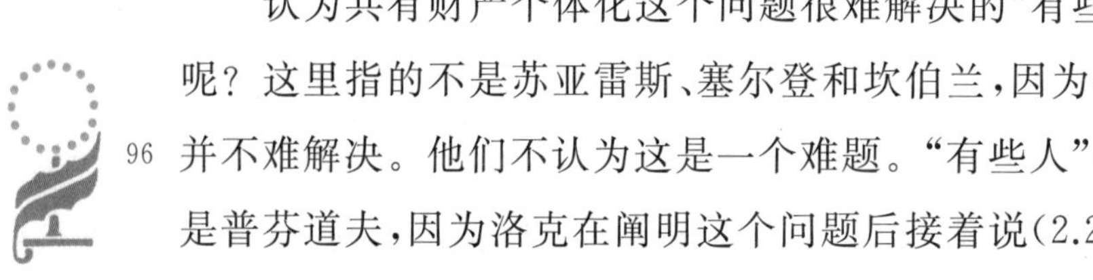

认为共有财产个体化这个问题很难解决的“有些人”是哪些人呢？这里指的不是苏亚雷斯、塞尔登和坎伯兰，因为他们都认为这
96 并不难解决。他们不认为这是一个难题。“有些人”中的一员显然是普芬道夫，因为洛克在阐明这个问题后接着说(2.25)：

> 我并不满足于以如下方式来回答这个问题：如果说，根据上帝将世界给予亚当和他的后人所共有这个假定，我们难以理解财产权，那么，根据上帝将世界给予亚当和他的继承人并排除亚当的其他后人这一假设，除了唯一的全世界君主外，谁也不可能享有任何财产权。

这正是普芬道夫采取的策略。他认为亚当理论无法成立，并指出采用积极共有涉及无法克服的困难(参见上文，第 75 页、第 88 页)。普芬道夫不仅将积极共有转化为多个人的财产(正如他的权利理论所要求的那样)，他还指出，任何有关整体的讨价还价都需要每个共有者的行动和同意。在较为满意地提出这些论证后，普芬道夫提出了一个消极共有（4.4.3）。洛克则回应说，他将“不借助于全体世人的明示协议”来解决这个问题。

洛克这里指的另一个人是菲尔默（拉斯莱特，1970 年：第 304 页注释；凯利，1977 年）。正如洛克在加注的“相互参见”中所言，《政府论》上篇对财产权的分析是不完整的。在确立了另一种不同的人类自然处境后，他面临的一个恼人问题是，这个处境实际上如何运作。第五章通过重述《政府论》上篇的结论带出了这个问题。这为继续解释《政府论》上篇遗留的财产权问题做了铺垫，从而让洛克来完成他其“相互参见”中的允诺。[①] 洛克要说明，他为菲尔默的亚当理论提供的替代方案是可行的。就此一般意义而言，第五章直接指向菲尔默。洛克在行文过半时明确指出了这点（2.39）。邓恩更总体性地判断支持这个结论：“洛克试图在《政府论》下篇中处理的就是这个结构（即菲尔默的明确主张）。这个结构为他设定了一系列逻辑论证问题，他提出的大部分重要看法都是为了解决这些问题。”（1969 年：第 64 页）

人们常常忘记从洛克试图继续对菲尔默的反驳这个角度分析洛克写作第五章的目的[戴（Day），1966 年；诺齐克，1974 年：第 174—182 页；贝克（Becker），1977 年：第 33—43 页]。一个原因是以下这个没有根据的预设：洛克的第五章在处理一个不同的问题，即“财产权的起源”（乌利韦克罗纳，1976 年：第 87 页）。我们已经

① 因此，我和拉斯莱特和克兰斯敦（Cranston）一样认为，《政府论》（如洛克自己所言）构成了“一篇关于政府的论文”，而不是两篇单独的、不相关联的论文。参见拉斯莱特，1970 年：第 45—66 页和克兰斯敦，1957 年：第 207 页。相反的观点参见乌利韦克罗纳，1976 年和希尔顿，1974 年、1977 年。

了解到，在共有财产这个层面上，财产权的起源是上帝和自然法。“对某物的财产权”(property in)的起源则是人类的共有财产：“财
97 产权的最初发生是因为一个人有权利利用低级生物来供自己的生存和享受。”(1.92；比较1.86)这两个起源《政府论》上篇均有所说明。洛克在开始第五章之前就已经指出人可以主张排他性财产权，并说明了其道理所在，以及人使用这种财产的目的。悬而未决的问题是，人如何在此框架内获得其配得之物。在第五章中，洛克阐明了实现此目标的一个自然方式。成功地完成这个任务将使得菲尔默的如下断言失去效力：他对格老秀斯学说的颠覆可以被当作对所有主张原初共有之说的反驳(第262页)。

第五章还在更具体的层面上指向菲尔默。菲尔默将格老秀斯的原初权利重述为“共同使用世上所有东西的权利”(第273页)。这个请求权是对格老秀斯的“普遍对物权”(*ius in res*)的错误描述，将格老秀斯的消极共有解释为一种积极共有。在17世纪，并不只有菲尔默犯了这个错误。普芬道夫指出，塞尔登、约翰·海因里希·波克尔(Johann Heinrich Boecler，1610—1672)在他的《格老秀斯评注》(*Commentary on Hugo Grotius*，1633)一书中，卡斯珀·齐格勒(Caspar Ziegler，1621—1690)在他的《格老秀斯评注》(*Commentary on Hugo Grotius*，1662)中，都犯了这个错误(4.4.2，4.4.9)[①]基于这个错误的解读，菲尔默得出结论认为，在格老秀

① 泰伦尔在《父权非君主制》中误读了格老秀斯(第108—192页)。这一错误后来又发生在离我们更近的施拉特(Schlatter)身上(1951年：第127页、第196页)和凯利身上(1977年：第82页)。关于格老秀斯的作为一种消极共有的共有，参见格林，1927年：第214页和基尔克(Gierke)，1934年：Ⅰ，第103页。

斯那里存在一个无法克服的困难:“给予其他人对某物的财产权会剥夺(rob)他(另一个人)对所有东西的共同使用权。”将此结论用在格老秀斯身上是不恰当的,因为“属于”这个概念[“抢夺”(robbery)预设此概念]直到排他性权利出现后才会出现。这个论证可以用于表述为对所有东西的共同使用权的那种共有财产权。洛克的共有财产权在两个方面与此不同。它是对使用的共同权利,而不是共同使用权。而且,它并不指向所有东西,而仅仅指向保存所必需的东西。尽管如此,洛克还是得说明为何他讲的使用共有财产不是一种抢夺。洛克在第五章中明确回应了这个问题(2.28)。在回答这个异议的过程中,洛克实际上回应了普芬道夫对积极共有提出的非难(4.4.11)。

发现共有财产存在困难的第三人是洛克的朋友泰伦尔。在《父权非君主制》中,泰伦尔像苏格拉底一样将积极共有理解为每个共有者对每样物品拥有财产权。如此一来,积极共有就是在多人共有财产的同时,每个人对每样物品都有一项排他性权利。如果是这样的话,那么“任何人在吃任何东西时,其他人都有可能将此物从他嘴中夺走,并指出,别人在没有得到他的同意时不能吃掉这个东西,因为他对此物也享有一个份额”(第109页,此页的第二部分;比较凯利,1977年:第83页)。(亚里士多德明确指出了这一情况的不可行。霍布斯兴致勃勃地从中推导出令人不悦的结论。)泰伦尔采用了消极共有,正如他后来在《政治学的藏书馆或对英国政府的古老宪章的探寻》(*The library of Politics or Enquiry into the Ancient Constitution of the English Government*,1694)
中所解释的:“如果乐意”,人们被允许去使用,但是他们不负有任 98

何义务这么做(第 135 页)。因此,洛克也可能脑中明确想着泰伦尔。洛克在解释完一个人如何对共有物拥有排他性权利后,对泰伦尔的这种苦衷做出了直接的回应:“即使说旁人对此都有同等权利,也不能使他的权利失效。”(2.32)普芬道夫、菲尔默和泰伦尔都符合对认为共有财产的个体化非常困难之人的描述。

2

要阐明洛克在第五章中的使命还有一点需要指出:菲尔默对格老秀斯的主要批判指向从共有到私有财产制度的转化(第 273 页):

> 确实,这种碰巧的情况是如此的罕见,即世上的所有人在某一时刻一致同意将所有东西的自然共有转为私人所有,因为如果没有这种一致同意,要想对共有做出改动是不可能的。

我们知道,普芬道夫通过修正格老秀斯那显然不太可信的普遍且瞬间发生的建立私有财产的同意来避免这一责难。他修正后的说法是,人们在聚集为超家庭的团体的过程中,经过几个时间段,在不同的地点确立私有财产权。洛克通过将普芬道夫的修正向前推进极端一步来回应菲尔默的责难。

在这点上,洛克做出了两个非常重要的举动:首先,他同意格老秀斯、普芬道夫以及苏亚雷斯和坎伯兰的想法,政治社会中的财产权是约定的,建立在同意的基础上。其次,洛克对以下信条提出了异议:约定的财产权先于政府的建立。相反,洛克阐释了这样一个观点,即建立约定财产权的协议完成了政治社会的建立(2.38):

> 在他们尚未联合起来、共同居住和建立城市之前，他们所利用的土地还属于共有，并未**对其确立任何财产权**。后来，基于同意，他们规定**各人领地的界限**，约定他们和邻人之间的地界，再以他们内部的法律，规定这个社会中人们的**财产权**。

洛克反复提及这一非同寻常的结论，即政治社会中的财产权是对这个社会的创建："**通过明文的协议**，（他们）在地球的不同地方和地区确立了它们之间的财产权"（2.45）。

洛克说明财产权的这部分内容涉及三个问题。第一个问题是 99
财产权的性质，即他所说的约定性。为了说明这点，我将使用麦克弗森对私有财产权的定义。它包括两个方面："这是一种使用、处置，以及让渡的权利；这种权利并不以所有者执行任何社会功能为条件。"（1975 年：第 126 页）这种权利必然指向土地："让渡自己的土地财产的权利。"（第 126 页注释）在上述引文中，洛克否认对土地的固定财产权（可让渡的财产权）是自然的。他赞同标准的自然法观点：它们是约定的。但是这并不等于说，这种约定的财产权是私有财产权，因为洛克认为任何性质的财产权不仅以所有者执行某一社会功能为条件，而且就是为了执行某一社会功能，即保存全人类。对于洛克来说，财产权从来不独立于某一社会功能而成立。洛克将主张土地财产权独立于社会功能的学说归到菲尔默身上并斥之为"最似是而非的观点"（1.41）。因此，政治社会确立的财产权并不符合麦克弗森的标准，所以不是私有财产权。更不用说那些后来转化为政治财产权的自然财产权了，因为它们既不是可让渡的土地财产权，也不独立于社会功能，所以不是私有财产权。

洛克不仅反驳了菲尔默关于私有财产权是自然的这一论点，他还否定了格老秀斯和普芬道夫的如下判断：由同意确立的财产权是私有财产权。洛克关于政府治下的财产权是约定的这一明确表述与人们对洛克财产权分析的标准（但不是唯一的）解读相矛盾。洛克通常被认为试图通过说明私有财产权是自然的，来证成私有财产权（麦克弗森，1978 年：第 12 页）。这个解读无视洛克不断重复的以下主张：人们在政治社会中的财产权是约定的。洛克写道："人类中那些开化的部分……制定了并不断增加各种实定法来规定财产权。"（2.30）"因为在政府那里，规定财产权和土地占有的律法是由成文章程确立的。"（2.50）这就是说，"洛克显然区分了，他认为在先于（实定）法或社会约定的自然状态中拥有的自然财产权与稍后随着货币的引入和政府的建立而出现的财产权体系"（斯坎伦，1976 年：第 23 页）。

第二个问题是将引入政治财产权的协议置于政治社会确立之
100 后。这是为了破坏格老秀斯和普芬道夫的意识形态结论。这两人通过将确立私有财产权的协议置于政府之前得出了以下结论："政府的建立是为了保护先于其存在的协议；建立政府的契约约束政府保护个体的财产权。"（施拉特，1951 年：第 148 页）洛克现在无法采用这个逻辑，而他在第五章中仅仅暗示了自己可能持有的立场（参见下文，第 170—174 页）。

3

由此而来的第三个问题是明确洛克对自己的理论方案的设想。为了不将同意作为现行财产权体系的基础，洛克没有去说明共有财产如何能够在自然层面上个体化。因此，他的阐述并不是通过提供一个自然层面上的替代解释回应菲尔默对格老秀斯的同意理论的批判。[①] 洛克也认为，当下的财产权关系建立在同意的基础上，但是他通过改造格老秀斯和普芬道夫的学说来回应菲尔默。同样，自然层面上的个体化也不是为普芬道夫关于私有财产权的同意学说提供一个自然层面上的替代解释。[②] 由于洛克将自然状态中的自然财产和公民国家中的约定财产分而论之，上述解读都赞同的那个预设——其中一方服务于另一方——与洛克自己的陈述矛盾。洛克对此种意识形态策略的明确否认说明（如洪德特在批判麦克弗森时所言），洛克"确实没有为现存的社会关系提供理论依据"（1972 年：第 17 页）。我们现在的结论只能是（由约尔顿和邓恩提出），洛克的意图是说明自然共有的特定化如何得以可能（参见上文，第 3 页）。

这当然对洛克的整个学说以及他对菲尔默的论战来说至关重要。具体来说，它针对菲尔默的以下论断：这种特定化不符合逻辑，"因为，共有就意味着没有我的和你的"（第 264 页）。就格老秀斯和普芬道夫面对的难题而言，这点非常重要。格老秀斯提出的"对事物的权利"的消极共有的个体化，致使他要处理人类的那些困境和相互争夺问题，特别是在涉及劳动的地方。此外，普芬道夫从三个层面反驳格老秀斯所讲的那种权利，并从约定的角度解释

① 这是拉斯莱特的观点，1970 年：第 304 页（见第 103 页）；高夫，1973 年：第 84 页和凯利，1977 年：第 82 页。

② 这是施拉特的观点，1951 年：第 152 页和乌利韦克罗纳，1974 年 b：第 152 页。

对自然共有物的使用，但依然无法避免类似的人类争吵和斗争问题。如果洛克的整个权利理论要显得完全令人可信并为革命的自然权利辩护，他就必须说明他能够克服所有这些隐藏的困难。在其结论段中，洛克直言他已经做到了这点(2.51)：

> 这样，我以为可以很容易而无任何困难地看出，**劳动最初**
>  101 **如何能在自然的共有物中开始确立财产权**，以及为了满足我们的需要而消费财产这一点又如何限制了财产权；因此对于财产权就不会有发生争执的理由，对于财产权容许占有多少也不能有任何怀疑。

第二节　排他性权利在《自然法辩难》中的地位

洛克对排他性权利的首次理论性讨论出现在《自然法辩难》的第八章，题目为“每个人自己的利益是自然法的基础吗?”。他主张自然法是道德的基石并反对以下观点：道德建立在自我利益或效益之上。洛克接受下述常规：意欲某物与将此物视为善的行动者之间存在分析性关系。[①] 被意欲之物被称为意志的“正式对象”，或者用更现代的术语来说，某物被选出作为意志的对象“所基于的那个描述”。行动者实际意欲之物是表面善，行动者应该意欲之物

---

① 洛克在他的晚期著作中分析了这一概念性关系。见《论道德》(*Morality*)：洛克的拉弗雷斯手稿，c. 28，fo. 139 和《人类理智论》，2.21.28—47。

是道德善。表面善是描述性的；道德善是规范性的（比较胡克：1.1.8；普芬道夫：1.1.4）。[①]

洛克意在反驳的观点将道德善与表面善等同起来。某个行动者在特定情景中视为自身效益、益处或便利的东西（即表面善）被说成是道德善，从而是道德的基础（第207页）。洛克基于三个理由反驳了这个观点并试图将自然法确立为道德善的客观标准，独立于人的主观意志。接着，自然法提供的道德善被证明对行动者有用或者有利。尽管如此，道德善并不是因为其有利，而是因为它符合自然法，而符合自然法的结果是有利的："一个行动的正当性并不取决于它的效益。相反，它的效益是它的正当性带来的结果。"（第21页）但是，道德善带来的有用并非表面善直接带来的那种有用。的确，道德善的直接后果可能而且经常是不利的："例如，归还信托之物会减少我们的占有物。"（第215页）因此，即使依反对者的理由来看，效益也无法成为道德的基础。[②]

洛克预设了一个大部分激进道德学家和保守道德学家都接受的前提，即道德生活的前提是安全和占有充足有余的物品保障生计。道德行动者必须拥有足够的物品来维持使用之外的其他享乐："没有富足和安全就没有幸福。"（洛克的拉弗雷斯手稿，c. 28，fo. 139）如果由此推断只有一部分人能够或确实可以拥有必需的

① 有人指出，正是因为没能看到洛克的这一区分使得人们在洛克所谓的享乐主义问题上产生混淆，参见约尔顿，1970年：第144—147页。

② 关于这一论点，经常被引证的是西塞罗的《论责任》（*Of Duty*）的2.3，3.3。比较普芬道夫的2.3.9以及斯金纳所指出的，苏亚雷斯反驳马基雅维里式的道德而为自然法道德学说做出的类似辩护（1978年：Ⅱ，第171—173页）。

富足，那么这个立场就可以得出一种保守的理论。一种激进的理
102 论则会认为这个条件必须适用于所有人。我们已经了解到，洛克通过建构自然法和自然权利落实上帝的以下希望就是这样一种激进的做法：祂慷慨给予人类的所有东西应当被全人类拿来享用。在其早期作品中，洛克首次分析了达成上述的必要道德前提。

某一套原则要成为道德的基础，就必须是所有派生戒律的约束力的来源（第 205 页）。因此，效益或者自我利益无法成为道德之基础的首个原因就是：事实上，生活中的一些义务性行为之所以有约束力并不是因为它们对行动者直接有利（第 99—107 页）。"实际上，许多德性和其中最高尚的那些德性只是损己利人。"（第 207 页）积累私人财富、关注自己的个人利益是道德原则的对立面："如果每个人应当惦记自己与自己的事务是最主要的自然法，那些青史留名的高尚德性事迹必将会被湮没，无人问津。"（第 209 页）自我利益和贪欲是不道德的基础："此外（由于没有什么东西是如此神圣可以抵御贪婪不时的强力侵蚀），如果将人之所得作为义务的基础，将权益视为正当性的尺度，那么除了为罪恶敞开大门外还可能会有其他结果吗？"（第 209 页）

第二个论证解释了为什么自然法道德必须首先是对他人的一系列积极义务。洛克推翻了格老秀斯的下述信角：自然法是保护自我利益之生活的一系列消极义务。私人利益的串联只能是不道德的，因为私人利益必然相互冲突。"但是，如果每个人的私人利益是法（自然法）的基础，这项法必然会被打破，因为不可能同时间照顾到所有人的利益。"（第 211 页）这个论证以及洛克后来的权利理论都明确预设：所有人的利益最重要。个体利益与所有人的利

益矛盾，从而无法为社会生活提供道德基础是因为，让每个人过上充分的道德生活所需的资源是有限的：

> 全人类的遗产总是同一个。它并不随着人口的增长而增长。自然为人类的使用和便利提供了大量物。这些物以明确的方式和预先确定的数量赐予人类。它们并不是被偶然创造出来的，也不会随着人们的需要和贪求增长。

因此，一个人的积累意味着对他人的侵害："当一个人尽可能地为自己攫取时，他从别人的量中夺走了一部分给自己。人们不可能在不损害他人的情况下变得富有。"由此可知，如果每个人都
要能获得自己配得的份额，那么所有物品（包括必需的和附带的） 103
必然为所有人所用。它们不是私有的，而是共有的：

> 食物、衣服、装饰品、财富以及其他所有生命中的好东西都是为供给人们共同使用的。

洛克并没有在这里解释自然法的分配原则怎样解决一人所得为他人所失的问题。这个问题是《政府论》要处理的问题。洛克仅仅说，一旦人们认为所有好东西都应为人们共同使用，自然法就将消除冲突，带来"照亮他人，关爱他人"的社会行为（第 213 页）。因此，《政府论》的基本论点——上帝将世界作为共有财产给予人类——是洛克早期思想的继续。

在第三个反驳中，洛克讨论了什么不可作为共有物分配的

标准。这一反证为他《政府论》中的立论铺平了道路。他承认物品必须以某种方式分配给每个人，但是自我利益不可作为个人所有权的证成理由：“如果一个人不但被允许去占有他的所有物，而且仅仅因为某物对他有用，他就主张只要他占有的就是他的所有物，那么还有什么私人财产权可言？”（第 213 页）。这将意味着人们永远无法通过他们的财产权来执行社会功能，“一个人放弃他的权利或将自己的利益转给他人而不图回报就是不合法的”。洛克认为，不以执行某种社会功能为条件的财产权理论是“荒谬的”（第 215 页）。

自我利益的道德学说的主要缺陷在于，它基于在“人的欲求和自然本能，而非律法的约束力，似乎多数人欲求的就是道德上最佳的”（第 215 页）。因此，它被用来正当化无限财产积累，从而否认他人的正当份额，使社会义务的履行成为不可能。对这一放纵贪婪的财产权理论的反驳在洛克于 1684 年至 1689 年间写的一系列关于教育的信件中得以继续并得到强化。这些信件被收集起来，编为《教育片论》（*Some Thoughts Concerning Education*）一书，于 1693 年出版（阿克斯特尔，1968 年：第 3—13 页）。在书中，洛克强调有两种性情必须尽早从孩子身上根除，因为它们是“几乎所有扰乱人类生活的不正义和争执的根源”（第 207 页）。这两种性情是做自己所欲之事的权力和权利。两者是基于自我利益的财产权体系的基础：“他们（儿童）会拥有财产和占有物，这似乎带来了一种权力，使他们高兴，并带给了他们随意处置财产和占有物的权利。”

104 探究以自我利益为基础的道德体系的不足之处似乎是洛克长期关心的问题。同样明显的是，洛克一直执着于阐明基于自利伦理学的私有财产权理论会导致哪些不道德的后果。洛克在《政府论》中坚持的主张，即财产权问题必须在对他人的积极义务以及所有人对共有物的平等主张这一语境中讨论，是在阐述一个替代方案，一个基于自然法的在道德上更胜一筹的财产权体系。

第三节　人格与人格的行动

1

第 26 段开篇重申了两个原则：世界是人类的共有财产；它作为人类的财产被用以“维持他们的基本生存和舒适生活”。接着，引入理性这项与“使用”共有物对应的能力。贪婪的欲望驱使的行为被排除在外，因为这些行为是非理性的(2.34)。人凭借类似上帝的理智本性而有能力支配，这个在《政府论》上篇中被搁置的主题再次被提及。洛克心中所想的理性是与自然法相符的实践理性(2.31)。一系列的论证在此被统合起来。人负有自然义务使用理性并依照自然法行动。就此而言，理性使用共有物是在行使他的自然请求权，故而是在履行保存自己和他人的自然法义务。与之前的篇章一样，自然法和自然权利的结构被用来定义和限定有待解决的问题。

通过将除生存外的便利作为需要被实现的目的，上帝关于世界属于人类(除了必要的使用)享用的指令被加入到财产权分析中。洛克在 1677 年 2 月 8 日的日记条目中区分了生活必需与生活便利：“我处于这样一种境况中，生活必需要求一直有肉、饮用

水、衣服以及抵御天气的物品;而我们的生活便利要求的却多得多。”(洛克的拉弗雷斯手稿,f. 2,fos. 247—255;1936 年:第 84 页)如果洛克能证明一种排他性权利(包含了以上两个目的),一项“恰当使用”(2.37)的权利,他就能够避开格老秀斯和普芬道夫面临的困难,即没有被即刻使用的东西将回归共有。一旦原初境况的内在限制被明确,相应的分析路线也就可以确定:“既是给人类使用的,那就必然可以通过某种方式私占,然后才能对于某一个人有用处或有好处。”(2.26)洛克强调,这种个体化不仅没有消解共有财
105 产权,反而实现了共有财产权,因为拥有排他性权利的行动者仍旧是“共有物的承租者”。①

人作为一位实践行动者、一个个体、一个特定人格,在接下来的章节中首次亮相并开始拥有第一项自然的排他性权利:“虽然土地和一切低等动物为一切人所共有,但是每人对他自己的人格(person)享有财产权。”(2.27)洛克接着指出:“除了他自己没有人对此有权利”,以此来说明“对人格的权利”具有排他性。在这之前,《政府论》处理的是作为理性存在物的人和作为上帝的制造物的人。所有人依这两个标准拥有的三种自然权利是包容性权利。洛克现在转而谈特定的道德行动者。这些行动者有义务依照构成他们存在境况的律法和权利行动。必须去利用上帝所赐之物的是这些个体人格,所以他们作为行动者其自身必然蕴含了排他性权

① 我并没有发现有任何证据可以支撑凯利的如下看法:洛克在第 26 段或其他段落中放弃了他的积极共有的托马斯式概念,转而采用一种消极共有概念。参见凯利,1977 年:第 90 页。积极共有是一个常规的经院式论证起点,基尔克,1934 年:Ⅰ,第 103 页。

利的基础(2.44):

> 虽然自然物以共有的方式被给予,但是人(作为自己的主人,自己人格及自己人格的行动或劳动的所有者),自身蕴含着财产权的根本基础……

人与人格的区分对洛克的学说至关重要。上帝是人的所有者,因为(如我们之前所说)上帝制造了人。另一方面,人被认为是两种东西的所有者。他对他这个人格拥有财产权,或者说是他的人格的所有者。而且,他也是他这个人格的行动的所有者。这两项排他性权利为人理论上的包容性权利与人通过其实践行动而获得的对特定事物的排他性权利建立了重要的关联。我们需要对这两种权利的来源稍作说明。根据洛克的说法,一项权利来自于一项行动。上帝对人的权利以及人的排他性权利来自于上帝的制造行动。如果是这样的话,那么(洛克在1677—1679年《论道德》一文中写道)人就不可能生而拥有任何排他性权利[洛克的拉弗雷斯手稿,c. 28,fo. 139;萨金梯斯(Sargentich),1974年:第27页]:

> 人没有制造自己,也没有制造他人。
>
> 人没有制造这个世界,这个他生于其中的世界。
>
> 因此,任何人和其他人一样,没有生而对这个世界的任何物享有任何权利。

这一论证在《政府论》下篇较早的段落中就已被使用。我们已经知道洛克使用这个论证反驳菲尔默的父亲的身份权。因此，人格及其行动必定在某种意义上可以成为这样一种人能够对其享有权利的东西。

2

106 洛克在《人类理智论》的第二卷阐释了人格及其行动的概念。这一概念是 17 世纪的一个常规用法（约尔顿，1970 年：第 145 页）。[①] 洛克写道："人格是一个法庭用语，专门用以界分人的行动和行动的道德性质。因此这个名词只属于有智慧的、能受律法支配的行动者。"（2.27.26）由于只有自由的行动者才能受律法的支配（1.3.14），成为一个人格的必要条件是成为一个自由人。洛克在《政府论》两篇中解释说，成为一个人格就是能够使用或运用他自己的理性（2.57，61）；这是获得自由、成为自由人的前提（2.59，60，63）。儿童缺乏这种能力，所以他们是不自由的（2.57）。儿童"没有自己的理智来指引他的意志，他就没有他自己的意志可遵从"（2.58）。因此，儿童不是人格。获得运用自己理性的能力使得儿童获得自由："如果这可以使得父亲自由，那么这也可以使得儿子自由。"（2.59）因此，人不是一开始就是自由人，人是后来才获得自由的："当儿子达到那种使他父亲成为一个自由人的境界时，他也成为了一个自由人。"（2.58）在他达到这个境界转而成为一个自

① 参见奥弗顿（Overton），1646 年：第 1 页；帕克（Parker），1652 年：第 26 页；劳尔森（Lawson），1660 年：第 80 页；巴克斯，1659 年：第 69 页；佩恩（Penn），1726 年：Ⅱ，第 679 页和麦克弗森，1972 年：第 137—142 页。

由人之前，儿童将处于他父亲的意志之下(2.59)。

一旦获得自由状态，人就能够通过运用他的理性发现自然法并在行动中以此指引他的意志，从而成为一个自由行动者(2.57)。一个自由人凭借他运用其理性的能力而处于自由状态。自由行动者是自由行动的自由人。在《人类理智论》中，洛克考察了自由行动的必要条件。这些条件为他的人格概念提供了基础。定义性的条件是遵从某人自己的意志。意志是在任何特定时候，心灵考虑某个观念，或不考虑某个观念，或选择让身体任何一个部位停止某个运动(或相反)的能力(2.21.5)。意欲或意愿被定义为，运用意志指导具体行动或停止具体行动。一个自愿行动并不一定是一个自由行动。例如，一个人可能在睡觉时被人抬进一个房间中，门被上锁了。他醒过来后发现有一位他喜欢与之做伴的人在身边。他可能选择留在房间里，但是他的留下并不是自由的(2.21.10)，自由行动者必须有做某个行动或不做某个行动的能力，而且必须做出选择。因此，除了必须是自愿的，自由行动必须来自于选择(2.21.8)。

因此，自由行动者是指这样的人，他通过自己的意愿或选择做出一个行动(2.21.27)。做出选择在于考察和慎思。慎思不仅对于自由行动者来说必不可少，而且还是人的智慧本性的责任和完善(2.21.47)。一个自由行动者是一个慎思的行动者："考察就是 107
询问一个向导。**意志**在探究的基础上做出的决定是在**跟随那个向导的指示**，如果他有根据这一决定的指示去行动或不行动的能力，他就是一个**自由行动者**。"(2.21.50)来自慎思的自由行动必然是经过慎思的意图性行动："至于跟随(慎思)而来的动作，则是辗转相承，一线直下的。这些动作都依靠于判断的最后决定。"(2.21.52)

自由行动者在慎思中询问的那个向导使行动者可以判断，提议的行动是否有助于实现一个道德目的或邪恶目的。这正是神法（包括自然法和启示）在慎思中发挥的作用（2.28.8）。在《政府论两篇》中，洛克重申他的主张，即自然法是实践推理的向导（2.59）。这解释了人如何在自由而慎思的行动中成为贯彻上帝目的的行动者或载体（《自然法辩难》首次提出了这个问题），从而消解了菲尔默的以下异议：每个人可以自由地做他想做的事（2.22，57）。

由于"人格"一词只能用于自由行动者，人格就是做出意图性、慎思性行动的行动者（比较约尔顿，1970 年：第 148 页）。人格（与人不同）的同一性是自我意识（2.27.9）。

> （人格）是一种会思考、有智慧的存在物，它有理性，能反省并且能在异时异地认自己是自己，是同一的会思考的存在物。而且，他只有借助这种意识才能做到这点，因为这种意识同思考是分不开的，而且在我看来对思考来说不可或缺……

意识总是与思考相伴，"只有意识使得人人成为他所谓的自我……人格同一性就在于此"。洛克现在要说明这个定义意味着人格与他的行动之间存在一种概念关联或非偶在关联。作为对思考的意识，自我意识同样也是对行动的意识。"这个意识在回忆过去的行动或思想时，它追忆到多远程度，人格同一性亦就达到多远程度。现在的自我就是以前的自我，而且以前反省自我的那个自我，亦就是现在反省自我的这个自我。正是这个自我实施了那个行动。"洛克在这里并不是说，人格通过观察性知识意识到他在实施某一行动。如果将观察性知识作为标准，那么以下难题就会出现：被观察到的行动到底是他自己的还是别人的？(2.27.13)洛克的论点是，人格必然通过与他的思考相伴的意识就能认识到他对行动的实施。行动被看作是一个人格的行动。凭借他对自己据此实施行动的相关观念和描述的非观察性知识，某些行动成为人格的行动："因为同一的自我所以成立，乃是因为含灵之物在重复其过去行动的观念时，正伴有它以前对过去行动所生的同一意识，并 108
伴有它对现在行动所发生的同一意识。"(2.27.10)。人格的行动是那些他意识到正在实施或已经实施的行动。这种意识是通过对导致行动产生的相关思考的意识而来的(2.27.20)。这似乎是构成人格同一性的意识扩展至行动的唯一方式。

人格拥有关于其行动的非观察性或意图性知识，这句话的意思就是说，这个人格的行动必然是意图性行动[安斯科姆(Anscombe)，1972 年：第 82—83 页]。这支持洛克的以下观点：只有自由行动者才是人格。洛克并没有接着探讨非观察性知识，但是他在另一处指出了非观察性知识的主要特征："因此，我就看到，在我写这篇论文时，我就能把纸的外观变了，而且我在想好字母以后，还可以预先说出，我只要一挥笔，下一刻的纸上就可以现出什么新观念来。"(4.11.7；比较约尔顿，1970 年：第 151 页注释)除了将人格的行动限于意图性行动外，同一性的标准还突出了以下关键点：人格是他的行动的原创者(2.27.26)。他关于他的行动的知识是一种制造者的知识，他的行动是一种制造[1]，因此人格被认为"拥

① 近期对此论点的一个分析，参见欣蒂卡，1975 年。

有"他的行动(2.27.26)：[1]

> 这个人格所以能超越现在，而将自己扩及过去，只是因为有意识。借着这种意识，它便可以关心过去的动作，对过去的动作负责，并且把过去的动作认为是自己的，一如其在现在的动作方面所可能的那样。

所有权的标准是对实施这些行动以及自己是这些行动的原创者的意识(2.27.17；比较约尔顿，1970年：第152页)。

3

洛克关于人格与他的行动的关系的阐述解释了《政府论》的以下观点：一个人是其人格的行动或劳动的所有者。人格与他的意图性行动之间的关系是当时的行动哲学的一个主要内容。"两者的关系在于，行动者的意图性行动就是他的行动，是这个人格的行动；这与以下情况相反：恰巧由他做出的那个身体行动或运动，也可能是其他人的身体行动或运动(就其关于当下所为之事的知识而言)。"(奥尔森，1969年：第331页)拥有某人的行动就等于是这些行动的所有者。虽然人没有制造他自身也没有制造这个世界，但是他制造了他的人格的行动，所以他对其享有一项自然的、排他性的制造者权利。在第27段中，洛克细心地指出："我们可以说，
109 他的身体的劳动、他的双手的作品准确地讲是他自己的。"他的身

[1] 比较2.27.14、16、17、18、25。

体和他的肢体是上帝的财产；人使用自己的身体和肢体制造出的行动是他自己的。巴贝拉克对此评论道："每个人都是他的人格和行动的唯一主人；他的身体的劳动以及他的双手的作品全部都属于他，也只属于他。"(1729 年：4.4.3n.4)这等于说"劳动是劳动者无可置疑的财产"(2.27)。虽然人既没有制造这个世界也没有制造他本身，所以并不生而拥有排他性权利，但是他可以对他作为人格制造的行动拥有一项自然的排他性权利。

在这些段落中，洛克交叉使用"劳动"和"行动"两个词。这与他将制造和做事归入实践行为这个范畴的做法相符(参见上文，第 11 页)。他对人格的行动的解释说明，有意图性做事可以被视为一种制造。用"劳动"一词涵盖大多数类型的行动在 17 世纪是一种常规做法(沃尔泽，1974 年：第 199—223 页)。洛克在 1677 年写给丹尼斯·格伦维尔博士的一封信中对"劳动"一词的含义给出了最清楚的解释。洛克通过与消遣相对照来做出定义："做某些轻松的或至少令人愉悦的事，恢复我们劳累的身心，使其拥有之前的力量和精力，从而能够开展新的劳动。"(1976 年：Ⅰ，No. 328)劳动相当于非消遣性行动，就是履行"我们的主要职责，即在我们脆弱的身心所能承受的范围内，真诚地履行我们所有天职的责任"。财产分析中涉及的所有劳动或行动都属于这一范畴，因为保存人类是履行对上帝的积极义务。邓恩如此总结道："劳动是一种义务，必须将其作为天职的组成部分来加以分析。"(1969 年：第 219 页)此外，作为一项积极的道德义务，劳动包含了制造和做事，比这个词的现代含义要宽泛。不过，劳动限于自由的意图性行动，在这个意义上它比这个

词的现代含义狭窄。就此而言，劳动类似于阿伦特的劳作（1973年：第136—167页）。

虽然对其意图性行动的所有权是制造者权利的典范，但是对某人人格的财产权却并非同样显而易见。一名儿童随着年龄的增长和对自己理性的运用而成为一个自由人。自由人在思考和行动中成为一个自由行动者和人格。自由人并不是在思考和行动中制造了自己的人格，人格性的标准是与思想和行动始终相伴的意识。意识不是被制造出来的。它是人通过思考和行动间接造成的东西。作为行动者，我们有意识。这"使得每个人成为他所谓的**自我**"（2.27.9）。尽管如此，由于人格同一性是对思想和行动的意识，而这些思想和行动是他的制造物，所以这就是他的意识、他的财产而非别人的意识、别人的财产。因此，除了他自己，没有人对其拥有权利（2.27，1.52）。

110 洛克引入人格及其行动的概念模式，将其作为对物的财产权的基础。这展现了其哲学的核心和本质主题的另一个内容。制造者知识的学说（既证明了道德科学的确实性，也刻画了上帝与人的关系）现在也体现在人与其行动的关系中。上帝作为制造者对祂的制造物拥有非偶然性知识并对其享有制造者的权利。这意味着，人对上帝负有积极义务以及相应的履行这些义务的自然请求权。现在，人作为制造者被认为对他的意图性行动拥有类似的制造者知识和自然权利。这个类比是制造物模式的一个逻辑特征。制造物模式首先被用来解释上帝与人和世界的关系。此处引入这一模式，洛克是想指出人通过与上帝类似的工作方式获得对自己的制造物的财产权："**上帝模拟他自己的形象和外貌**创造了他（人类),使他成为一种有智慧的生物,因此有能力支配。"(1.30)所有创造论者都持有这个模仿命题,即人最好的生活是像上帝一样行动,建立自己的模式。胡克写道:"完美天性的人是依照他的制造者外观被制造出来的,而且在行事的方式上也与他的制造者相似,所以我们作为人所做的任何事都是我们有意去做的,自由去做的。"(1.1.7)洛克指出,如下事实也没有削弱这个类比:人负有为了实现自然法的道德目的而实施这种行动的义务。"全能上帝的自由并不妨碍她被至善所决定。"(2.21.49)

因此,劳动在两个方面是一种道德形态的行为。它不仅在履行道德义务的语境中发生,并且是履行道德义务的方式。而且,它本身也是一种道德形态的行为。(如我们前面所言)它是人类特有的行为,也是人类义务特有的行为(洪德特,1972 年)。我们是何种人格取决于我们做了何种行动,因此,在"这个人格同一性中,我们能找到奖赏和惩罚之所以合理、之所以公正的根源"(2.27.18)。每个人将会"根据他所做之事而得到"上帝在审判日对他施加的奖赏和惩罚(洛克书信集第一辑,14.25)(2.27.26)。因此,不仅人们如何使用其财产,而且人们如何获得其财产都是极具道德意义的问题(麦基翁,1937 年:第 344 页)。洪德特强调说:"对于洛克而言,勤勉与个人道德紧密相关。"(1972 年:第 6 页)随着人向人类行动者的转化,人格及其行动的道德模拟出来实现源于上帝与其制造物的概念模式的自然义务。

4

洛克对自由行动的解释与其他自然法作家的类似讨论存在诸

111 多相同之处。普芬道夫认为，道德行动“依赖人的意志(自由因)。没有意志的决定，它们将永远无法实施”(1.5.1)。行动及其道德效果被认为属于并被归给行动者，因为他是“它的原创者”(1.5.3)。在一处关于自愿性和非自愿性行动与自由和必然行动的讨论中(和洛克的讨论一样篇幅长而又精细)，普芬道夫利用了亚里士多德在《尼各马可伦理学》第三卷中的分析。虽然并非只有普芬道夫这样做，但这是亚里士多德关于人类行动者作为其意图性行动的原创者的分析模式被转述到17世纪的一个方式。和洛克一样，亚里士多德写道，一个自由行动者“拥有”他的行动(1114a 12)。这种行动是人最好的生活形式，“εὐδαιμονία”，但是亚里士多德将其与财产做了对比：“εὐδαιμονία”是一种活动；这种活动显然是后来存在的，而不是像财产那样一开始就存在(1169b 30)。洛克将一个人的行动称为“财产”意在强调，这些行动由这位行动者创造，他对这些行动负责。此外，洛克还希望反驳菲尔默的以下主张：个人财产与亚当一起“产生于最初之时”。个人财产既随着人的活动而出现，也作为人的活动结果而出现。通过将人的行动称为财产，并将其作为自己的学说的根基，洛克想要表明他的个人财产概念拥有最宽泛的可能含义。

洛克对“人格”的使用也符合传统。阿奎那写道：“人格是他的意志行动的主人。”(《神学大全》：Ⅰ.Ⅱ.2.1)一个人格是一个自由人。“自由人是他自己的行动的主人，但是奴隶的所有一切都是他人的。”(《神学大全》：Ⅰ.Ⅱ.7.4；比较苏亚雷斯：2.14.16)如我们之前所见，阿奎那对实践知识的解释基于人格与他的行动这个模式。

5

考察一下苏亚雷斯对一种类似的所有权（proprietorship）模式的使用将有助于我们理解洛克在用英语写作时面临的语言困难。人被认为是其自由和行动的所有者或主人（*dominus*）“自然给予人对其自由的真正财产（*dominium*），［同时］……他不是奴隶，而是其行动的主人”（2.4.16）。但是，当苏亚雷斯讲述人对其生命和肢体的控制时，他却用能力、使用或占有来表述。“基于此一事实，即人被创造出来并能运用理性，人拥有一种对其自身及使用他的官能和各个部分的道德能力（*potestas*）。”人享有“对其生命的使用和占有” 112
（2.14.18）。“*dominium*”一词在这里包括让渡的权利。苏亚雷斯想要传达的意思是，人可以自由地且当然地让渡其自由，从而使得奴隶制合法化：“正是因为人是其自由的所有者，所以可以将其出售和让渡。”苏亚雷斯不用“*dominium*”一词表述人对其生命和身体的控制表明，人并没有伤害自己或夺去自己生命的自由。我们之前已经说过，格老秀斯和普芬道夫仅仅通过“属己”这个词讨论生命、肢体、自由和行动。所有这些东西的唯一共同点在于，它们受到“戒取属于他人之物”这条自然戒律的保护。说某物自然地是一个人自己的，这本身并没有反映出所有者对此物的控制程度。格老秀斯和普芬道夫赞同苏亚雷斯的以下主张：一个自由人能够让渡他的自由（2.5.27；6.3.4），但不可让渡他的生命（2.1.6，2.4.19）。因此，人对他的生命享有的控制程度不同于人对自己自由的控制，虽然两者都被认为是属于他的。

如我们之前所言，洛克用“财产”一词来指某人自己的东西，无

论是包容性地属于他，还是排他性地属于他。也就是说，任何东西只要在某种意义上是某人自己的，那么它就是这个人的财产。这似乎是17世纪对这个词的常规用法。“17世纪英语中的‘财产’[propriety(property)]一词等于拉丁文中‘属己’一词。”(乌利韦克罗纳，1975年：第113页)采用这个常规的结果是，一个人对某物的控制程度无法仅仅在“这是财产”这一表述中反映出来，正如它无法在“这是属己”这一表述中反映出来一样。拉丁文作家使用不同的词来区分控制的程度。在上述例子中(以及多数语境中)，苏亚雷斯将“*dominium*”限于让渡所指事物的权利。格老秀斯和普芬道夫通常在这个意义上使用“*proprietas*”与“*dominium*”。但是他们指出，准确地讲，让渡某物的权利应被称为完全的财产权或完整的财产权(1.1.5；4.9.1)。他们做出这样的修改是因为，他们想将对他人私有财产的使用权也称为权利，虽然使用者不能让渡所有者的财产。享有使用权，则“此人只能从他人的财产中获得日常的、必需的收益，但不能破坏此物”(普芬道夫：4.8.8)。格老秀斯称使用权为“不完整的财产权”(1.1.5)；而普芬道夫称之为“用益的财产权”(4.4.2，4.8.3)。借助于这两个词，他们可以区分一位所有者可以让渡某个东西(完整的财产权)与只能使用某个东西(不完整的财产权)这两种情况。用洛克的话来说，这就是“**拥有支配权**(如牧羊人那样)与所有者拥有的完整财产权之间的区别”(1.39)。

由于使用权既不包含占有，也不包含让渡某人使用之物的权利，那么我们就需要来解释为什么它还是一种财产权。为了回答
113 这个问题，普芬道夫讨论并进一步阐述了洛克采用的财产权概念。

如果我们区分转让权利和转让权利指向的东西，那么我们就可以从两个角度考察财产权(4.9.6)：

> 它要么是指一项**道德属性**，我们可以基于此理解某物属于某个人格且应当由此人来处置。要么，它还意味着某种程度的**自然力量**，我们据此能够直接实现对所说之物的任何目的。

这等于是将脱离占有的财产权与将占有“合入其中”的财产权(作为财产权的实现)区分开来。对财产权的这两种“考察”等同于洛克那里作为一种请求权的共有财产权与在个体占有中得到实现的那种财产权。虽然普芬道夫发现这一区分有悖于自己的权利理论，但他指出，这一区分存在于教会法使用的“向物权”和“对物权”中(4.9.8)。使用权类似脱离占有的财产权，因为使用者仅仅继续使用土地而没有占有它(4.9.7)。但是，使用权也具有准确意义上的财产权本应包含的占有和让渡的特征。权利人占有他的权利(一个无形物)，他可以让渡这项权利，但是不可让渡权利指向的那块土地(4.9.7，4.8.3)。

当洛克使用“财产权”一词指代人对使用地球供给物的请求权时，他的用法与普芬道夫将“*dominium*”理解为一种道德属性的做法一致，同时也符合苏亚雷斯、塞尔登和坎伯兰的用法。洛克使用“财产权”来描述以下两种情况的做法与拉丁文的用法一致：权利及权利指向的对象都能够被让渡的情况以及只有权利可以被让渡的情况。这也符合英语的用法。例如，共有者将其权利称为“一项财产权”，他对自己捕获的猎物享有“一项财产权”[尼尔森（Nelson），1717 年：第 82—99 页，第 297 页]。尽管如此，拉丁词“*proprietas*”和“*dominium*”比洛克采用的（1968 年：第 215 页）以及 17 世纪普遍使用的英语词“property”的使用范围狭窄，后者指任何某人自己的东西（伍德豪斯，1974 年：各处）。

此种差别的原因在于英语的一个双重假定：说任何事物以任何方式是某人自己的就等于说这是他的财产；说某物是某人的财产就是说此人拥有指向此物或对此物的权利。正如巴贝拉克的评注所言，财产权可以是对任何东西的权利，财产权是任何种类的权利。[①] 如果设定这个等式，那么一个人就对任何他自己的东西拥有“指向此物的权利”或“对此物的权利”。苏亚雷斯、格老秀斯和普芬道夫同意，生命和肢体是一个人自己的，可被这个人使用，但

114 是他们否认此人对它们拥有权利，因为这将意味着这些权利是不可让渡的。对他们来说，可让渡是权利的一个分析性特征（格老秀斯，1.1.5；普芬道夫，1.1.20）。我们可以说一个人对其自由拥有一项权利，就是因为此权利是可让渡的。洛克和他的英国同代人借助他们的语言常规，即任何“某人自己的”就是财产并且可以被称为权利，得到了一些不可让渡的权利。[②]

洛克与苏亚雷斯、格老秀斯和普芬道夫一样认为，人的生命仅供他自己使用，但是洛克认为由于这是他自己的，所以这是他的财产，所以他对使用自己的生命拥有权利（2.23，123）。在这里，生命

---

① 参见上文，第 7 页。

② 对不可让渡的权利这个概念的一个出色分析，参见塔克，1979 年。

和对生命的权利都是不可让渡的(2.135,149)。自由同样也是财产,但与苏亚雷斯、格老秀斯和普芬道夫的看法不同,自由及对自由的权利是不可让渡的(2.123.135)。人的生命是上帝的财产(完整意义上的财产),上帝有权终结人的生命(2.6)。因此,奴隶制不能基于同意而成立(2.22)。只有当一个人由于杀害了他人[违背了自然法,从而使他自己不再是一个人,而仅仅是野兽(2.11)]而被判罪时,奴隶制才是被许可的方案。这些权利是不可让渡的,因为它们来自于保存自己和他人的积极义务。洛克的不可让渡的权利是他的三项包容性自然权利。因此,洛克的以下说法并没有自相矛盾:人的生命是上帝的财产,也是人自己的财产(如戴所言,1066年:第117—118页)。人的生命属于两者,但是方式不同:人的财产权是使用和保存那些本质上为上帝之财产的东西,类似于佃户的财产权。这反映了接受如下预设为何会导致怎样的误解:有一种与让渡的权利这个概念在逻辑上紧密相连的超时间的财产权典型概念。

对格老秀斯和普芬道夫来说,什么是"某人自己的"是通过戒取属于他人之物的自然消极义务来定义。只要某物是某人自己的,无论他对此物拥有何种权利,此消极义务总是与之相伴。此消极义务是一个形式标准,因为它没有规定"某人自己的"的内涵,也没有规定对这些东西的权利的性质。这就是为什么普芬道夫可以称,此消极义务是自然的,而且在逻辑上先于关于基于约定的我的与你的之分。这也说明了为什么私有财产是"属己"的一部分。无论是某人的生命、肢体和自由,还是某人的私有财产,此消极义务都适用,即使指向这些东西的权利是不同种类的权利。

洛克希望保有一种关于权利的自然的纯形式的判断标准,但又不是这个传统的消极标准。因此，权利历史中最重要的转变之一发生了：洛克用所有者对自己的东西的道德能力（无论是排他性的，还是包容性的）来重述传统原则。这一道德能力或权利就是财产权："其本质是，不经本人同意不可从其手中夺走。"（2.193）洛克在这一段话中指出此权利与政府针锋相对，以此强调这是一个自
115 然定义。这种权利具有戒取他人之物这条传统自然戒律的形式功能：它既不决定何为一个人自己的，也没有带来对某人所有之物的其他权利。这种权利也保护一个人自己的东西，但不是通过突出他人履行其消极义务，而是通过聚焦行动者运用他的同意、他的自然权利或财产权的道德能力来实现保护。任何权利，无论何种类型的权利，也无论其指涉何物，只要包含这个要素，就被称为"财产权"（肯德尔，1965 年：第 64 页）。"他们的人格基于自然权利是自由的，他们的财产，无论多少，都是他们自己的，由他们自己处理，而不是听凭征服者处理，否则就不是财产了。"（2.194）

洛克如此定义财产权的要点在于突出权利带来的对权利客体的主宰程度。若没有此最低程度的权威，就不是财产权。"如果别人不得我的同意有权随意取走我的东西，我对这些东西就确实不享有财产权。"（2.138）因此，不可不经他人的同意夺走他人的东西是"财产权的基本法"（2.140）。这一定义并不意味着，权利人可以同意转让他自己的东西。他的人格、行动、自由和生命是他的财产，但是这些不可让渡的东西不能经过同意被夺走。如此定义的"财产"可以是实物、生命、自由和资产（2.123），因为它们不经同意不可被夺走。因此，权利指涉的任何东西都可以被称为行动者的权利（2.38）。英国人的共有地之所以是财产正是因为，其中任何一部分

都不可不经所有共有者同意被非共有者夺走。

由于“财产权”指的是这个意义上的“权利”，而不是任何特定权利，它可以是“共有的权利”中的“权利”和“对某物的权利”中的“权利”(1.24)。虽然这些是不同种类的权利，包容性权利和排他性权利，但它们都是财产权，因为这些权利及其客体都不经同意不可被夺走。因此，生命是财产这一事实(即便经过同意生命也不可被夺走)意味着一项“保存他们没有权力放弃的东西”的包容性权利，以防止那些企图夺走这些东西的人(2.149)。巴贝拉克所言极是：“财产权”意指“任何种类的权利”，因为确实所有权利都不经同意不可被夺走。

《人类理智论》中的定义也起到同样的作用(4.3.18)。财产权是“对任何东西的权利”，而不正义是“对此权利的侵犯和破坏”。因此“**没有财产权，则没有不正义**”。这个定义包括了包容性权利和排他性权利。莱布尼茨指出了洛克这个定义的一般特征并推出了其中的必然结论(1916 年：第 433 页)：

> 即使不存在财产权，就好像所有东西都是共有的，也还是会存在不正义。说到财产权概念中的**物**，我们必须将其
> 进一步理解为包括人的行动，这是因为，即便没有对物的权 116
> 利，当人们发现自己需要某物而付诸行动时，他人加以阻挠也是不正义的。但照这样解释，这里不可能不存在某种财产权。
>
> 一个看似分析性的真理，基于存在自然正义原则这个假定，得出了一个综合性真理。

“不经某人的同意不可从他那里夺走”，这是洛克对财产权的定义，也是他使用“财产权”一词想表达的意思。“必须说明，我所谓的财产权，在这里和在其他地方，既是指人们对他们的物品，也是指人们对他们的人格拥有的财产权。”(2.173)无论指向何物，无论是对此物的何种权利，“财产权”或权利都是不经同意不可被夺走。这似乎解决了关于洛克的“财产权”一词之内涵的长期争论。维纳(Viner)和麦克弗森(两位晚近的研究者)都假定财产权一词的含义取决于它的指涉(1963 年：第 554—555 页，559—560 页)。这带来了一种“两个层面之含义”的说法：洛克既在广义上使用财产权一词，也在狭义上使用财产权一词，它取决于这个词的指涉。[①] 但是对于洛克来说，“财产权”的含义与它的指涉无关。洛克使用“财产权”所指的就是他自己指明的那个意思，也是巴贝拉克认为的洛克的意思：任何种类的权利。它们的性质是，不经某人同意不可被夺走(比较乌利韦克罗纳，1975 年：第 111 页；瑞安，1965 年：第 226 页)。

第四节　人作为制造者

1

洛克现在将他的学说推至以下结论：一个人格对共有物施加劳动构造出的对象是他自己的，就像人和世界是上帝自己的

① 拉斯莱特，1970 年：第 100—102 页探讨了这个问题。

那样(2.27)：

> 所以只要他使任何东西脱离自然所提供的和那个东西所处的状态，他就已经掺进他的劳动，在这上面掺加他自己所有的某些东西，因而使它成为他的财产。既然是由他来使这件东西脱离自然所安排给它的一般状态，那么在这上面就由他的劳动加上了一些东西，从而排斥了其他人的共同权利。

诺齐克认为，"洛克认为，对一个之前不曾拥有的对象的（排他性）财产权来自于某人将其劳动混入其中"（1974 年：第 174 页）。如果是这样的话，那就存在一个明显的问题，"为何此人拥有财产权的资格可以扩展到整个对象，而不是仅仅扩展到他的劳动产生的那部分附加价值？"（第 175 页）。不过，洛克似乎并不持有这种观点：即一个人格将其劳动混入某个之前既已存在的对象中，而这个对象在劳动过程中一直存在。准确地说，洛克认为劳动者从上帝提供的物质中制造出了一个对象，因而对此产品拥有财产权。这类似于上帝从祂创造的先存在的物质中制 117
造出这个世界的方式。

劳动将供我们使用的地球供给物转化为被我们所使用的人造对象。在"它们能够有任何用处之前"，这是必要的过程(2.26)。这个论证运用了洛克在《人类理智论》中从原因与结果的角度阐述的制造理论。如我们之前所见，原因是使别的事物开始存在的东西。结果是因别的事物开始存在的东西(2.26.2)。原因与结果的内在联系是："一个事物所由以造成的各个分子都是以前存在过的，但是由先前分子所组成的那个事物本身、所构成的简单观念的集合以前并没有存在。"原因使结果（被认为是这些分子的构成）得以存在。作为原创者，人可以以两种方式作为原因而行动：通过制造，当他将几个可识别的部分合并起来；通过改变，当他引入了一个简单观念或新的之前对象中不存在的可识别的性质。人从上帝提供的物质中建构出情状的能力为他所有。"人的所有权……无论人有什么奇能妙法，其力之所及亦只能组合并分离手底下那些现成的材料，却并不能制造任何新物质分子。"（2.2.2）

这一关于人的创造和转化能力的培根式图景的关键在于：在制造和改变的过程中并没有某个东西一直存在，从而可以将劳动者添加的价值从这个东西中分离出来。[①] 劳动者构造了一个新的对象。这个新对象通过指导劳动者进行制造或改变的那个种类观念而被识别出来（3.6.40）：

> 各种人造事物的本质或观念，大部分都仅仅成立于各可感部分的确定形相。匠人在其所运用的物质中所形成的运动，亦依靠于此……

用现代术语来说就是，一个行为（由人格的行动所构成）的结果（洛克所讲的"结果"）是定义这个行为的那个改变的最终状态［肯尼（Kenny），1975 年：第 54 页］。人的创造性活动如同将字母组合为单词的活动（2.7.10）。因此，沃恩（Vaughn）将洛克的学说

① 乌利韦克罗纳，1974 年 b：第 226 页也拒绝这一价值添加论的解读。

称为一种构造理论：将劳动添加到(那些还没有被他人私占的)任何自然产物上就足以赋予此人对他塑造或构造之物的所有权(1925年：Ⅰ，第154页)。在巴贝拉克评注普芬道夫时引用的沃拉斯顿的一段话中，沃拉斯顿对这个理论做了简要的阐述(1724年：6.2)：①

> 在所有人类律法之前，B的劳动结果或产物不是C的劳动结果：这个结果或产物是B的，而不是C的。原因在于，B的劳动作为原因造成或生产的东西是B用他的劳动生产出 118
> 来的东西，或者说是B的劳动产物。也就是说，这是B的产物，而不是C的，也不是其他人的。

格老秀斯批判罗马法学家保罗在《学说汇纂》(Digest，XLI 2.3.21)中提出的类似学说。格老秀斯认为，被混入其中产生出一个新物品的要素要么之前已经为人所有，要么还没有为人所有。如果已经为人所有，那就属于原初所有者。如果还没有为人所有，所有权就通过先占获得(2.3.3.2)。这预设了先占作为获取某物的自然标准的有效性，所以是以尚未解决的问题作为论据。普芬道夫考察了罗马法学家在对保罗的评注中所做的多种区分，他最终赞同格老秀斯的立场，只不过加上了以下但书：先占必须基于同意(4.6.7)。

---

① 上帝和人根据他们的观念制造事物，这一模式是“观念”一词的历史根基：阿奎那《神学大全》：Ⅰ.15.Ⅰ。

2

洛克将他的学说应用于三种事例：自然的野生产物、动物和土地。将野生的自然产物构造成物品的转化性劳动是采集。“如果最初的采集不能使它们成为他的东西，其他的情形就更不可能了。”(2.28)这使有用的物品出现，它们在以下描述下成为采集者所有的东西：“谁采集了一百蒲式耳橡实或苹果，谁就取得了对这些东西的财产权。它们一经采集便成为他的物品。”(2.46)这种关于所有权“如此被构造出”的学说也适用于动物：“这一理性法则使印第安人杀死的鹿归他所有；尽管原来为每个人的共有权所指之物，但是在有人对其施加了自己的劳动后，就成为此人的物品了。”(2.30)捕获和驯养也同样使得野兽成为某人自己可使用的物品(2.30、38)。这是洛克对以下论点的首次明确表述，即一个行动者对他作为原因而产生的结果拥有所有权是一项理性法则，虽然这一论点其实贯穿洛克思想的基本结构。这是正义的首要原则：“正义赋予每个人对其诚实劳作之产物的权利。”(1.41)

将动物从其自然状态转为对人类生存有用的状态并将其私占带来了一个严重的问题，因为杀害行为构成了对上帝财产的损害。洛克回到第一原则中寻求解决之道。“人类对于万物的**财产权**是基于他所具有的，可以利用那些他生存所必需，或对他的生存有用之物的权利。”(1.86)因此，杀死动物只有在以下情况下才能被证成：杀死动物是为生存而有意使用动物这一行为的必然要求，是实施这一行为的间接意图。“他们已被给予人类所能有的最大限度的财产权，也即是，对无论什么东西，都有因使用而消耗它的权利。”(1.39)对于普芬道夫来说，以下说法正确无疑：根据定义，财产权就是对任何东西的自然实体本身的权利。与此相反，洛克则 119
认为，此说只就动物而言才能成立，而且，只有当这是对其加以使用的必然结果时才能成立。洛克不断重申对动物的财产权所具有的独特性与有限性：“他甚至可以为了使用它而把他享有财产权的东西加以毁灭，当这是他生存所需的时候。”(1.92)另一个限制条件是，动物的物种必须被保存(1.56)。

洛克通过强调土地的重要性来将他的自然个体化(natural individuation)学说应用于土地。“财产权的主要问题”现在是“包括和带有其余一切东西的土地本身。”(2.32)土地的显著重要地位并没有影响洛克这个学说的适用性：

> 我认为很明显，对土地的财产权是以与前者一样的方式取得的。一个人能耕耘、播种、改良、耕种多少土地和能用多少土地的产品，这多少土地就是他的财产。这好像是他用他的劳动从公地圈来的那样。

在被耕种之前，土地是“荒废的”。它由上帝提供给人们使用(2.42)。一个人将其劳动混入土地中，从而对其结果(一块被耕耘、播种、改良、耕作的土地)拥有财产权。虽说如此，但土地仍然是上帝的财产。劳动者对他改良的土地享有财产权，这块土地是他一手弄出来的，之前并不存在。那个人如果对“这块土地的任何部分加以开拓、耕耘和播种，就在上面增加了某种东西，即他的财产”(2.32)。洛克称之为“通过加以改进，私占任何一块土地”

(2.33)。一个人能够称其为他自己所有的改良土地量,被限于他能够加以使用的量,而非他的劳动能改造的任何土地量。

劳动者的行动的两个结果最终可以被称为是他自己的:被改造的荒地与耕耘、种植和耕作带来的产物(2.38)。格老秀斯和普芬道夫的如下论证被洛克转了个方向:先占带来了一项使用权及相关联的消极义务。对于洛克来说,为制造有用的物品而进行的使用确立了对这些物品的所有权,而这一行为必然意味着排除他人(2.35):

> 开拓或耕种土地是同拥有所有权结合在一起的。前者给予后者以权利资格的根据。所以上帝命令人开拓土地,从而给人在这范围内私占的权力。而人类的生活境况,即需要劳动和从事劳动的资料,必然带来私人占有。

乌利韦克罗纳基于以下理由不赞同这样解读洛克的私占理论:“这里的意思不可能是:当某个对象是他的做工创造出来时,他
120 就成为此对象的所有者。这种解读不符合洛克的说法和例子。”(1974 年:第 225—226 页)说洛克没有使用“创造”一词是正确的,创造只限于上帝的行为(2.26.2)。但是,如我希望已然说明的,洛克一直重复使用“制造”一词表示人将自然事物改变为有用物品的能力。将一个人的劳动混入其中,改变了原初的东西本身。乌利韦克罗纳采用了以下这种解读:某物通过劳动成为一个人自己的,是因为“某种精神性自我被注入到对象中”[1974 年 b:第 226 页;比较奥伊希纳(Euchner),1969 年:第 82 页]。洪德特指出,洛克

的著作和清教作品存在多种这样的表现主义式思想。他写道:"一个人的财产是人格注入带来的自我延伸。"(1972年:第9页)但是这个说法似乎并不能承载乌利韦克罗纳给它的重担。他的亚里士多德式结论——某物成为某个人自己的是因为此人的自我被融入其中——是洛克否认的一种推论。如果这是对财产的解释,那么子女就将是他们的父母的财产了(比较2.56)。洛克的要点在于:与外部材料连接和混合的行为体现在捕获、捕杀、采集、耕耘、种植和耕作这些意图性行为中。这些行为将材料转化为有用的物品,从而使它们成为某人自己的东西。连接人与上帝的非偶然因果关系同样也连接了物品与劳动者。生产出的有用之物和生产资料是劳动的"结果"(2.43)。行为与结果的这一内在关系解释了(如沃拉斯顿所言)为何"人的劳动产物却常常被称为此人的劳动"(7.2)[①]。

对自己的劳动产物的自然权利与每个人拥有的三项自然权利的不同之处在于:前者是行动者通过理性行为(洛克认为它对于人来说是自然的,是人特有的)获得的。区分这样两种财产权——共同所有权和此所有权在个体占有(通过理性行动)中的实现——的做法源于阿奎那。我们已经说过,阿奎那是以与洛克一样的包容性框架开始其论证的,尽管他没有用主观权利来表述。阿奎那同样不认为,个人所有权在严格意义上对人来说是自然的。他接着指出,有一种自然权利(*ius naturale*)适用于单个行动者(《神学大全》:Ⅱ.Ⅱ.57.2)。自然权利包含在行动者的理性与他运用理性

① 我找不到任何证据能支撑戴的如下看法:洛克没能区分"工作"或"劳动"这两层含义(1966年:第109页)。其实,洛克似乎分析了这些含糊名词之间的概念性关联。

的非偶然结果的逻辑关系中。耕作土地者和被耕作的土地之间的关系就是一个范例：

> 财产的所有权(*proprietas possessinum*)，就其本身而言，并没有什么理由可以说明为什么这块土地属于此人而不是其他人，但是如果你考虑如下因素：这块土地需要一直在没有干扰的情况下被耕作并培育作物，那么……与此相符的就是，这块土地属于这个人而不是其他人。

与洛克不同，阿奎那意在证成现存的财产权关系，所以将他的理论完整的所有权包括在内。虽然洛克的学说不是这样，但它们
121 拥有相同的逻辑结构。阿奎那的论证同样借助与上帝的创造力量的类比：“人是模仿上帝的样子被造出来的能手，虽然他不能在严格意义上进行创造，但是他被召唤来通过他的创造力进行制造……在这里，我们可以预期到洛克的教诲。”[吉尔比(Gilby)，1958 年：第 115 页]

制造、认知以及成为某人自己的东西，这些主题是洛克关于某人自己的东西的自然概念的基础。它不仅贯穿洛克的哲学，而且贯穿 17 世纪的哲学思想(欣蒂卡，1975 年；凡·列登，1968 年：第 200—223 页)。洛克的以下论证显然是正确的：将一个意图性行为作为他的行动而归因于某个人格，在逻辑上独立于界定我的和你的之分的协议并且是后者的前提。原因在于，一个人格无法对协议给出他的同意，除非他明白这一言语行为是他自己的。格林总结道：“契约预设了财产权。”(1927 年：第 214 页)因此，普芬道夫的如下主

张遭到反驳:我的和你的之分预设了一项协议。洛克用这个分析模式涵盖行动的结果(当人的行动结果与地球的供给物混合在一起的时候)的做法似乎并不是不合逻辑的延伸。相反,人们现在对制造和做事的明确区分使我们远离了洛克及其同代人试图强调的东西:人的创造性成果,以及这些成果与作为一个道德的、负责的行动者的人格概念之间的关联(欣蒂卡,1975 年:第 102 页)。[1]

3

私占是实现人类保存的诸多手段和目的的第一步。正如洛克在他 1677 年的日记中对此作出的概述:“自然仅仅为我们提供了材料,它们大部分是粗糙的,不适合我们使用的。它们需要人的劳动、技艺和思想来使其变得符合我们的情况。”(洛克的拉弗雷斯手稿,f.2,fos.247—255;1936 年:第 84 页)接下来的一步是探究,除了不经其同意不得被他人夺走的权利外,所有者对其产品拥有其他什么权利。与许多其他财产权劳动理论相反,在洛克这里,劳动并没有带来对物品的其他什么权利(2.27)。为了明确这是一种怎样的排他性权利,洛克回到将排他性权利包含其中的那个自然法框架。“同一自然法,以这种方式给我们以财产权,同时也对这种**财产权**施加了**限制**。”(2.31)洛克的目的是使普芬道夫对格老秀斯的自然使用权的如下反驳失效:“任何人可以按其意愿尽可能地**独占**。”洛克回答道,“谁能在一件东西败坏之前尽量用它来供生活所需,谁就可以在那个限度内以他的劳动在这件东西上确定他的财产权”或者说

① 对这个问题的一项重要研究见韦伯斯特(Webster),1976 年。

122 “限于理性所规定的可以供他使用的范围内”。洛克从两个方面理解这种限制:将使用量限于一个人可使用的范围内;将一个人的使用限于他的利用,而不可滥用。“当这些东西超过他的必要用途和可能提供给他的生活需要的限度时,他就不再享有权利。”(2.37)

对某物的财产权比传统的使用权宽泛,因为上帝赐予我们丰富的万物以享用(2.31),而这项权利不仅允许为了生存使用万物,而且允许为了便利使用万物。这种情况以及上帝对人类从中制成产品的材料享有所有权,使得洛克的排他性权利类似于用益权:“使用和享用他人之物而不造成损害的权利。”(普芬道夫:4.8.7)尽管如此,这里还是存在一个重要的差别。用益权是为了自己的目的使用和享用他人财产的权利。与此不同,洛克的“对某物的财产权”是为了上帝的目的使用和享用上帝的财产的权利。洛克提出的排他性权利是一种关于使用的独特英语概念,如受托人对他人财产的那种使用。这个问题的关键在于:“确认此人的义务,因为出于某种目的,财产被转到此人手中以实现这些目的。”[霍尔兹沃思(Holdsworth),1926 年:Ⅳ,第 410 页。]受托人被认为对使用拥有财产权。受托人的情况类似于人类在使用他的财产方面的存在处境,因为人是上帝的仆人,“奉他的命令来到这个世界,从事他的事务”(2.6)。从使用的角度描述人的财产权突出了以下这点:所有权之所以存在及其存在的目的都是为了履行对上帝的积极义务。

对某物的财产权是人对保存自己和他人并得到舒适生活的必要手段的自然权利的实现。原初的请求权的一个重大显著特点是,它并不是指向地球本身的权利,而是指向对人类生活有益的人造产物的权利:食物、衣服、生活便利品、肉和饮品(1.41;2.25)。

《自然法辩难》给出的教诲便是如此。排他性权利将这个不显眼的请求权个体化的方式与“对使用公共交通工具的座位的权利”将“使用公共交通的前置权利”个体化的方式一样。排他性权利是对某人劳动产品的使用权,因为它是使用这些人造产品的前置权利的实现(被个人占有)。这一独特的结构是为了确立洛克的主要意识形态结论:对土地的固定权利并没有一个自然基础。之所以必然如此是因为,互补的自然的包容性权利和排他性权利,一个指向劳动产品,一个内在于劳动产品。因此,共有物仍是共有的,人仍然是共有物的承租人。为了获得对其劳动果实的财产权,一个人需要一块土地来进行劳作,从而在他使用此土地时享有一项排除他人的权利。这样一来,洛克就反转了格老秀斯和普芬道夫的论证,因为他使得使用土地的排他性权利以耕作或制造有用产品的 123
其他方式为条件,而且前者由后者引起(2.35)。

洛克在分析使用财产的限制时重申并强调了这点。由于多数东西都易于败坏,共有物的使用权是有限度的:“如果它们在他占有时未经适当使用即告败坏;在他未能食用以前果子腐烂或鹿肉腐坏,他就违反了自然的共同法则,就会受到惩罚。”(2.37)惩罚是正当的,因为“他侵犯了邻人的应享部分”。他的罪行在于滥用他制造的供给物,从而侵犯了他的邻人对这些供给物享有的份额。这一论证基于以下预设:人对生存必需的供给物(不包含未经加工的材料)享有一项前在的包容性请求权。这就是说,一个人所拥有的,多于其能够使用的那部分劳动产品“超过了他的份额而属于别人所有”(2.31)。因此,所有者由于持有超出他能够使用的共有物而受到惩罚,虽然这些东西是他制造出来的。邻人行使其权利来执行自然法，惩罚此人侵犯了他人的包容性权利(2.11)。[①]

洛克接着言及“适用于土地占有的相同尺度”(2.38)：

> 凡是经过耕种、收割、储存起来的东西，在败坏之前予以利用，那是他的特有权利；凡是圈入、加以饲养和利用的牲畜和产品也都是他的。但是，如果在他圈用范围内的草在地上腐烂，或者他所种植的果实因未被摘采和储存而败坏，这块土地，尽管经他圈用，还是被看作是荒废的，可以为任何其他人所占有。

上述第一句话强调，财产权在根本上取决于对二级产品——人在土地上劳作改进土地后进一步获得的产品——的使用并以此为条件。它们是维持生存和享受的直接手段，也是一个人的自然请求权。这要求并预设了一项对经过改进的土地(由人的耕种和收割活动构造出来)的前置权利。第32段在赋予这项前置权利时也以这个条件为前提，即对二级产品的恰当使用。从洛克的这个制造概念中可以清楚地看出：这项前置权利作为一个被构造出来的混杂情状附着于经过改进的土地，而不是仅仅附着于附加的价值和改进的部分。如果被改进的土地的产物没有被收集起来，为了生存和舒适生活而被使用，那么这块被耕作的土地就不再是某人的了，将恢复为共有。因此，并没有纯粹的土地权，只有对改良

① 执行自然法的权利其实并没有洛克所言的那么“奇怪”。参见基尔克，1934年：Ⅰ，第99页和斯金纳，1978年：Ⅱ，第340—345页。

后的土地生产出的产物的使用权。对土地的权利再次被证明不是一种固定财产权。只有当土地被使用、土地上的产物被使用时，这种对土地的权利才成立。一项排他性权利的首要和决定性标准 124
是：对直接生产资料的恰当使用。这个层面上的任何滥用或不使用将消解另一项以此为前提的使用权以及对产品本身的权利。财产权以使用此财产以履行对上帝的积极义务为前提(比较巴贝拉克，1729 年：4.4.3 注释)。被耕作的土地及其产物都是人的财产，因为未经所有者的同意不得被夺走。只有当它们作为使用对象而成为他的财产，这个释义才得以成立。当它们不再是使用的对象，它们(从定义上讲)就不再是他的财产。此时，其他人的包容性权利就可适用于其上。

第五节　共有中的财产权

1

理解洛克的自然个体化学说的一个障碍是以下这种倾向：认为“财产权”包括对土地的无条件权利，从而将财产权等同于“私有财产权”。麦克弗森对第 32 段的如下评注颇具代表性：“如果洛克就此打住，那么他就能够为有限的个人所有权提供辩护，虽然他的论证需要相当程度的延伸才能覆盖当时英国自耕农的财产权利。”(1972 年：第 202 页)麦克弗森认为洛克的学说无法证成英国自耕农的财产权的原因在于，它们不符合洛克所设的那个附带条款(2.27)，即必须留给其他人同样好的充足的东西。暂且不说这个限制条款，自耕农享有的财产权其实不同于洛克所言的对某人的劳动正当获取物的财产权。自耕农享有对土地的固定财产权，一种排除他人且与是否使用此土地无关的财产权。洛克所说的公地佃户对其改进的土地拥有使用权，其条件是他对土地的严格意义上的持续使用以及对相应产物的恰当使用。这种权利不能也没打算延伸至对土地的固定财产权。将洛克的“对某物的财产权”与私有财产权合二为一是最近才出现的做法。19 世纪早期的激进分子关注洛克关于对某人劳动产品的自然财产权理论，将其正当化用来反抗既有私有财产权体系（狄瑞福，1928 年：第 91 页）。

这一障碍被清除后仍有一个疑问有待回答：洛克在以这种方式解决个体化的困难时，他心中想着哪种财产权体系。洛克非常明确地指出，他的典范是英国公地。“我们在以协议保持的**公地关系**中看到，那是从共有的东西中取走任何一部分并使它脱离自然
125 所安置的状态，才**开始有财产权**的；若不是这样，公地就毫无用处了。”（2.28；比较 2.35）洛克的共有者拥有的所有排他性权利都存在于英国公地上，被称为“财产权”。将对土地有条件的使用权与对某人劳动产品的用益权结合起来是财产权的标准形式[高纳（Gonner），1912 年：第 7 页，第 15—17 页，第 78 页，第 99 页，第 101—102 页；尼尔森，1717 年：第 70—78 页]。

积极共有中的排他性财产权（菲尔默认为这让人无法理解）的理念和实践在洛克这里成为了可能。坎伯兰采用了一个类似的模式，而普芬道夫也不情愿地承认这样一种安排是可能的。普芬道夫是在讨论波克（Boecler）对格老秀斯的评注时表现出这一态度的。波克认为[后来格林重申了这点（Green，1927 年：第 214—215

页)],格老秀斯不应该坚持不用“财产权”(*proprietas*)一词表示他所讲的自然使用权。一个人如此占据的东西不可能在不造成侵害的情况下被其他人夺走,而这正是财产权的目的和效果。波克总结道,这里存在一种共有中的财产权(*proprietatem in communione*)(1633 年:2.2.1)。普芬道夫对波克的观点表示了有限的认同:“事物的实体并不属于任何人,但是当事物的果实被采集起来后,这些果实就与财产权有关。”(4.4.13)他用采集橡树果的例子阐明自己的观点,补充说:“我们认为,这个共有的理念,被这样一种程度的财产权(*proprietas*)所调和,也许能够很容易被不具有聪明头脑或哲学头脑的人理解。”普芬道夫不情愿地承认,首先采集带来了一种也许可被称为“财产权”的自然权利。这其实与他自己的学说相抵触。普芬道夫的这一补充说明不仅使用了洛克不久后所讲的“共有中的财产权”的这个说法,而且举了与洛克一样的例子(2.28;比较乌利韦克罗纳,1974a:第 225 页;拉斯莱特,1970 年:第 306 页)。波克和普芬道夫这里使用“*proprietas*”的方式与洛克对“property”一词的英语常规用法一样。

2

洛克将采集橡树果的例子置于他的积极共有语境中,类似于英国公地,而不是普芬道夫的消极共有语境中。这可能会招致针对其学说的两种反对意见(2.28):

> 是否有人会说,因为他不曾得到全人类的同意使橡树果或苹果成为他的所有物,他就对于这种私占的东西不享

> 有权利呢？这样把属于全体共有的东西归属自己，是否是盗窃行为呢？

这是普芬道夫在反驳格老秀斯的自然使用权时借用自维尔图伊岑的两个反对意见。洛克已经使得格老秀斯和普芬道夫的自然状态中引发冲突的主要原因归于无效。对劳动的正当获取
126 物的自然权利以及将此权利扩展至使用和享受消除了人类争夺的两个主要原因："那时对确定的财产权大概就很少发生争执或纠纷。"(2.31；比较 2.34，36，51)现在，洛克开始处理另一个问题：个体化是否构成对其他共有者的包容性权利的侵犯。

洛克也许此时心中还想着菲尔默。菲尔默指出，若没有对积极共有物个体化的一致同意，个体化就构成抢劫。"将任何一物的所有权给予其他某个人都是在劫取此人对所有东西的共同使用权。"(第 273 页)菲尔默此说的语境是向私有财产权的转化。他所描述的积极共有不同于洛克的积极共有。尽管如此，洛克仍然有责任说明他的学说能够回应这一反对意见(凯利，1977 年：第 82—83 页；约尔顿，1970 年：第 195 页)。齐格勒(泰伦尔也是如此)在对格老秀斯的评注中也提出了一个类似的反对意见。普芬道夫引用了齐格勒的分析并将其作为采用消极共有的理由之一(4.4.1；齐格勒，1662 年：2.2.2)。

> 处于共有中的东西只能是不可分割的部分，它们的性质就在于，它们的实体的每个原子都如整体那样不可分割。如果任何个人将某一部分单单归于自己，他就是共有物的抢劫

犯，对他人造成了损害。

我们之前已看到，普芬道夫在思考并反对积极共有时使用了这个论证。

洛克面对的问题在格老秀斯和普芬道夫的学说中并不会出现。如果世界不属于任何人，那么关于“属于”的首个概念将会是一个个体性的、排他性的概念。先占者不会犯下抢劫之罪，因为那些东西不属于任何人。因此，抢劫必然是从侵犯排他性财产权这个角度来定义的。从中可以得出以下结论：任何形式的夺走他人之物（例如征税）都构成抢劫（诺齐克，1974 年：第 169 页）。

洛克重申了经院派的学说，赋予“共同属于所有人”以逻辑上的优先性，得出了一种对立的抢劫观。正如所有积极共有的主张者所强调的，抢劫是从侵犯其他积极共有者的包容性权利的角度来加以定义的。此时，抢劫可以体现为排他性权利本身，而不是对排他性权利的侵犯。夺取超过一个人在共有财产中的份额的量就构成了抢劫。因此，洛克面对的抢劫问题和共产主义中的抢劫问题一样。洛克的第一个答复是，如果一个人夺取的东西超出了他所必需的配得之物，他就夺取了“他的份额之外的东西，而这些东西是属于其他人的”（2.31）。“当他夺取了超出其份额之外的东西时，他就抢劫了他人。”（2.46）积累的东西超出了他能使用的量时，这个人就“侵犯了他的邻人的份额”（2.37）。

这个答复预设了一个所有反对积极共有之说的人都认为无法 127
解决的难题的解决办法。他们都认为积极共有意味着每个人都在同一时间对同一物品拥有权利。若是如此，那么结果就如霍布斯所言“是一切人对一切人的战争”(1651 年:Ⅰ.31)。我的和你的之分并不具有自然基础,它是主权的人为构建:“我的和你的,还有他的,或者用一个词来说,就是财产权。在所有类型的国家中,这都取决于主权力量。”(Ⅱ.24)因此,主权者侵犯臣民的财产权就不可能是不正义的:“臣民对其土地所拥有的财产权在于排除所有其他臣民对这块土地的使用,但是不排除他们的主权者。”霍布斯从这种形式的积极共有中推导出的不尽如人意的结论正是普芬道夫拒绝积极共有的主要原因所在。因此,普芬道夫采用了消极共有,将其作为他提出的私有财产权体系(以自然法为基础)的基石。

洛克的解决之道(和坎伯兰一样)是重新定义积极共有。虽然共有物以相同方式属于每个人,但是它们属于人们并由他们来使用,是为了履行获得生存和舒适生活必要手段的义务。他们的包容性权利指向每个人应当享有的那些手段。因此,某项权利并不指向共有物中的某件东西。其实,它并不指向共有物中的任何东西,而是指向从共有物中制造出来的东西。“生存和舒适生活必需品”是每个人应当享有的份额的自然基础。由于每个人对其配得份额享有权利,不多于此,获取这个份额就不是抢劫。因此,逻辑上前置的对某人配得之物的包容性权利(限于生存和舒适生活必需品)是洛克回答抢劫问题的基础。

重构人们的共有权利而使它们指向的东西不会发生冲突,回应了对积极共有的所有批评。在使得抢劫之名无法成立的过程中,洛克还消除了以下反驳:同意是必要的。只有当他人的权利或自由遭到侵犯时,同意才是必要的。适用于人的自然权利的限制同样适用于人的自然自由。菲尔默对积极共有的攻击基于以下预设:一个人“对共有物的自然权利”以及“他的自然自由”意味着他可以“夺走他想要的东西,做他想做的事情”(第274页)。这种自由甚至在格老秀斯那里也是不存在的。这里我们似乎可以看到,菲尔默的论辩基于以下片面之举:将霍布斯的自然状态归到格老秀斯身上。洛克对此的回答是,自由(和自然权利一样)必须从律法的角度来定义:“在他所受约束的律法许可范围内,随其所欲地处置或安排他的人身、行动、占有物和它的全部财产的那种自由。”(2.57)因此,在自然处境中,人处于“一种完美的自由状态,他们在 128
自然法的范围内,按照他们认为合适的办法,决定他们的行动和处理他们的占有物和人身,而无须得到任何人的许可或听命于任何人的意志”(2.4)。人无需他人同意而在自然状态中行动这个条件是自然自由的一个分析性特征。满足这一条件(同时避免这种自由发展为霍布斯式战争状态,避免侵犯他人的自由)的方法是从自然法中得出自由的范围。人针对地球供给物的行动自由是“使用上帝许可给他的东西的自由”(1.39)。自由因此等同于行使自然权利以利用那些生存和舒适生活的必需品。在自然法的限度内行动并没有侵犯他人的自由,也没有侵犯他人的权利。

3

洛克在分析对共有物的自然财产权和共有物中属于每个人的东西的过程中,做出了一个重要的概念澄清。洛克的对手们将权利及其客体都称为“财产”。但是这个做法如果应用于共有财产的客体,似乎就意味着整个共有物是财产。洛克的对手们由此得出结论:每个共有者必然对所有东西都享有权利,而这个结论被用来反对任何形式的积极共有主义。洛克同意，权利及其客体可以被恰当地称为财产，但由于这意味着任何财产权问题都需要权利人的同意，所以洛克对共有权的客体做了进一步的细致分析。虽然包容性权利表达了一种共有的或联合的财产权，但是这项权利并不指向整个共有物。相反，它仅仅指向一个人在共有物中的份额，而这才可被称为财产。一个人在共有物中的份额由共有权的目标或目的确定，但是它并不是共有物中一样确定的东西或一块确定的地盘。因为如果是后者，共有物将会是多个人的财产而不再是真正的共有物。相反，一个人的份额必须来自对共有物的使用，因此共有物事实上仍然是共有的。将整个共有物称为“财产”将意味着同意是必要的，而这意味着每位共有者在排他性意义上将共有物看作是“他自己的”。由此，人们只会言及给予和拿走，而不会言及份额和分享。因此，如果我们想说有些东西由人们分享，就有必要不将共有物称为财产，只将对共有物的权利称为财产［当然就非共有者而言，共有物是共有者的财产，因为此时共有者的同意是必需的(2.35)］。属于所有人共有的东西不像属于一个人的东西那样可以被称为财产。洛克没有将属于所有人共有的东西称为“财产”，使得共有这个概念没有降为多个人的财产。洛克通过一个类比说明了这点，即共有物仍然是共有的(2.29)：

129 虽然泉源的流水是人人有份的，但是谁能怀疑盛在水壶里的水是只属于汲水人的呢？他的**劳动**把水从自然手里取了出来，从而**将其私占**，而当它还在自然手里时，它是共有的，是同等地属于所有的人的。

我们可以通过公共交通工具的例子来理解洛克的论点。如果我们说，我们享有使用座位的包容性权利，与此同时所有座位是一项共有财产，那么一个人在坐上一个座位前，必须得到每个潜在乘客的同意。这里的说法是，共有物是财产，所以同意是必需的。正如洛克所答复的“如果这样的同意是必要的话，那么，尽管上帝给予人类很丰富的东西，人类早已饿死了”(2.28)。因此，所有座位属于所有人共有，但是这些座位不是财产。如果没有这样的区分，包容和分享的概念就不复存在，共有财产就被降为多个人的财产(2.29)：

> 如果规定任何人在把共有的东西的任何部分拨归私用的时候，必须得到每一个共有人的明确同意，那么孩子和仆人们就不能割取他们的父亲或主人为他们共同准备而没有指定各人应得部分的肉。

洛克通过引用共有者使用英国公地无须其他共有者同胞的明示同意这一常规做法来阐明他的积极共有学说(2.28；高纳，1912年：第101页)。

4

我们已经看到，自然个体化并没有轻易地略过共有物：生产维持生存和舒适生活的物品需要对经改进的土地的有条件的使用权。这样一来，所有可获得且可利用的土地就有可能都在某个历史时刻全部得到耕作。当这种情形出现时，情况就类似于格老秀斯学说中饱受普芬道夫批评的那种情况。两者的重大差异在于，洛克学说中可能被排除在外的共有者都享有一项要求被包容进去的请求权。此时，“同意”必须出场，因为此时任何自然权利的行使都会侵犯他人的权利。一种以同意为基础的新型个体化就显得必要了。因此，洛克在其自然个体化学说的开端就指出，自然个体化仅仅对以下情况适用：即“留有足够的同样好的东西给其他人所共有的情况下”(2.27；比较 2.33、34、36)。

这一数量(足够的)和质量上(同样好的)的限制条件在人类历史的早期阶段可以得到满足：“这种开垦任何一块土地而把它私占的行为，也并不损及任何旁人的利益，因为还剩有足够的同样好的土地，比尚未取得土地的人所能利用的还要多。”(2.33)一旦限制条件不再满足，自然个体化就不再能得到证成，此时就需要以同意为基础的、某种约定性的个体化模式(2.36；乌利韦克罗纳，1974年 a：第 227 页；麦基尔，1977 年：第 176 页)。

我们已经看到，洛克学说的这个第二阶段出现在政府建立之后(2.38、45)。洛克的解释包含两个部分：对“劳动者的财产权如何应有能力超越土地的共有关系”的历史解释(2.40)；以及对财产权如何根据自然法和自然权利被通过约定加以分配的理论解释。我将在下一章最后一部分和第七章中分别加以分析。在这之前，我将讨论洛克第五章的分析的其他特征。

洛克已经说明，没有同意，积极共有的特定化是可能的、正当的，只要他所说的限制条件得到满足。如此一来，他就回应了所有对积极共有的批评，并且说明了这种特定化的发生不会带来纷争。面对积极共有引发的广泛质疑，洛克为什么要这样做，为什么不采用消极共有？洛克在进一步阐述这个学说的过程中点出了其中几个原因。已经较为明显的一个原因是：在洛克的学说中，他始终需要说明人对保存手段的自然权利（这项权利使得共有是一种积极共有）。他的革命理论始终需要这项权利，因为证明反对专制政府的革命具有正当性所依据的权利和义务正是对保存手段的自然权利（2.149）。在实现《政府论》的首要目标，满足其上述需要的过程中，洛克提供了对英国公地的证成，而不是对私有财产的证成。

第六章　财产权与义务

第一节　慈善与继承

1

131 人们有时以为,劳动是个人所有权的唯一自然资格和证成基础。麦克弗森的解读认为“整个财产学说是对无限个体私占……的自然权利的证成”(1972 年:第 221 页)。他指出“这一证成的基础”是洛克“坚持认为一个人的劳动是他自己的财产”。因此,“以下这一传统观念被消除了:财产和劳动是一种社会功能,财产所有权涉及社会义务”。除了在洛克的对手(格老秀斯和普芬道夫)阐释的学说中,财产才是脱离社会义务的这个事实外,麦克弗森对劳动的强调方式似乎也不对。劳动既没有证成某人之物的积累,也没有证成对某人之物的权利。劳动(正如我一直努力说明的那样)为识别自然属于某人的东西提供了一个方法(比较瑞安,1965 年:第 225 页)。对积累与使用的证成来自于前置的、维持上帝的制造物的生存并过上舒适生活的义务和权利。自然法的优先性使得所有权利都是这一目的的手段,因此洛克的解释是一种有限的权利学说。如格老秀斯那样的无限学说则赋予排他性权利以优先性。这种学说通过将自然法降为戒取他人财产的自然义务的方式使自然法保护排他性权利。洛克的学说被用来反对这种无限权利学说，即那种马克思将其作为私有财产之典型证明的学说（1970年：第6页）。

当然，洛克希望强调，劳动是理性动物履行保存人类义务的第一步的最适当方法。尽管如此，劳动并不是唯一的方法。在洛克首次指出诚实劳作将自然而然地使得人有资格享有他应得的产品的那句话中，他还指出了另两项自然资格：慈善和继承（1.42）。“慈善给予每个人在没有其他办法维持生命的情况下分取他人丰富财产中的一部分，使其免于极端贫困的资格。”当一个人没有其他办法来维持生命时，对生存手段的权利将直接适用于他人的物品。“作为一切人类之主和父亲的上帝，祂没有给予他的任何一个 132
儿女以对世界上的特定一部分东西的这种所有权，倒是给予了他的贫困的兄弟以享受他的剩余财物的权利。”其财物超过维持生命所必需之量的所有者负有积极的义务维持没有达到这一水平的人的生命：“任何有财产的人如果不肯从他的丰富财产中给予他的兄弟以救济，任他饥饿而死，这将永远是一项罪恶。”

通过将慈善作为一项积极的自然义务，洛克回应了普芬道夫对格老秀斯学说的第二个反对意见。普芬道夫指出，一个人在格老秀斯的自然状态中可能由于被排除在外而饿死，因此普芬道夫主张，财产的个体化必须基于一项协议，这项协议包含了慈善义务。洛克对此的回答是，慈善是一项自然义务，源于财产权的性质。洛克的这个回答方式惊人地类似阿奎那对慈善的阐述（《神学大全》:Ⅱ.Ⅱ.66.7)。由于一个人是为了保存自己和他人而享有财产权,因此一旦他的保存得到了保障,他的进一步享用就以他人的保存为前提(2.6)。洛克并没有破坏这项传统的与财产权相关的义务,而是赋予它更为坚实的基础。慈善对于贫困的人来说是一项权利,对于富有的人来说是一项义务(邓恩,1968 年:第 81—82 页)。"权利的个体化与义务的个体化形成对称的匹配。"(邓恩,1969 年:第 217 页;比较 1977 年:第 92 页)

洛克将慈善作为个体化人对其必需品的自然请求权的一种方式(当人们没有其他选择时),从而将慈善整合进他的学说中。这同时反映了其论证的另一个特征。虽然在自然状态中,财产的"恰当使用"限制与物品的败坏这个标准一致,但两者并不像麦克弗森所说的那样完全等同(1972 年:第 204 页)。我们还应该注意到,慈善的积极义务并不与洛克对财产的以下定义冲突,即财产是指不经所有者的同意不可被夺走的东西。每个人的包容性权利指向一个既定社会中的物品。这项权利被每个个体享有是因为这有利于实现保存人类的目的。贫困事实上意味着某人的个人权利被另一个人的请求推翻,相关物品成为后者的财产。物品的所有者如果没能交出物品,他就侵犯了此刻属于贫困之人的份额,应受到惩罚(2.37)。必需品"无法正当地拒绝给予他"(1.42)。个人所有权为一个道德行动者在履行对他人的义务中做出相应选择提供手段。但是(与普芬道夫所做的分析类似)如果义务没有得到自愿履行,那么贫困之人的请求权就强行施加这项义务。如马沙姆女士(Lady Masham)引用的洛克的如下说法:贫困的人像其他所有人一样,享有"在这个世界上舒适生活的权利"(引自克兰斯敦的书,1957 年:第 426 页)。

2

识别“某物为某人自己的东西”的第三个自然标准是每个人对 133
“他的祖先传给他的正当获取物的权利”(1.42)。洛克对继承的解释展现了人的社会本性的另一个维度。人对上帝的义务以及“他们对他人的义务”(2.5)构成了人类共同体(2.128)。由于人离开社会就无法存在,履行这些义务就在存在意义上显得非常必要。除了这种共同体,人还生于且依赖夫妻社会,它由一系列的家庭责任所维持(2.52—86)。自然状态中的个体所有者再次区别于孤立的、前社会的个体。后者经常被人们认为是18世纪的经济和政治思想的突出特征。肖切特曾说明了将这一个体主义假设强加于《政府论》是多么的不合时宜(1969年:第81—98页)。拉斯莱特也让我们注意到家庭构成一个基本范畴的方式,而17世纪的人们运用这一范畴理解他们在世界中的位置(1964年)。菲尔默的私人所有权在以下层面上与家庭密切相关:这种权利的行使居于家庭成员之上,而且只属于男性家长。在对继承的讨论中,洛克得出了以下结论:他所说的使用权是家庭共有的,因为这项权利适用于家庭物品且属于所有家庭成员。

洛克承认人们几乎普遍赞同继承制度,并且指出“在这种做法很普遍的地方,把这种事情看成是自然的,也不无理由”(1.88)。父母负有积极的自然义务为他们的子女提供生存和舒适生活所需。子女对“(父母)拥有的物品享有一项权利”(1.88)。由此可见,任何一位家庭成员的财产并不是他自己的财产。它们是整个家庭的共有财产。“人类保有财产不单是为了自己,他们的子女也享有其财产之一部分的权利，而且子女们与父母一起享有这种权利。”

对洛克来说，财产权的标准形式并不是个人权利，而是所有家庭成员享有的共同权利，如有必要，则由整个亲属群体共享(1.90)。财产的这种独特的家庭化是为了通过保存人类的基本单位——家庭——来保存人类(1.88、89)。洛克破坏了个人权利的基础：所有者是一个家庭的父权首领这一无可置疑的预设(格老秀斯：2.5.2；霍布斯，1651 年：Ⅱ.20；菲尔默：第 63 页；普芬道夫：6.2.6)。家庭仍然是基本的社会学范畴，但是它不再是一个等级组织，而变成了一个拥有共有财产的共有组织。“财产的共有、处理财产的权力、相互帮助和支持……(是)属于夫妻社会的东西。”(2.83)正如菲尔默将他的父权社会作为社会的模型，洛克则将他彻底重组的共有家庭作为社会的模型(肖切特，1975 年：第 247—267 页)。父亲对子女的财产所享有的所有权并不
134 比亚当及其后裔对某人的财产的所有权多(2.65、74、170)。子女(犹如作为上帝的子女般)在个体化他们的共有财产时并不需要父亲的同意(2.29)。

继承并不是通过父亲随意处理其财产的权利来得到证成，因为这并非全部都是他的财产。继承反映了父母不再使用那些属于家庭共有的东西这个事实。某个占有物“完全成为他们(子女)的了，父母的死亡使得他们不能再使用这个东西，使得他们无法再占有它，这种情况我们称之为继承”(1.88，比较 1.93)。这一占有物此时属于他们的子女用来“维持生计、活下去并过舒适生活……舍此之

外，别无其他根据”(1.93)，长子继承制度被无情肢解，所有子女共享继承的遗产(1.93)。如果没有继承人，物品就回归共有。也就是说，这些物品处于自然状态中的共有状态或者是将其交到政治社会中的政府手中(1.90)。

洛克学说的这个方面是他对常规最激进的背离之一。人们只需要对比一下伊利主教(Biship of Ely)，威廉·弗利特伍德(William Fleetwood，1656—1723)的《论父母与子女、丈夫与妻子以及主人和仆人的相关义务》(*The Relative Duties of Parents and Children*，*Husbands and Wives*，*and Masters and Servants*，1705)一书，就能看到洛克的观点在当时是多么的标新立异(比较肖切特，1975 年：第 83—84 页)。洛克似乎是被邓恩所说的“菲尔默施加给他的一个论战难题”所迫，而采取了这一立场(1969 年：第 211 页)。洛克的这一立场不仅利落地去除了不受限制且无法被限制的、享有菲尔默所讲的无责任的自然权利的个人主体，代之以整体家庭作为有限且负责的使用权主体，而且还提供了一种非父权的家庭模式。洛克用这个模式来概念化一个“物品共有、相互帮助和支持”的人类社会。这似乎是洛克的论点所在，因为他不仅将其重构的家庭概念作为自然社会的类比物，而且也作为政治社会的类比物。在《政府论》上篇分析家庭的时候，洛克首次给出了对国家的类比描述：“作为这个团体的一部分和成员而受到政府的照管，并依照社会的法律，各尽其职，为全体谋福利。”(1.93)

我们可以按照特赖布在《土地、劳动和经济之辩》(*Land*，*La-*

bour and Economic Discourse)一书中的建议,通过 17 世纪描述家庭的相关词汇的希腊语来源理解这些词的含义,进一步理解洛克对某人自己的东西和私占的解释。[①] 自然法著作家在讨论“某人自己的”这个概念时,最常引用的文本是亚里士多德的《修辞学》
135 (*Rhetoric*)当中的一段话(1361a 21—25)。亚里士多德用来表达“某人自己的”的词是“οἰκεῖα”,其含义是“属于其家或家庭”。相似的,用来表达私占或将某物变成某人自己的东西的词是“οἰκειόω”,其含义是“成为那个家庭的一部分”[利德尔(Liddell)和司各特(Scott),1845 年]。在洛克对菲尔默的回应中,希腊语词源代替希伯来语词源成为家的语言学基础。

第二节 劳动的社会分工

1

洛克用来阐明劳动在无须其他共有者同意的情况下创造对其产品的权利的一个例子是英国公地(2.28):

> 我的马所吃的草、我的仆人所割的草皮以及我在同他人共同享有开采权的地方挖掘的矿石,都成为我的财产,无须任何人的让与或同意。我的劳动使它们脱离原来所处的共同状

① 比较波拉尼,1957 年,芬利(Finley),1973 年:第 20—21 页以及布伦纳(Brunner),1956 年。

态，确定了我对于它们的**财产权**。

这段文字的目的是，通过读者熟知的例子来说明对自然共有物的私占无须征得同意(参见高纳，1912 年：第 16 页，有关在英国公地上开采矿石的权利)。这个做法表明，洛克似乎认为，他的马吃草、他的仆人割草皮和他自己挖矿都是他本人的劳动。“我的劳动”这一确立了我对草、草皮和矿石的财产权的从句似乎适用于所有这三种情况。由此而得出的结论常常是，洛克不再坚持劳动产物属于劳动者这一明确结论，转而持有以下看法：仆人的劳动和劳动产物属于他的主人。这一“草皮”段落引发了诸多评论。它们主要分为三大类。

一种解读是，洛克的劳动-创造的财产权是一个极其现代的概念，而古典的信念则认为劳动和财产无法相容。劳动的人不能拥有财产，而那些拥有财产的人并不劳动。因此，“草皮”段落是主人拥有其仆人的劳动和劳动产品这一古典观点(如菲尔默的学说那样)与劳动创造对产品的财产权这一现代观点的混合(阿伦特：手稿 023475—8)。第二种解读是，洛克持有两种相互矛盾的现代财产概念。里奇(Ritchie)评论道，在第五章中“我们似乎能看到现代社会主义的理论基础：劳动的辛劳产物归属于劳动者”(1893 年：第 179 页)。但另一方面，“草皮”段落却暗示“劳动的资本雇佣者 136
(根据这个从句)完全有资格享有他的仆人创造的产品(如果他能够得到这些产品的话)”。

麦克弗森提出了一种解读，改进了里奇的解读的第二个方面。他认为，如果我们假定，洛克“认为薪水关系完全理所当然”，那么

“草皮”段落就与洛克学说的其他部分完全吻合。麦克弗森所说的“薪水关系”是指，为了得到薪水，出卖一个人的劳动或“劳动能力”给另一个人(第48、54、60、214—215页)。依此假定，洛克关于劳动者对其劳动和产品享有财产权的学说就“与以下预设根本不存在不相吻合之处：人享有为了得到薪水而让渡自己的劳动的自然权利”(第124页)。因此，他对“草皮”段落的评论是：“洛克并不认为，一个人的权利只能通过自己的劳动获得。此权利同样可以通过他购买的劳动获得。”(第215页)依此假说，洛克所说的“我的劳动”包含了其仆人的劳动(洛克认为是用薪水买来的)(第215页)。接受了这个假说使得麦克弗森得出了其主要的解读结论。他认为，为了获得薪水而让渡一个人的劳动的权利是资本主义或现代竞争性市场社会的重要特征(第60页)。因此，由于洛克为此种权利提供了一个自然基础(第216—217页)，洛克被认为“消除了此前阻碍无限资本主义私占的道德无资格”(第221页)。

第三种解读分析了“草皮”段落的矛盾之处和麦克弗森使其融贯的努力的矛盾之处(拉斯莱特，1964年；瑞安，1965年；马博特，1973年：第148页；汉德尔特，1972年、1977年；特赖布，1978年)。总的来说，贯穿这种解读中的观点认为：洛克(在所谓否认仆人对其劳动产品享有财产权中表现出来的)既是古典的又是现代的，既是不融贯的又是融贯的。我将说明，洛克在“草皮”段落中到底在做什么，并用历史证据加以证明，然后再讨论麦克弗森的解读。

2

洛克在“草皮”段落中所说的只是主仆关系。它不仅不是资本主义的薪水关系，反而是资本主义薪水关系发展的羁绊。这种主仆关系直到18世纪晚期才被替代。洛克这样描述“主人与仆人”的关系(2.85)：

> 一个自由人向另一人出卖在一定时期内提供他的服务以换取工资，从而使自己成为另一人的仆人；并且，虽然这一行为通常使他处在主人的家庭内，受一般的纪律管束，然而这只给主人以暂时支配他的权力，而且不超越他们之间的*契约*所 137
> 规定的范围。

洛克说，这种契约如历史般古老，而历史先于公民社会(2.101)。如果洛克不认为这种安排是在自然状态中出现的话，就会显得很不正常，因为诸多其他构建关系都在自然状态中出现(2.14)。此外，其他的自然法作家亦将主人和仆人置于自然状态中(阿奎那，《神学大全》：Ⅰ.Ⅱ.92.1；苏亚雷斯：3.2.3；格老秀斯：3.6.9)。我们应当注意，“自然”与“存在于自然状态中”并不相等同。如果人们占有某物或做某事而无须征得同意，那么此物或此行为对人来说就是自然的；如果需要基于同意，那么它就是约定的。人在自然状态中可以同意各种不同的(约定性)实践，例如结婚(2.83)。这一区分常被人混淆(麦克弗森，1972年：第216页)。主仆关系是一种意图性关系(2.28.3)。在自然状态和公民社会中皆是如此。

由于是一个自由人将自己变成仆人，所以这一协议必然预设了他有不成为仆人的选择。下述情况满足这个条件：所有人都能够获取自然的野生产物的供给以及“草皮”段落中英国公地上未被

开发的土地。如果由于某些原因，人们没有这种选择，那么人们就不是自由的，主仆关系就不会出现。洛克在讨论贫困之人获得慈善帮助的权利时特别强调了这一点(1.42)：

> 一个人如果乘人之危，拒绝拿出上帝要求他提供给贫困兄弟的救济，强其成为自己的臣属，这种行为之不义，不亚于一个力量较强的人进攻一个弱者，逼他服从，拿着匕首针对他的咽喉，威胁他不当奴隶就是死亡。

主仆关系成立的这个显著条件使得资本主义不可能在洛克的学说中出现。如果一个人被必然性所迫而为他人工作，这一关系就基于力量，故而是一种主人与奴隶的关系。一个人不可如此对待他人，相反，此时他必须为此人提供食物。

资本主义出现的前提是所有土地被私占，从而使得一位劳动者被迫为他人工作，而洛克明确反对地主强迫一个人在此条件下为自己工作。麦克弗森基于一个错误推论，将洛克的主人-仆人关系重述为一种资本家-工人关系。他写道，洛克假定了“每个人通过劳动获得其生存手段的自然权利”(1972 年：第 213 页)。他认
138 为，这种权利通过在土地上劳动或在没有可私占的土地时出卖自己的劳动为他人工作来实现(第 214 页)。但是，原初的权利指向生存手段，而劳动仅仅是达至此目的的一种方法，而非唯一方法。我们已经了解到，贫困(在没有其他选择时)自然带来通过他人的多余之物维持自己生存的权利。人可以为自己劳动，也可以为他

人劳动，但前提是他有其他选择。若非如此，他就不能为自己劳动，也不能被迫为他人劳动，他就会被施予必要的救济。资本主义不仅没有在《政府论》中出现，也不可能在《政府论》中出现。

洛克在第 85 段中强调了这一关键点。仆人被拿来与奴隶对比：奴隶“放弃了他们的生命，因而也放弃了他们的自由，丧失了他们的资产——处于奴隶状态中不能拥有任何财产”。因此，被迫为他人工作的人是奴仆，而奴仆在早前段落中被比作奴隶。洛克拒绝这种菲尔默式经济关系。这种关系赋予贵族“专制权力”，而不是赋予主人自由挑选的权力（2.173—174）。如瑞安和汉德尔特所言，麦克弗森将一种基于力量的经济关系强加给洛克，而洛克其实贬斥了这种关系并将其从他的学说中排除（1965 年：第 226 页；1972 年：第 15 页）。

在第 85 段中，洛克将仆人描述为：为了得到薪水而订立契约出售一项他愿意承担的服务给他人的自由人。由于一个人的劳动被定义为由这个人的意志决定的行动，一个人让渡他的劳动在逻辑上是不可能的。因此，自由人出售的、他人买到的不是此人的劳动，而是（如洛克小心指出的）“他愿意给予的服务”。意思就是，一个人同意出售一项他提供的服务或完成的任务。一项差事或服务也许可以被说成是劳动：写作一本书的劳动或割草皮的劳动，但是并不等同于此人为了完成差事付出的劳动或实施的行动本身。它也不等同于沃拉斯顿所说的“劳动”的第二层含义：一个人的劳动-行为的成果或结果（戴，1966 年：第 110 页）。由于（如洛克所言）此人亲自完成此项服务的，所以他不能出售他的劳动行为本身。

主人告诉仆人要做什么，但是他并不告诉仆人怎么做，也不在仆人做事时给出指导。因此，劳动作为行为仍然是作为仆人的这个人自己的劳动。洛克强调，即使在劳动分工的情况下仍然如此："那些驯化耕牛，采掘、冶炼铁和矿石，砍伐并准备木材来制造犁、磨盘、烤炉或为数甚多的其他工具的人们的劳动。"(2.43)我们可以做出一个保险的推断：至少这里有些劳动者是在为别人工作，但是这些劳动仍然是他们自己的劳动。

"仆人"一词在17世纪的用法很广泛[托马斯(Thomas)，1972年：第70—78页]。洛克的分析采用了解释"雇佣一项服务"的两个主要概念模式中的一种。威廉·珀金斯(William Perkins，

139 1558—1602)在《基督教经济或对根据经〈圣经〉建立并安排一个家庭的正确方式的简短考察》(*Christian Ecoromy or a Short Survey of the Right Manner of Erecting and Ordering a Family, according to Scripture*，1618)一书中使用了同一种模式："一个自由的仆人是指那些，其主人用薪水雇佣他来为其提供服务的人。"(第692页)格老秀斯详细解释了这一模式。"那些无主物"，格老秀斯写道，"成为将其占有的人的财产"(3.6.9)。因此，"那些将其协助之举给予其他人的捕鱼、捕鸟、打猎或拾珍珠的自由人，马上为他服务的那个人获得了这些东西"。主人基于一项协议而拥有对产品的约定权利。虽然这一安排是约定的，但是它先于市民法："因此，如果不考虑市民法，那么持有物品的原则是，一个人可以让别人来做他自己可以做的事，而且不论一个人自己去做还是通过别人去做，其效果都是一样的。"

格老秀斯通过引用保罗(Paulus)这位罗马法学家对告示

(Edicts)的评注来解释这种关系[①]：

> "我们通过一位代理人、监护人或执行人来获得占有。"他解释道，当这些人怀有为我们提供服务的意图而行动时才是如此。原因在于，本来依自己意愿而行动的人变成了他人意志的工具。

仆人这个概念的要害在于，一个人在何种意义上是另一个人意志的工具。如果此人完全受他人意志的支配，他就不拥有自己的人格或行动，从而无法获得财产权，而是一个奴隶(2.5.27)。洛克用这个模式解释受专制贵族控制而且"被剥夺了财产"(2.173)的奴仆和奴隶。格老秀斯的仆人受自己意志的支配。他只是被主人指示做某种服务(1.5.3)：

> 我们所说的工具，不是指武器或类似的东西，而是指某些人尽管依其自己的意志而行动，但是他们的意志依赖于他人(他人使其意志开始运动)：例如……仆人。

对仆人实施的行动有两种描述。作为一个人格，他依其意志行动。他的行动和产物自然是他自己的。作为一位仆人，其劳动或服务和产品依据约定或契约是主人的财产，就如薪水是仆人的财产。仆人怀有去(to)为他人提供服务的意图。作为仆人这个人

① 这是1925年的翻译。

格，他携(with)此意图提供一项服务。因此，当洛克在“草皮”段落中说，他的仆人割草皮是“他的劳动”时，洛克的说法完全不矛盾。仆人的劳动或服务是主人的，这是主仆关系的一个分析性特征。割草皮的人(即洛克那里的仆人)并没有也不能让渡他的劳动行为，因此他对自己割下的草皮享有自然财产权。但是作为一位仆人，他使得割下的草皮被赋予了洛克所讲的约定财产权，因为他同意这么做。

3

140　洛克对主人和仆人的描述的重要性在于，它反映了洛克对劳动分工的看法。一位答应提供服务的人必须知道如何完成此项差事，并且有能力完成此项差事。他在其行动中像一位制造者那样行动，正如他在为自己工作时那样。他需要知晓完成此项差事的技术以及他所要使用的工具。在《论降低利息和提高货币价值的后果》(*Some Considerations of the Consequences of Lowering the Interest and Raising the Value of Money*)一信中，洛克将拥有自己的工具作为劳动者、商人和工匠的特征(1823年：Ⅴ.第24页)。在《政府论》(2.43、44)、《人类理智论》(3.6.40、4.12.11)和《论理智行为》(1823年：Ⅲ，第225页)中，洛克认为，各种劳动者都拥有关于如何完成自己的差事的技术知识。仆人(无论是农夫、面包师、工人或其他)必然以与他的制造者上帝类似的方式来工作，因而对其成果享有一项自然财产权。若非如此，则没有人能对任何东西享有财产权，因为所有人都是上帝的仆人(2.6)。格老秀斯的学说也是如此。由于每个人都是主权者

的仆人:“正如家庭的仆人,国家的臣民也一样,故而是主权者的工具。”(1.5.3)

每个人承担一项任务并在此过程中运用自己的知识和生产工具,布雷弗曼(Braverman)在《劳动与垄断资本》(*Labour and Monopoly*)中将这种工作组织形式称为“劳动的社会分工”(1974 年:第 72 页)。构思和实施仍然存在于同一个人身上,因此保持了一种完整性。对于洛克来说,这种完整性对作为人类行动者的人格来说绝对必要。布雷弗曼(和普芬道夫一样)认为,这种工作形式是所有前资本主义社会的特征(第 71 页;普芬道夫 5.2.9、5.6.1;以及《学说汇纂》XIX)。的确,工作在于构思和实施一个实践三段论是亚里士多德带给西方的“制造”定义(《形而上学》:1032b 6—11)。我们已经了解到,劳动在 17 世纪展现出宗教义务的维度,类似上帝工作的方式。“我之父工作,我亦如此”,胡克通过引用耶稣的话指出了这点(1.1.2;《约翰福音》,5.17)。

至少在 18 世纪晚期之前,劳动的社会分工(劳动者被雇佣来完成一项服务)是英国占主导地位的非-资本主义生产模式[多布(Dobb),1947 年:第 266—267 页;兰德斯(Landes),1969 年:第 58—59 页;布雷弗曼,1974 年:第 59—83 页;特赖布,1978 年]。马克思认为这是一种非同寻常的劳动组织形式,在资本主义生产模式将其代替之前必须瓦解。在《政治经济学批判大纲》(*Grundrisse*)中,马克思将此种生产模式的特征描述为: 141
工人对生产工具的所有权以及他们掌握一门技术。“这里,劳动本身一半还是技艺,一半则是目的本身等等。”(1973 年:第 497 页)劳动是劳动者自己的:“在这有关生产条件的历史时刻,这种

关系将劳动主体建构为所有者，使他成为一个从事劳动的所有者，这是第二个历史阶段。”（第 499 页）马克思认为这是主仆关系，并指出，资本主义或者说第三个历史阶段瓦解了这一关系（第 500—501 页）。洛克对劳动的社会分工的说明反映了这一历史阶段。某人驯服耕牛，其他人冶炼铁和矿石，砍伐木材，造船，播种，烤面包等等（2.43）。每个人都亲自从事一项服务。

布雷弗曼指出，这种劳动的社会分工不同于资本主义条件下的劳动组织形式。“资本主义工业中的劳动分工根本不同于在整个社会对生产劳作、生产技艺和生产专长进行分配这一现象，因为我们都知道各个社会都将其工作分为不同的生产专业，但在资本主义之前，没有哪个社会系统地将每项专项生产再分为各个有限的操作。”（第 70 页）资本主义的突出特征是，工人出售而资本家购买“劳动的能力（在一段约定的时间内），而不是约定的劳动量（服务量）”（第 54 页）。资本家通过将劳动过程打散为“由不同的工人完成的多个操作”（第 72 页），并在工人的劳动活动过程中指导工人。根据布雷弗曼的说法，一直到 18 世纪晚期劳动过程本身成为分析对象时，劳作才被降格为多个分立的操作并被分配给几个工人，负责具体细节的工人也才出现（第 75—77 页）。生产工具最终与工人分离。一方面，工人的活动由一个管理阶层管理和控制；另一方面，工程阶层专门负责技术知识，使这种知识与实际应用它的人分离（第 169—183 页；昂格尔，1975 年）。

资本家购买行动者的劳动能力并对其加以指导，摧毁了人格的自治。对于洛克来说，这将摧毁劳动者的人性本身。构思

和实施的合一才使得人类行动者与上帝类似。就此而言，在其活动中受他人指导的行动者就好像是奴隶或奴仆，洛克所讲的仆人恰恰与这种关系截然不同。在17世纪，学徒是另一种与这种奴性状态差不多的关系。这是因为，成为学徒并不在于让渡他的劳动能力，而是因为他不具有必要的知识，所以必须由其主人来加以指导（托马斯，1972年：第76页）。洛克的仆人享有对自己的劳动活动的主宰是资本主义组织形式和劳动过程控制得 142
以产生的主要障碍之一（兰德斯，1969年，第58—59页）。

4

由此可见，鉴于洛克的主仆关系概念并根据我们对那个时期的历史知识，将资本主义的薪水劳动强加给洛克是不正确的做法，是时代错置的做法。麦克弗森定义的劳动能力（他认为这在洛克的学说中是能够被让渡的东西）与布雷弗曼所描述的资本主义中劳动者出卖的东西是同一种东西（第60页）。麦克弗森对此的描述是（第48页）：

> 如果占有性市场社会需要一个标准，那么此标准就是：人的劳动是一件商品，也就是说，人的体力和技术是他自己的，但是它们并不被认为是他的人格的必要组成部分，而是被当作占有物。人可以自由地使用和处置它们，可以基于一个价格将其让渡给他人。

在洛克看来，这恰恰是不可被交由他人使用和处置的东西。

恰恰相反,通常交易的是完成了的差事或服务(由此人的技术和体力完成)及其成果。(如果麦克弗森其实也是这个意思,那么可让渡的就不是劳动或劳动能力,他归于洛克的其实是一种前资本主义生产方式。)

麦克弗森基于三个理由将薪水劳动错误地归于洛克。首先,他简单地将洛克所讲的“他愿意提供的服务”(2.85)等同于劳动本身(第 215 页)。对服务和劳动活动的这种断章取义得到了他下述看法的支持,“越强调劳动是一种财产,就越会将劳动理解为可让渡的东西”(第 214—215 页)。原因在于,“资产阶级意义上的财产权不仅是一项享用或使用的权利,它还是一项处置、交易和让渡的权利”(第 215 页)。这也许是“资产阶级意义上的”财产权,但不是洛克意义上或 17 世纪英国意义上的财产权(比较瑞安,1965 年:第 225—256 页)。如我们之前所见,“财产权”仅仅意味着,某物是某人自己的,因此不经所有者的同意不可被夺走。一个人对他的财产可以行使的其他权利则是另外一回事。生命、财产以及获得生存和舒适生活之手段的权利都是财产权,但是它们不能被交易或让渡。更重要的是,就洛克的人格概念来说,让渡一个人的劳动在逻辑上是不可能的。麦克弗森为这一说法提供的第三个理由是:“比这种财产权的内涵要小的财产权概念对于洛克来说都是无用的,因为通过出售和购买(包括对一个人的劳动的财产权)来自由让渡财产权是资本主义生产的本质要素。”(第 219 页)如我们之前已说明的,他显然在这里预设了他应该证明的论点:洛克试图要
143 证成资本主义生产(比较瑞安,1965 年:第 222 页)。

倘若如我所言,让渡一个人的劳动能力的权利这个预设在洛克

那里不恰当，那么似乎麦克弗森的解读模式也同样不恰当。原因在于，前者对后者来说至关重要："每个人的劳动能力是他自己的财产而且可以让渡，这显然是必要的。没有这个前提，现代竞争性市场社会的一个本质特征就不可能出现。"（第 60 页）特赖布在《土地、劳动与经济之辩》一书中通过对 17 和 18 世纪的经济学著作的理论研究得出了以下结论："因此，不仅薪水劳动并不存在于洛克的著作中，而且那里也没有资本家的立足之地。洛克的财产权论著所构建的经济行动者并不靠资本主义关系来显得合理（如麦克弗森所说的那样），它所依赖的范畴恰恰使得此种关系变得多余。"（第 51 页）[①]

5

虽然事后看来，洛克的学说是资本主义的阻碍，但是新兴资本主义并不是他的靶子，他的对手是菲尔默。菲尔默学说中的仆人处于其主人的绝对意志之下，其地位与奴隶相同（参见上文，第 56 页）。通过去除长子继承制（支撑着菲尔默的专制贵族的地位），洛克似乎为他的技艺工人构成的经济组织形式扫清了道路。在洛克看来，否认一个人可依其意志控制他的工作（在上帝召唤他从事的任何职业中）就是在支持一种牲畜的社会，而不是人的社会（1823 年：Ⅲ，第 225 页）：

> 负有特定天职的人应当理解自己的天职。以下这一提法是不合理的也无法被理解：这些人所思所想的只应该是他们每天受

① 比较瑞安，1965 年，芬利，1973 年：第 20—21 页以及布伦纳，1956 年。

> 雇所干的活。我们不能认为他们无法做到这一点,除非我们将他们与牲畜等而视之,认为他们非常愚笨,不及理性造物的层次。

“草皮”段落中的马就是这里所说的牲畜。驯化一匹马的劳动(造就了马也造就了洛克所说的财产权)是“我的劳动”(2.38)。由于马没有自己的意志,或者说至少缺乏抽象能力(2.11.111),马在功能上等同于奴隶。奴隶得到的任何东西都是为了交给他的主人。普芬道夫对此解释道:“此人完全属于其主人,此人所能取得的或生产的东西都属于其主人。”(6.3.7)

格老秀斯和洛克都试图推翻将仆人等同于奴隶的做法。这种
144 等同取消了依其主人的意志而为与运用自己的意志而为的差别(普芬道夫,1.5.2)。霍布斯在《论政治体》(*De Corpore Politico*)一书中总结说:仆人的财产没有一样不属于他的主人(1950 年:Ⅱ.3.4)。根据这一模式,只有主人和父亲是所有者。洛克承认奴隶被称为仆人,但是他反驳说,他们处于“完全不同的处境”:与仆人不同,奴隶丧失了他的生命、自由和制造财产的能力(2.85)。洛克的仆人享有生命和自由,而且他们在工作中运用并实现制造财产的能力。因此,一位承租土地的农民保有他的劳动产物。它们本就是他的财产,并没有通过契约转让给地主(2.194)。

6

洛克提出的创造性劳动(一种与对上帝的义务相应的行为)得到了他关于价值的看法的强化。与诸多 17 世纪的英国改革者一样,洛克主张一种价值的使用理论(a use theory of value):“事物内

在的价值……仅仅取决于他们对人类生活的用处。”(2.37)塞缪尔·哈特利布(Samuel Hartlib,大约1670年?)的《著名的玛卡里亚王国简介》(*A Description of the Famous Kingdom of Macaria*,1649)一书、约翰·贝勒斯(John Bllers,1654—1725)的《一位穷困之人的提议》(*A Poor Man's Advocate*)一书、皮特·钱伯伦(Peter Chamberlen)的《关于兴建关于所有有用贸易业和农业的大学的提议》(*Proposal for Raising a College of Industry of All Useful Trade and Husbandry*,1969)的一书都表达了类似的观点。对人的生活的用处是自然价值的标准。洛克将有用性与各种不同的约定价值做了比较。无用的事物(例如金、银和钻石)从“人们的爱好和协议”(即“人们的同意”)中得到它们的价值(2.46)。土地由于稀缺而变得有价值(2.45)。同样,对必需物之外更多东西的欲求赋予了某些东西以非使用性价值(2.37)。但是,这种欲求是不自然的,因为它来自于通过约定建立的货币制度(2.50、107)。

洛克并没有说明为什么有用性是价值的标准,他只是提出了这个说法。但是,由于人的根本义务是保存人类,而这就需要有用的物品,这里的效用就不仅包括“物品”,也包括那些无法估量价值的东西。洛克这番讨论的要点是为了发现事物的有用性的来源。虽然上帝出于让人类生存下去或舒适生活的目的,赐予这个世界让人类来使用,但是上帝没有使这个世界可以直接被人类使用。劳动将自然改造为有用的产品,因而成为价值的来源。“劳动产生了我们在世界上所享受的东西的价值中的绝大部分。”(2.42、40):

> 我认为,如果说在有利于人类生活的土地产品中,十分之

> 九是劳动的结果，这不过是个极保守的计算。如果我们正确地
> 145 把供我们使用的东西加以估计并计算有关它们的各项费
> 用——哪些纯然是得自自然的，哪些是从劳动得来的——我们
> 就会发现，在绝大多数的东西中，百分之九十九全然要归之于
> 劳动。

天然的土地仅仅提供了制造有用产品的材料。它本身的有用性如此之小，“其本身只能被称为荒地，并且我们会发现它的益处几乎等于零”(2.42)。

洛克用相当复杂(有关劳动社会分工)的事例阐明他的论点(2.42、43)。在每个阶段，劳动者从前一阶段的工人那里都拿到一个对他们有用的产品。这些产品成为由他们的劳动来重新加工的材料，从而成为一个新的产品，再进而作为材料由下一阶段的工人来使用，做出他们的产品(2.43)。有用性以及(根据其有用性而来的)产品在每个阶段的价值是由劳动创造的。由于劳动使得某产品成为使用的对象，因此产品的有用性和价值几乎等同于劳动所建构的整个东西本身(2.42)。如果洛克在《政府论》中的任何地方想要为资本家辩护，我们总会觉得他应该会说，资本至少在创造有价值的、有用的东西方面扮演了某种角色，但是在这里以及在其他任何地方都看不见资本家(以及地主和主人)的身影。耕地者、收割者、打谷者、烤面包人、驯服耕牛的人、种植者、耕种者、伐木人、碾磨工、造船人、制衣人和制革人都各自使得东西变得对人的生活有用并创造了价值。那些产品属于他们，其他没有劳作的人(除了贫困的人)没有资格要求这些产品(2.34)。

里奇问道，在洛克的例子中，最终产品（面包）到底属于谁（1893年：第183页）？里奇脑中所想的是与这一学说——劳作者对其劳动产品享有一项权利——紧密相连的一个标准问题，即由于这些劳作者相互合作，所以似乎无法将一个人的产品与另一个人的产品分离[米勒（Miller），1976年：第102—114页]。这对于洛克来说并不是无法解决的难题，因为虽然所有劳作相互合作，但是他们各自都承担着一项不同的且易于辨识的任务，他们在完成这项任务的过程中制造出了各自的产品。问题的答案就是，面包自然归烤面包的人，木材归伐木人，皮革归制革人。因此，报酬的常规安排可以依照下述自然正义原则作出：每个人对其诚实劳作的产品享有权利。

第三节　从自然状态到政治社会①

1

洛克的分析现在到达了一个重要的转折点：共有状态中的特
定化已经得到说明，化解了菲尔默对自然平等作为政治学说基础 146
的批评。洛克提出这一学说来将人从菲尔默的私人所有权中解放出来。菲尔默的这一概念“为全人类设置了枷锁”（1.1）。洛克的论证起到了两个作用。首先，它破除了詹姆斯二世及其支持者在

① 此处的原文“Dassages from antiquity to polity”较难译为准确表意且符合语言习惯的中文。译者在与塔利商议后，将其转译为“从自然状态到政治社会”。“polity”在其他相同语境中同样转译为“政治社会”。——译者

排除危机时对他们要求的专断的绝对权力的意识形态证明。其次,它证明了并不存在自然的私人土地所有权。对土地资产以及地主将仆人降格为奴仆的绝对且无限的权力的自然证明被破除。虽然土地所有者对劳动者的生命和自由享有自然财产权(其他人亦是如此),但是享有对劳动产品的自然财产权的是劳动者。洛克还破除了大面积地产的长子继承制的主要法律依据(兰德斯,1969年:第67页)。因此,洛克对菲尔默的答复披露了两种奴役:专制君主对其臣民的奴役和专制贵族"对那些被剥夺了所有财产的人"的奴役(2.173)。

提一下菲尔默和洛克的社会地位也许与我们的主题还是有关的。菲尔默作为爱德华·菲尔默爵士(Sir Edward Filmer)的长子,继承了整个东萨顿(East Sutton)、三座肯特郡的庄园以及其他许多土地财产。他的亲戚和朋友在当时的大部分商业冒险活动中一展身手。菲尔默还为他们写了一篇证明高利贷合理性的文章(拉斯莱特,1949年:第1—3页)。洛克在写作《政府论》时是沙夫茨伯里伯爵(Earl Shaftesbury)的仆人。一位通过继承而来的小地主、一位相对不出名的理论工作者,如他自己所言"只当一名小工,清扫地基,清理知识路上所堆的垃圾"(《人类理智论》,"赠读者",第10页)。他激进的政治信念以及涉足沙夫茨伯里领导的、革命性的排除活动导致他被国王在牛津的告密者盯上,最终作为革命人士流亡到荷兰,转入地下(克兰斯敦,1957年:第214—230页)。

洛克还证明了,自然共有物的个体化可以在没有争执的情况下发生。虽然这回答了格老秀斯和普芬道夫的问题,但是洛克没法用他们的方法解释确立私有财产并转向政治社会的动机。对于格老秀斯和普芬道夫来说，避免争执和争夺（来自于私有财产的缺失）的愿望是这一转化的主要动机因素。因此，洛克面对一个他自己带给自己的问题(2.123)：

> 如果人在自然状态中是如前面所说的那样自由，如果他是他自身和占有物的绝对主人，同最尊贵的人平等，不隶属任何人，那为什么他愿意放弃他的自由呢？为什么他愿意丢弃这个王国，让自己受制于其他任何权力的支配和控制呢？

第五章的倒数第二个目标是引入一个因素。这一因素将促使
人们寻求政府的保护和带来的好处。造成这个必要情况的是货币 147
制度。

洛克用传统的、亚里士多德式的方式解释货币的产生。在货币被引入之前，财产共有者可以用他们的劳动产品做三件事：将其用于自己的生存和舒适生活、将其赠送给他人、用它们进行物物交换。共有者这么做“不会造成任何侵害；只要没有东西在他手里一无用处地毁坏掉，他就不曾糟蹋公有的财物，就不曾毁坏属于其他人的东西的任何部分”(2.46)。物物交换引发了贪求。洛克称之为积累和储藏：

> 又假如他愿意将他的干果换取一块其颜色为他所喜爱的金属，将他的绵羊换取一些贝壳，或将羊毛换取一块闪烁的卵石或一块钻石，由他终身收藏，他并不曾侵犯他人的权利。这些结实耐久的东西，他喜欢积聚多少都可以。

洛克使用一种完全不同的话语来描述向这种活动的转化，表明在道德上不赞同这种转化。贝壳、钻石和卵石被一起称为“东西”，与那些有用但会败坏的产品相对立，后者被称为“物品”，好东西或“真正有用的东西”(2.37、46、47)。人们积累那些东西不是为了使用也不是为了享用，而是因为它们让人喜欢。它们没有被使用掉，而是被“储藏起来”(2.50)。这些东西不是拿来为了生活便利而使用，而是出于“由他终身收藏”的自私欲望。与亚里士多德、格老秀斯和普芬道夫一样，洛克也认为贪婪的出现是物物交换的结果(《政治学》:1257a;19—30;2.2.2.4;4.4.6)。洛克对其加以指责，但是在败坏限度内允许其存在:“超过他的正当财产的范围与否，不在于他占有多少，而在于是否有什么东西在他手里一无用处地毁坏掉。”(2.46)

引入货币是储藏无实用性但具耐久性的金属这一做法的延续:“货币的使用就是这样流行起来的——这是一种人们可以保存而不至于损坏的能耐久的东西，他们基于相互同意，用它来交换真正有用但易于败坏的生活必需品。”(2.47)。洛克对货币的解释与亚里士多德的解释在三个根本方面一样:它源自于物物交换、它在前政治社会中基于同意而被引入、它迎合并扩大了积累超出所需之物的欲望(《政治学》:1257a 19—40)。一旦货币被引入，一些人就开始耕作比他们原先自然使用的土地更多的土地，并卖掉他们无法使用的产品换取货币。这使得某些人使用的土地量增加，因此带来了对土地的不平等占有(2.50):

人们已经同意对于土地可以有不平均和不相等的占有。

> 他们通过默许和自愿的同意找到一种方法，使一个人完全可以占有其产量超过他个人消费量的更多的土地，那个方法就是把剩余产品去交换可以窖藏的金银，这么做不会侵害任何人；这些金属在占有人手中不会损毁或败坏。 148

由于金银不会腐坏，人们可以储藏金银而不违背败坏设定的限制，后者是对一个人可获得的物品量的自然控制。

为什么一个人会想要积累比自己生存和舒适生活所需之物更多的东西呢？洛克对此回答道：这种贪财的欲望是随着货币的引入而产生的，而且它改变了事物的价值。“最初，人们超过需要的占有欲改变了事物的真实价值，而这种价值是以事物对人的生活的功用而定的；或者，人们已经同意让一小块不会耗损又不会败坏的黄色金属值一大块肉或一大堆粮食。”(2.37)现在，事物的价值不在于它的有用性，而在于它们能交换多少货币，后者可以被人们储藏。没有货币，人们为了生存和生活便利而劳动并创造有用的产品(2.36、40、41、48)。工业和农业的发展被认为来自于人们出于这些目的而生产有用之物的自然欲望(2.37)。这种自然欲望稍稍增加了人们的占有物(2.48)，但这只是因为人们的需求增加了(2.38)。因此，积累超过需要的东西的欲望并不会引起技术革新，带来更好的生活方式。货币带来的唯一改变是占有的扩大：“只要一个人在他邻人中间发现可以用作货币和具有货币价值的东西，你将看到这同一个人立即开始扩大他的占有。”(2.49)这种贪求的唯一目标是储藏：“在任何地方，只要那里没有既耐久又稀少、同时还很贵重的东西值得积聚起来，人们就不见得会扩大他们占有的

土地。”(2.48)没有货币，人们就仅仅为了生活舒适而工作：“我们会看到他只保留一块能够供应自己和家属生活用品的土地，而把多余的部分重新放弃给自然的旷野。”洛克认为，超过舒适生活所需的获取的唯一理由是守财奴的理由：“通过出卖产品以获得**货币**。”

2

洛克指出，他认可的那种劳作和勤勉在不使用货币的情况下就能带给人类好处。一旦农业和手工业被引入，耕作和使用土地带来的产量使得一个家庭只需使用捕猎和采集社会所需土地的十分之

149 一就能够满足他们的基本需求和生活便利品之需(2.37)。因此，“一个人基于他的劳动私占土地，并不减少而是增加了人类的共同积累”。那些勤劳地对十英亩地进行耕作的人“真可以说是他给了人类九十英亩土地”。我找不到任何证据可以支撑麦克弗森的以下解读：“私占更多土地带来的生产力远远大于其他没有土地可用的人所需补偿的量。”(1972年：第212页)洛克明确指出并不断重申：通过提高生产力，使用的土地量越来越少，更多的土地被留给了其他人。他还明确指出，生产力的提高与生存和舒适生活所需的土地量的减少之间的反比关系将确保，即使目前的世界人口翻一番，私占仍然能够以自然方式运作，不会“损害其余的人类”(2.36)。

麦克弗森总结道，随着货币的引入而出现的动机是“将土地和货币作为资本而加以积累的欲望”(1972年：第208页)。但是，土地并没有被当作资本来使用。它只是被人们占有，而且必须正在被人们使用。土地不可被拿来交易，只有土地上的产物可以被转

让(2.46、50)。《政府论》中没有任何证据可以说明货币发挥资本的作用:它仅仅被人们储藏(比较瑞安,1965 年:第 222 页)。麦克弗森主要根据洛克在《论降低利息和提高货币价值的后果》中对货币的解释推导出他的结论。且不论这是一封提点建议的信而不是关于建立货币制度的理论著作,货币在此也没有被当作资本。货币被当作政治社会的一个组成部分。这里并没有一个独立的“经济”范畴(货币在这个范畴中可以被当作资本)。洛克对货币的分析是 17 世纪重商主义话语的一部分,而(如特赖布所说)此种话语中不存在“经济”:“也就是说,容纳当代经济学概念和解释结构的那个领域还没有被发现;或者更准确地说,还没有被建构出来”(1978 年:第 35 页;比较汉德尔特,1972 年:第 17 页及以下;1977 年:第 39 页及以下)。这里并没有经济学分析,而仅仅是“经济和政治社会在一个产生重商主义理论的过渡时期的模糊关系”[安德森(Anderson),1977 年:第 35—36 页]。①

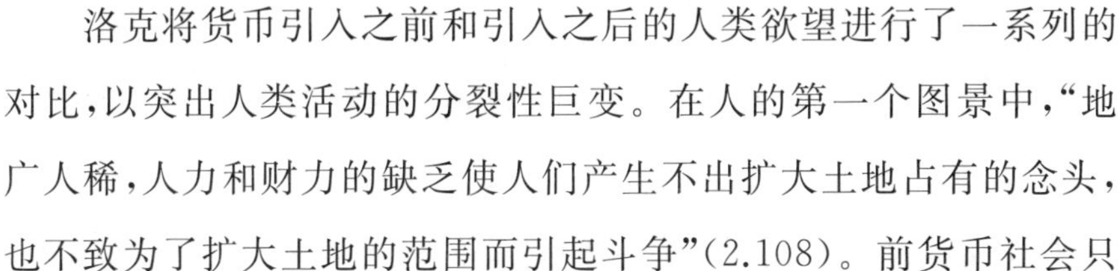

洛克将货币引入之前和引入之后的人类欲望进行了一系列的对比,以突出人类活动的分裂性巨变。在人的第一个图景中,“地广人稀,人力和财力的缺乏使人们产生不出扩大土地占有的念头,也不致为了扩大土地的范围而引起斗争”(2.108)。前货币社会只

① 试图提出一个关于 17 和 18 世纪前资本主义但又属于后封建生产模式的解释模式的努力,见安德森,1974 年:第 43—59 页、第 420—431 页。特赖布(1977 年、1978 年)讨论了相关的方法论问题并提供一个结构主义解释,将资本主义理论和实践的兴起置于 19 世纪早期的视野中。波考克细致地重构了 18 世纪的意识形态争论(资本主义思想和行动源于此),1975 年第一部著作:第 423—506 页,1975 年第二部著作以及 1979 年。赫希曼(Hirschmann) 给出了一项补充研究,1977 年。

有“很少的侵害行为和侵犯者”(2.107)。“一种简单而贫乏的生活方式下的平等既然把他们的欲望局限在各人的少量财产范围内，就很少造成纠纷，因而不需要很多的法律来加以裁决，同时又由于侵害行为和犯罪者为数不多，也就不需要各种官吏来监督法律的
150 程序或负责司法的执行。”这是一个“黄金时代”(在虚荣的野心、恶劣的占有欲和歪风邪念腐蚀人心，使权力和荣誉的真正意义被曲解之前)(2.111)。洛克强调“这艰苦而有道德的时代里的天真和诚实”(2.110)。此时，人的欲望是自然的，并限于自然法所要求的那些需求和生活便利品(1.86;2.36)。那里“几乎没有贪婪或野心之事”(2.107)。货币制造了寻求超过个人所需之物的欲望，从而结束了黄金时代。积累超过所需之物的诱惑、野心和贪婪都随之出现。以前人们用事物的有用性来衡量它们的价值，现在则用它们换取无用但可储藏的货币的能力来衡量它们的价值。这一价值的转化是非自然的，且完全是人类自己所为:“货币和财帛珍宝……它们绝不是自然之物，它们只是一种想象的虚构价值；自然并没有给它们以这种价值。”(2.184)

由此，人类通过同意引入货币，将他们自己带入到一个充满争执、贪婪和占有欲望的境地。洛克在《教育漫话》中指出，“贪婪，自己占有并自己所有超过我们所需之物的欲望是一切邪恶的根源”(1968 年:第 213 页)。洛克在《人类理智论》中解释说，人们开始追逐这些邪恶欲望并不再为了道德善而行动。“风尚、先例和教育三者养成习惯后引起的狂想的**不安**(如希求尊荣、权利、财富等)，以及其他习惯成自然的千万种不正常的欲望。”(2.21.45)普芬道夫也对货币流通的灾难性后果做出过一个类似解释(5.1.14)。

对货币的接受带来了人的堕落。在此之前，人类被需求和生活必需品驱使，而现在他们被最为败坏的人类动机驱使：对超过自己所需之物的欲望（比较邓恩，1969 年：第 248 页）。一个没有争吵和争夺的状态变成了一个争夺更多土地、相互侵犯、扩大占有的状态。有些人的欲望不再与自然法一致，这些欲望恰恰反过来驱使人们践踏自然法。洛克猛烈抨击的那种贪得无厌之徒不再谦和温顺地通过基督徒式劳动来接手这个地球，而是威胁要对其加以独占。上帝是“把世界给予勤劳和有理性的人们利用（而劳动使人取得对它的权利），不是给予好事吵闹和纷争的人们来从事巧取豪夺”（2.34）。

洛克对货币的分析提供了进入政治社会的最强动机。这回答了洛克起初的提问：为什么有人会想要离开自然状态？“对于这个问题，显然可以这样回答：虽然他在自然状态中享有那种权利，但这种享有很不稳定，不断受别人侵犯的威胁。”（2.123）洛克强调“大部分人并不严格遵守公道和正义”。因此，“为了避免这些在自然状态中妨害人们财产的缺陷，人类便联合成为社会”（2.136）。这就是上帝“指定要有政府”（2.13）的原因。同一主题也出现在了写于 1685 年，出版于 1689 年的《论宗教宽容》（*A Letter concern-* 151
ing Toleration）一书中［蒙托里（Montuori），1963 年：第 XX—XXI 页］。在概述了“生产生存和舒适生活必需品要求人们去劳动”这一理论后，洛克推断说：“人类的堕落就是指，人们不愿意辛苦地自力更生，而是选择恶意地祈祷能得到他人的劳动果实。保存人们能够享有经诚实劳动已经获得的占有物，并保存他们的自由和力量（使得他们能够获得他们接下来所想要的东西），这一必要性迫

使人们与他人一起进入社会。”(1963 年:第 83 页)

3

洛克在第五章的最后一个任务是说明,自然个体化如何在货币被接受后变得无法运作。洛克在指出,货币的引入使得某些人可以在遵守自然规则的情况下,公平地占有更多的土地后,马上重申了他的主张:政治社会中的财产占有由市民法来确立。“而政府则以法律规定财产权,土地的占有是由成文章程加以确定的。”(2.50;参见上文,第 98—99 页)这就是说,虽然财产权在自然状态中由自然规则来调整,从而允许货币引入后的不平等占有,但是财产权在一个国家中由市民法来调整。这就是洛克在此以及《政府论》的早期版本中提出以下说法的原因:“显而易见的是,人们赞同了

246 对地球的不均衡、不平等的占有(我是指在社会和协议之外),在政府治下则是由法律加以调整。”(与 2.50 进行比照:第 477 页)由于不平等占有是货币化自然状态的产物,而且可能被市民法终止,所以这里就需要说明一个问题。洛克需要区分,关于私占与使用的过渡性的、有条件的尺度与永久性的、无条件的尺度。前一种尺度在自然状态中调整财产权;后一种尺度一直作为基本原则,政府根据它调整和裁决财产权问题。洛克的答案其实已不言自明,因为人们带着三项无条件的自然请求权进入自然状态。人们获得的唯一一项有条件的自然权利是对他们的劳动产品的权利。洛克界定了自然状态中的过渡性规则,随后再将其抛弃,为在第 36 段中进入政治社会做好准备。

152 洛克对此的说明始于对以下问题的重述:货币被引入之前,人

们获取及使用外物如何受到自然的约束，致使他人的请求权不会受到侵犯(2.36)：

> 财产权的尺度是自然根据人类的劳动和生活所需的范围而很好地设定的。没有任何人的劳动能够开拓一切土地或私占一切土地；他的享用也顶多只能消耗一小部分；所以任何人都不可能在这种方式下侵犯另一个人的权利，或为自己取得一宗财产而损害他的邻人，因为他的邻人(在旁人已取出他的一份之后)仍然剩有私占以前一样好和一样多的财产。

劳动资格论以及个人无法使用大面积土地，这两者使得他人的请求权不会受到侵犯。这个情况之所以合情合理还因为世界人口稀少："人们在当时的旷野上所遭逢的离群即无法生活的危险，大于因缺少土地进行种植而感受的不便。"正如在当前的西班牙，一个人对土地的权利"仅仅取决于他是否使用了此块土地"，而这并没有侵犯他人。如果货币没有被引入，这些尺度在当前仍然适用，即使现在的人口翻一番：

> 而我敢大胆地肯定说，假使不是由于货币的发明和人们默示协议赋予土地以一种价值，形成了(基于同意的)较大的占有和对这些占有的权利，则这一所有权的法则，即每人能利用多少就可以占有多少，仍然在世界上有效，而不使任何人感受困难，因为世界上尚有足够的土地供成倍居民的需要。关于货币所形成的情况，我将逐渐更充分地加以说明。

一旦货币出现，人们就能够并会通过用剩余物交换货币的方式扩大对土地的占有(2.48—50)。他们声称自己有权享有扩大的占有物因为他们对其加以了利用。随着人口的增加，这迅速导致了以下情况：他人被排除在外，无法行使他们的自然请求权。因此，唯一的解决办法是解除每个人利用多少就应当拥有多少这条规则，从而消除“较大的占有和对这些占有的权利”的正当性。现在需要用其他规则限制对土地的占有，使得每个人都能行使其包容性权利。这一新的规则就是市民法(2.50)。

麦克弗森将这部分内容解读为，超越自然法的限制，证成无限私占：“因此，个人被证明可以合法地私占土地，即使这样使得没有足够和一样好的东西可以留给他人。”(1972 年：第 21 页；比较第 203 页)这个解读与洛克所言相矛盾。一旦个人利用多少就应当拥有多少这条规则被废除，任何私占都不能被证成。这条规则适
153 用于前货币自然状态中的私占是因为它不会侵犯其他人的地位，从而为洛克的以下论点提供了支撑：此时的私占不需要同意。将此规则适用于后货币的世界中将会“阻碍”他人，因此必须被废除，而另一种基于同意的约定规则必须被确立起来[比较切尔诺(Cherno)，1958 年：第 52—53 页]。上帝将世界赐予人类是为了全人类的生存和舒适生活而使用(2.26)。这起初并不需要任何人为的限制。每个人能用多少就可拥有多少。现在若仍然如此，则必然会违反上帝将世界赐予人类时附加的条件，因此现在必须适用关于“使用”的新限制将人们的行动限于自然法的范围内。以下提法在我看来是很奇怪的：洛克应努力瓦解积极自然法的托马斯式框架(洛克的学说的基础)。因为，洛克显然无法在去除此框架

的同时不一并破坏排他性权利。如果洛克想要证成无限积累，那么他无疑会采用消极共有（像格老秀斯和普芬道夫那样），而不是和坎伯兰一起重申积极共有。

洛克回到英国公地的私占来说明移除这条财产权规则意味着什么。如果一个人试图进入公地并把其中一部分圈起来，他对土地的使用并不能产生权利。现在需要共有者的同意(2.35)：

> 不错，在英国或任何其他有很多人民受其统治的国家，他们既有金钱又从事商业，但是对于那里的公有土地的任何部分，如果没有取得全体共有人的同意，没有人能够加以圈用或私占；因为，这是协议，即国家的法律，留给公有的，是不可侵犯的。这种土地虽然对于某些人是共有的，却并非对全人类都是这样；它是这个国家或这个教区的共有财产。

现在，国家的法律明确规定了如何进行私占。私占需要共有者的同意，因为共有物是他们的财产，而“经这样圈用后所剩下的土地，对于其余的共有人来说不会同当初全部土地的情况一样，因为那时他们都能使用全部土地”。原初的限制条件（即为他人留有足够的且一样好的共有物）不再成立，因此不经同意的自然私占是无效的。洛克将后货币的、约定的私占与货币引入前的私占进行了对比：“至于人们开始和最早聚居在世界广大的土地上的时候，情况就不是那样。那时人们所受制的法律可以说是为了鼓励取得财产。”

洛克的解说不仅阐明了前货币的自然状态中的财产权与政府

话下的约定财产权之间的差异，而且还提出了一个重要的实践论点（也许是这章最重要的论点）。富有的地主当时正试图在未经其
154 他共有者同意的情况下，通过圈占公地扩大他们的地产。他们用以证成此一行为的说法是，他们比其他共有者更好地利用了这些土地。1664 年、1661 年和 1681 年三项法案在众议院中被提出，试图将无须同意而进行圈地的行为合法化，但是都遭到了否决（高纳，1912 年：第 56—58 页）。洛克的学说明确地为共有者反对圈地地主的权利提供正当性。因此，洛克不可能想要用他的学说排斥地主以外的其他人，如麦克弗森所说的那样（1972 年：第 238 页）。因为洛克通过证成共有者、仆人和日工的财产权，反驳了菲尔默提出的只有地主拥有权利的主张。

现在可以开始分析政治社会中的财产权了。洛克指出，人们进入政治体后，起初指向整个世界的包容性自然权利，现在仅仅指向某人所在的整个国家。人们开始通过约定将此财产个体化（2.45）：

> 有些国家和王国之间通过缔结的盟约，明示地或者默示地放弃了对于为对方所占有的土地的一切请求权和权利，从而根据共同的同意，放弃了它们对那些国家原有的自然共有权，于是**明文的协议**就在地球上的个别部分和地区**确定了它们之间的财产权**。

洛克此处还预先指出了，由政府对财产权做出裁决和调整符合自然正义原则：“通过契约和协议**确定**了由劳动和勤勉开创的**财产权**。”值得一提的是，洛克的解释与自由放任主义学说相反。根

据这种学说，货币的引入创造了市场，而市场可以自然而然地运作或者说依赖于无形的手来运作。对于洛克来说，只有当不存在货币时，社会关系才会自然而然地有利于正义社会的形成。货币扰乱了这一自然秩序，从而需要政府来建构一个社会关系新秩序。这一新秩序使得人类的行动再次符合上帝的意图(2.135)。

第三部分

约定权利

第七章 政治社会中的财产权

第一节 制造政治社会

1

洛克写道:“政府便不得不按照古老的方式来由那些运用自己的理性结合成社会的人们通过计议和同意而组成。”(1.6)洛克将依 157
人的理性来产生政府的方式称为“古老的方式”,是想强调关于政府的神创学说(如菲尔默的学说)是新近出现的。洛克的规划很保守:重申人制造他们自己的政治组织这一传统观点,反对神授理论的新浪潮。自阿奎那以来,政府是一种人类技艺品就是自然法作家的常规预设。在《亚里士多德的政治学评注》(*Commentary on Aristotle's Politics*)中,阿奎那指出:“国家实际上是人类理性建构的一件最重要的东西。”(1974 年:第 197 页)如果我们根据后 17 世纪的政治历史来看,我们很难将洛克看作是一位保守主义者,而将菲尔默看作是一位革新人士。尽管如此,君权神授理论确实仅仅在 16 世纪的欧洲大陆和 17 世纪的英国才出现。[①] 这一思潮在英国(如洛克提

---

① 关于 17 世纪的绝对主义,参见斯金纳,1978 年:Ⅱ。

醒人们的）是新奇的东西："在最近的这个时代，我们中间出现了一伙人，他们为了谄媚君主们，告诉君主们他们拥有一种对绝对权力的神圣权利。"（1.3）菲尔默因此被洛克称为"政治学的改革者"（1.106）。

当洛克写作和发表《政府论》时，君权神授是新的正统学说，而《父权制》是"政治服从的权威教义"（拉斯莱特，1949 年：第 37 页）。[①] 洛克对"古老方式"的忠实是一种激进的保守主义——呼唤回归更古老的根本的政治原则。这似乎也是对洛克在自然法传统中的地位的正确描述，因为洛克重构了宪政主义来反对格老秀斯和普芬道夫创新地运用自然法确立绝对主义的做法。洛克无疑是如此来打量自己的。在一封于 1689 年 2 月 8 日写给爱德华·克

158 拉克的信中，洛克对协商会议（Convention Parliament）[*] 采用的革命和解方式的浅薄表达了反感。洛克坚定地坦言自己的立场："基于和平与安全之确凿基础上的这个国家和解方案……除了恢复我们

① 参见斯特拉卡，1962 年；伯纳特，1976 年；汤普森，1976 年；高迪尔，1977 年、1978 年以及凯尼恩，1977 年。

* 这里涉及英国光荣革命的背景。1688 年 6 月 30 日，英格兰的七名主教联名致信英格兰国王詹姆斯二世的女婿、时任荷兰执政官的奥兰治的威廉，邀请他率军来英格兰保护英国人民的"宗教、自由与财产"。同年 11 月 5 日，威廉率大军登陆英格兰。詹姆斯二世于 12 月 11 日出逃并将国玺投入泰晤士河，后被抓回。威廉感到把他留在英国不免会生出别的麻烦，就故意放他逃走。詹姆斯二世先逃到爱尔兰，后又逃往法国。11 月 21 日，威廉召集了查理二世时期最后三届的议员、伦敦市参议员与市政委员会开会。12 月 26 日，大会召开。会议授权威廉以临时元首的名义向全国发出通知，召集举行一场大会。这场大会于 1689 年 1 月 22 日召开，2 月 13 日议会两院向威廉与玛丽呈上王冠与《权利宣言》。按照英格兰的宪法原则，议会的召开必须要有国王的召集令。但是，1 月 21 日的会议是在威廉这位亲王（而非国王）的号召下召开的，从严格意义上讲，它并不是议会（Parliament）而仅仅是一种特殊的"协商会议"（Convention Parliament）。——译者

的古老政府外没有更好的方法，这是能够想到的最好的方法，如果我们采取这个方法，将所有一切统合于它的原初宪制中。”（1927 年：第 289 页）邓恩评说道，《政府论》“的目的是恢复先前的政治健康，不是创造新制而是恢复旧制”（1971 年：第 37 页）。

2

洛克依照亚里士多德的四因说来建构政治社会：质料因、动力因、形式因和目的因。[①] 国家、独立的共同体与“*civitas*”是为完成品所起的名字（2.133）。建构一个共同体所用的质料是人在自然状态中拥有的自然权力。人的自然权力包括两种，第一种是“在自然法的许可范围内，为了保存自己和别人，可以做他认为合适的任何事情的权力”（2.128）。第二种是“惩罚违反自然法的罪行的权力”。当一个人将自己并入一个国家时，他就“放弃了”这两种权力。这两种自然权力被放弃的方式是不同的。第一种权力，“即为了保存自己和其余人类而做他认为合适的任何事情的权力，他放弃给社会，由他制定的法律就保存他自己和该社会其余的人所需要的程度加以调整”（2.129）。由此，人们私占、生产、消耗的权力，帮助他人的权力，拥有、使用和享用某物的权力，将某物给予他人、进行物物交换和交易的权力——经济和社会权力——都成为社会的政治权力的一部分（2.130）。现在，社会决定一个人如何行使他的自然权力。这个人在这些方面行动的自然自由由此受到限制（2.129）。洛克的分析呈现出经济和政治社会的“不分离”。我们

① 我从邓恩关于洛克如何创造一个正当政制的精深阐释中受益匪浅（1969 年：第 120—148 页）。

之前说过，这在 17 世纪的思想中较为典型。“第二，他把惩罚的权力完全放弃了”，而这项权力由他所在社会的执行机构来行使（2.130）。这两种权力（以这两种方式被放弃后）成为了“社会的每个成员的联合权力”（2.135）。

放弃自然权力的同意是政治社会的动力因。[①] “开始组织并实际组成任何政治社会的，不过是一些能够服从大多数而进行结合并组成这种社会的自由人的同意。”（2.99）同意是一个必要的构成条件，因为被放弃的是一个人自己的权力，不能不经他的同意而被夺走。除了构成一个国家外，“使一个人成为一个国家的一名成员的也是‘同意’这个行为”（1.122）。洛克在一个有机整体的一部
159 分这个意义上使用“一名成员”这个概念。成为一名成员意味着将自己变为政治体的一项构成要素（1.121）：

> 至于凡是以明确的协议和明示的声明表示他同意属于任何国家的人，他就永远地和必然地不得不成为，并且始终不可变更地成为它的臣民，永远不能再回到自然状态的自由中去，除非他所属的政府遭受任何灾难而开始解体，或某些公共行为使他不能再继续成为国家的一个成员。

通过这两种方式，人制造了一个政治体。他们是这个政治体的组成部分，他们的两项权力是这个政治体的权力：“当某些人基于每人的同意组成一个共同体时，他们就因此把这个共同体形成一个整体，具有作为一个整体而行动的权力。”（2.96）建构任何政

① 对洛克的同意概念的一项出色研究，参见邓恩，1971 年。

治社会的一致同意包括愿意受“多数人的意志和决定”约束的协议。这个协议使得政治体得以运行或“推动任何共同体行动”。那些成员“制造了一个政治体，多数人在其中拥有行动的权利并替其他人做出决定”(2.95)。

“当人们最初联合成为社会的时候，大多数人自然拥有属于共同体的全部权力”。此时，可以来讨论政治社会的形式因了(2.132)。这一步关系到政治学的一个根本问题(1.106)：

> 从古至今，为患于人类，给人类带来城市破坏、国家人口绝灭以及世界和平被破坏等绝大部分灾祸的最大问题，不在于世界上有没有权力存在，也不在于权力是从什么地方来的，而是谁应当拥有权力的问题。

洛克给出的回答是，多数人决定谁应当拥有权力。当一致同意构成一个国家后，“所有国家的最初的和基本的明文法就是立法权力的建立”(2.134)。洛克所说的“立法”(legislative)是指立法机构，区别于“立法权”(legislature)或者是制定法律的权力(2.88、94；比较拉斯莱特，1970 年：第 347 页注释)。“立法机构”* 是共同体的持续决策形式，将共同体的权力转化为制定法律的权力：他们创建的社会或者说立法机构的权力(2.131；比较邓恩，1969 年：第

* 这里的“立法机构”(the legislative)是一个非常宽泛的概念。洛克大多数时候用它表示国家的立法机关，但也会谈及“社会的立法机构”。因此，译者没有将其译为“立法机关”，因为这个中文术语特指以立法为主要职能的国家机关。与此相应，这里的“立法权力”也是宽泛意义上制定法律的权力。拥有这项权力的主体可以是国家，也可以是人民、社会。——译者

128—129 页;1971 年:第 141 页)。因为社会就是由这种权力构成,所以就此而言,立法机构就是社会。成为一名成员的人就“授权社会,或者授权给**立法机构**(这与授权给社会一样)为他制定法律”(2.89)。人们,“当他们参加社会时,就放弃了他们在自然状态中享有的平等、自由和执行权,把它们交给社会,由……立法机构来处置”(2.131)。

“**立法机构**”“通过一项明确自愿的授予或创建而源于人民。”
160 (2.141)这是所有国人对一项根本宪制或立法机构的形式或政府的形式作出的多数人决定(2.132、157)。由此,立法权力被委托给某些人,这些人的责任是根据宪制来统治(2.149)。[①] 因此,共同体的权力从没有被让渡,而仅仅是被委托了。如果统治者与宪制背道而驰,它就回到人民手中:“立法权力既然只是为了某个目的而行使的信托权,当人民发现立法机构违背他们的委托,**人民仍然享有最高的权力**来罢免或**更换立法机构**。”(2.149)此时,“权力又回到当初授权的人们手中”(2.149),而“人民就拥有实施行动的最高权力,并由他们自己来维持立法机构,或建立一个新的形式 ,或在旧的形式下把立法机构交给他们认为适当的新人手中”(2.243)。[②]

权力,最初体现为每个人的两种自然权力,历经了两个阶段:它通过同意(以两种方式)被放弃,制造了一个共同体;接着,它作为立法权力被委托给统治者,由他们根据一致达成的宪制来加以

① 拉斯莱特对洛克的委托概念的分析非常出色(1970 年:第 112—114 页)。

② 关于洛克与乔治·劳尔森(George Lawson)在建构立法权力方面的相似说法,参见麦克莱恩(Maclean),1947 年和富兰克林,1978 年。

运用(2.243)。如果从权力之外的角度来看，这其实就是社会(或国家)与政府之间的区分(2.211)。原因在于，尽管立法机构持有共同体的权力，但政府的宪制或形式(如亚里士多德所说)必然就是共同体的形式(2.132)：

> 政府的形式取决于如何落实最高权力，即立法权力。我们既不可能设想由下级权力来规定上级权力应如何，也不能设想除了最高权力以外谁能制定法律。所以，如何放置制定法律的权力这一点就决定国家的形式。

如果宪制明确规定政府为民主或寡头权力结构，那么共同体在形式上就是民主或寡头(2.132)。因此，当政府解体时，人民并没有回到自然状态中，而仍然是其社会的成员，只不过缺少一个形式而已(2.211)。

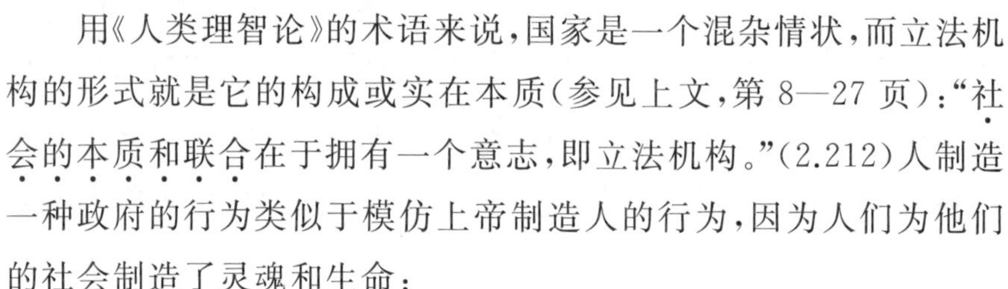

用《人类理智论》的术语来说，国家是一个混杂情状，而立法机构的形式就是它的构成或实在本质(参见上文，第8—27页)：“社会的本质和联合在于拥有一个意志，即立法机构。”(2.212)人制造一种政府的行为类似于模仿上帝制造人的行为，因为人们为他们的社会制造了灵魂和生命：

> 一个国家的成员通过他们的立法机构才联合并团结成为一个协调的有机体。立法机构给予国家以形态、生命和统一的灵魂；分散的成员因此才彼此发生相互的影响、同情和联系。

人的制造与上帝的制造的一个不相类似之处在于，人成为了他们

制造的"有机体"的成员。洛克关于政治社会的构成理论类似于他
161 所引用的胡克的学说(2.135;胡克,1.1.10)。

立法机构为一个社会的意志和灵魂,指引这个社会的行动,赋予社会成员的行动以形式与统一性(1.93;参见上文,第134页)。由于每个人都放弃了自己的行动权力来制造社会,所以每个人作为一名成员就从立法机构中获得行动的权力(2.150;比较2.219):

> 立法机构之所以就是社会的立法机构,就是因为它有权利为社会的各个部分和每个成员制定法律、制定他们的行动准则,当他们违反法律时,赋予执行法律以力量,那么**立法机构**就必须是**最高的**,社会的任何成员或社会的任何部分所有的其他一切权力,都是从它那里获得的,并且是隶属于它的。

成员与社会的关系是部分与整体的关系,或者说类似仆人与主人的关系,因为成员的行动是受到指引的,而且立法机构从一项协议中获得其权力(2.152)。洛克从两项构成性行为中得出相应的权利和义务,其方式就是他在《人类理智论》中分析构建关系时指出的那种方式(参见上文,第10—11页)。

政治社会在类别上不同于自然状态。每个人在自然状态中拥有自己的自然权力,依照自然法指引自己的行为。在进入一个共同体时,人们"放弃了他们所有的自然权力,将其交给他们加入的社会"(2.136),并一致接受立法机构或共同体意志的调整或指引,而他们现在正是其中的一部分。这解释了(除其他问题外)为什么自然私占不再正当。洛克对政治社会之创生的分析也说明,并不

存在一个区别于政治领域的经济领域。这是 17 世纪思想的典型特征："自律性市场的理念是不存在的……经济制度仍隐伏于一般社会关系之下。市场不过是前所未有地受社会权威之控制和调节的一项制度装置的一个附属特征。"[波兰尼(Polanyi),1957 年:第 55 页、第 67 页]。

3

建构一个如此紧密结合的共同体的最后一步是确定它的目的或者说目的因。在自然状态下,社会的权力在每个人手中,此时社会的目的是全人类的保存。因此,社会的权力在立法机构手中转化为政治权力时,仍保有同样的目的:"当这一权力为人人在自然状态中所有的时候,它的目的和尺度既然在于保存他的社会的一切成员——即人类全体,那么,当它为官吏所有的时候,除了保存社会成员的生命、权利和财产以外,就不能再有别的目的或尺度。"
(2.171)因此,这个自然目的就是立法权力的目标,"制定法律的权 162
力,并附有这样一些刑罚,从而来保存整个人类"。由于政府是共同体的本质,政府和共同体的目的便相同:"立法权力是指享有权利来指导如何运用国家的力量以保障这个社会及其成员的权力。"(2.143)如此看来,人类和社会得到保存是两项基本的自然法。洛克对权力的概念分析带来了一个指向自然法并受其约束的政治社会:"自然法所规定的义务并不在社会中消失,而是在许多场合下表达得更加清楚,并由人类法附以明白的刑罚来迫使人们加以遵守。"(2.135;比较苏亚雷斯 1.9.10)因此,"他们(立法者)制定的用来规范其他人的行动的法则,以及他们自己和其他人的行动,都

必须符合自然法,即上帝的意志”。邓恩总结道,政治权威“并不超出这样一些职权行为,这些行为可以被恰当地描述为执行上帝的目的”(1969 年:第 127 页)。

洛克将政治社会的自然目的重述为共同善:“他们的权力,在最大范围内,以社会的共同善为限。这一权力除了实施保护以外并无其他目的。”(2.135)共同善、社会或共同体的善和公众的善是不同叫法的同义词。洛克用它们来说明国家被建立的目的。[①] 共同善是立法的约定目的,故而也是社会的约定目的(苏亚雷斯:1.7.1—4;胡克:1.1.10;坎伯兰:第 16 页)。这就完成了洛克对政治权力的定义(2.3):

> 我认为**政治权力**就是为了规定和保护财产而制定法律的**权利**,判处死刑和一切较轻处分的权利,以及使用共同体的力量来执行这些法律和保卫国家不受外来侵害的权利;而这一切都只是为了共同善。

这个定义包含由立法机构使用的两种权力:执行自然法的权力,必要时动用死刑和战争(2.7—12);以及调整保存手段(财产权)的权力。这个定义还首次描述了在政治社会中调整(但并不决定)财产权遵循的原则:共同善。

在他的政治权力定义中,洛克将调整财产权作为实现共同善

① 参见 2.3、2.131、2.132、2.135、2.137、2.142、2.143、2.147、2.150、2.151、2.156、2.157、2.158、2.159、2.162、2.163、2.165、2.167、2.200、2.216、2.217、2.222。

这个目的的手段。他从两个角度分析了这一手段和目的之关系：通过考察共同善和分析财产权。共同善可以从两个角度被视为支配社会的正义原则：作为一个加总原则，它仅仅指向一个特定团体 163
享有的善的总和；作为一个分配原则，它指向这个团体的不同成员自己拥有的这些善的份额（1976 年：第 19 页）。与坎伯兰和苏亚雷斯（1.7.7）一样，洛克将共同善作为一个分配原则。由于共同善是将保存的自然目的适用于政治社会时得出的东西，所以共同善就是每个人的善或每个人的保存（2.6）。我们已经说过，每个人的保存（包括生存和舒适生活）包括三项自然权利：得到保存的自然权利、保存自己和他人之自由的权利、保存必需的物质占有物的权利。在自然状态中，这些对生命、自由和占有物的请求权自然而然会得到满足和调整，而且通过这个方法实现了保存。因此，在政治社会中，实现共同善就是保障每个人的生命、自由和占有物（2.135）。政治权力“就不能再有别的**目的或尺度**……除了保护社会成员的生命、权利和占有物以外”（2.171）。

通过将共同善等同于保存，从而等同于每个人的善或保存，洛克确保了立法的目标等同于人们进入并建构政治社会的目的。人们“设法，并甘愿同已经或有意联合起来的其他人们一起加入社会，以互相**保存**他们的生命、特权和资产，即我根据一般的名称称之为**财产**的东西”（2.123）。保存生命、自由和占有物是立法机构履行其责任以实现共同善的方式。人们放弃他们的自然权力并进入政治社会，“这只是出于各人为了更好地保存自己、他的自由和财产的动机……由他们创建的社会或者说立法机构的权力**绝不容许扩张到超出共同善的需要之外**，而是必须保障每一个人的财产，以防止上述……缺点……这些缺点使自然状态很不安全、很不方便”(2.131)。在说明了保存财产与共同善的手段-目的关系后，洛克继而交叉使用这两者，将其作为政治共同体的目的因：“政府本身的目的……是共同善和保存财产。”(2.239)

第二节　约定财产权

1

当一个国家的轮廓被勾画出来后，洛克马上提及了他在第五章中遗留下来的问题：“法律调整财产权”是如何进行的以及“成文章程对土地占有的调整”是如何进行的(2.50；参见上文，第98—99页、第151页)。虽然一个人为了保存他的自由而进入一个政
164 治社会，但作为成为一名成员的先决条件，他要将他的**自然**自由——做他认为有利于自己和他人的生存与舒适生活的任何事情的权力——放弃给共同体。这是必要的，因为他现在不是一个独立的个体，而是一个联合统一体的一名独立成员，受制于政府的安排。“因为他现在既然处在新的状态中，可以从同一社会的其他人的劳动、帮助和交往中享受到许多便利，又可以享受社会的整个力量的保护，因此他为了自保起见，也应该根据社会的幸福、繁荣和安全的需要，尽量放弃他的自然自由。”(2.130)“社会的法律在许多方面限制了他依据自然法享有的自由。”(2.129)这一交换条件“不仅是必要的，而且是公道的，因为社会的其他成员也同样是这样做的。”(2.130)。洛克说一个人的自由得到了保存，这仍然是正

确的，因为从定义上讲，这是一种“在他所受约束的法律的许可范围内，随心所欲地处置或安排他的人身、行动、占有物和他的全部财产的那种自由”(2.57)。这个人此时立即处于市民法而非自然法之下。他的新的约定自由在形式上与自然自由一致，虽然在质料上与自然自由不同。

更不用说的是，如果一个人将他处置自己的人格、行动和占有物的自由或自然权力放弃给共同体，接受共同体的指挥，他的占有物也就属于共同体了。原因在于，他放弃了获得和占有这些物品的权力。洛克解释道：“为了更好地理解这一点，不妨认为每一个人最初加入一个国家时，通过使自己加入这个国家的行为，他也把已有的或将要取得的而不曾属于其他任何政府的占有物并入并隶属这个共同体。”(2.120)一个人在自然状态中的所有占有物，或者在他的国家中将获得的占有物都成为了国家的占有物。与自由一样，人们通过将自然占有物换为约定占有物来保存它们的占有物：

> 因为，任何人既然为了保障和规定财产权而和其他人一起加入社会，却又认为其财产权理应由社会的法律来加以规定。他的土地，可以不受他这位土地所有人身为其臣民的该政府的管辖权的约束，这简直是一种直接的矛盾。

因此，“它们都变成了隶属于政府和国家统治和支配的人格和占有物，只要这个国家继续存在”。将占有物呈交给共同体，进而受
制于政府的控制是由于人们放弃了自己对这些占有物的自然权力， 165
还因为如果政府要能决定土地的占有，这是必要的前提。财产的分

配如今就是约定的，它基于人们进入政治社会的协议[比较斯坎伦(Scanlon)，1976年：第24页；肖切特，1975年：第253页；诺齐克，1974年：第350页；乌利韦克罗纳，1974年b：第229页；肯德尔，1965年：第104页；切尔诺，1958年：第52—53页]。

这在洛克的论证中是一个关键转折点。洛克在《自然法辩难》中的结论——如果一个人的利益与另一个人的利益冲突，那么所有物品必须转化为共有——其实已经暗示了这一点。人们将政治共同体视为摆脱此种境况的出路(这一境况来自于货币在自然状态中的产生)，所以他们的占有物必须呈交共同体。但关键在于，一切占有物的共同所有权是《政府论》的理论前提带来的结果。只有当“留给他人同样充足和同样好的东西”这个前提条件满足时，自然状态中的自然获取和占有才具有正当性。随着货币的引入，土地变得稀少，人们的请求权相互冲突，因此自然私占和使用的学说就不再适用了。一旦这个前提条件不复存在，以下这一基本预设将使得所有排他性权利失效：上帝将地球赐予所有人长久共有，在任何特定时候都是如此。借用麦基尔出色的评论来说：“因此，当这一关键的前提性条件不再能被满足时，之前正当获得的物品就不再是排他性占有物，而是恢复为共同所有权。”(1977年：第176页)

2

国家成员的情况和自然状态中的人类似：生存和舒适生活必需品(包括土地)属于所有人，但这些必需品必须被个体化。现在由市民法来决定什么是我的、什么是你的。“人类便联合成为社会，以便用整个社会的集体力量来保障和保护他们的财产，并以经常有效的规则来加以限制，从而每个人都可以知道什么是属于他自己的。”(2.136)人们“对那些根据社会的法律是属于他们的财产，就享有这样一种权利”(2.138)。这是对洛克早前如下论点的重述：人们制定“实定法来决定他们的财产权”(2.30)。这种法律获得正当性的必要条件是，共同体成员在进入一个政治共同体时给出的同意。洛克在 1678 年 4 月 21 日的日记中提到了这一点：“市民法仅仅是人类社会的协议(要么由他们自己做出，要么由他们授权的人做出)：界定权利并对社会中所有人的某些行动给予奖励和做出惩罚。”(洛克的拉弗雷斯手稿，f. 2，fo. 241；1830 年：Ⅰ，
第 217 页)。依肯德尔所见，这意味着“个体的权利(包括他的财产 166
权)仅仅是他的社会允诺给他的权利”(1965 年：第 104 页)。肯德尔忘记了以下这一点：立法机构受到任何想要获得正当性的市民法都必须满足的充分条件的限制，这个条件就是“与自然法保持一致”(2.135)。

洛克写道：“各国的大部分国内法……这些法律只有以自然法为根据时才是公正的，它们的规定和解释必须以自然法为根据。”(2.12)自然法是一项固定的标准，公民权利或财产权依此标准被确立。我们已经了解了，自然法与其说是一个立法规划不如说是一个指南，因为在自然法与自然法的适用之间存在很大程度的“自由裁量”(参见上文，第 48 页)。立法者运用他们的“审慎”能力，根据经验和历史来类推，制定特定情境中大致与自然法相符的法律(参见上文，第 28—30 页)。这就是“统治的技艺”，因此处于《政府论》为自己限定的理论范畴之外。然而，尽管如此，概括一下指导

立法的自然准则是可能的，也是合适的。

除了保存全人类的自然义务外，这项义务带来的三项包容性自然请求权也仍然是塑造公民权利的不变标准。每个人依然保有对生命的权利、对自由的权利以及对保存自己和他人之手段的权利（参见上文，第 154 页），虽然第三项权利指向的对象如今仅限于某人所处的社会。当上帝赋予人类共同享有的基础权利（三项请求权从中衍生而来）时，这种权利不同于支配的能力或行使此权利的自然权力。用普芬道夫的术语来说，权利是一种道德属性，而行使权利的能力是一种自然权力。进入政治社会在于放弃自然权力而不是放弃自然权利。立法者被委托依照自然法调整此种自然权力（2.135）。如果立法者没有这样做，而是任意地滥用，他们就违背了自然法，人们就重新获得自然权力来行使他们的自然权利（2.149）：

> 因为任何人或人们的社会并无权力把自己的保存及相应的保存手段交给另一个人，听其他的绝对意志和专断统辖权的支配。当任何人想要使他们处于这种奴役状况时，他们总是有权来保护他们没有权利放弃的东西，并驱除那些侵犯这个根本的、神圣的和不可变更的自我保存之法的人们，而他们是为了自我保存才加入社会的。

政府有义务将公民的生命权利、保存自己和他人的自由的权利、对必需品或“获取必需品的手段”的权利分配给每个成员。这是源自自然法和共同善的政府责任，并被辅以正当革命的威胁，如果这一责任没有得到履行的话。

每个成员的舒适生存因此得到确保，其方式与自然状态中的方 167
式大致相同。他有公民权利和义务去工作，享有对共同体占有物中某一份额的公民权利，从而得以生存并舒适地生活。洛克在《论宗教宽容》中对此问题更为简短的分析也得出了一样的结论。他将公共善称为"公民利益"，并且指出，它是指"生命、自由、健康和身体的闲适，以及对外物的占有，例如货币、土地、房屋、家具和其他东西"(1963 年：第 15 页)。这些随便举出的一系列的外物和身体之物在《政府论》中被称之为"资产"(estates)。与《政府论》中所言一样，保证每个守法成员能够得到这些东西是政府的责任(第 17 页)：

> 市民官长的责任是通过无偏私地执行平等之法，来保障总体上的所有人和他的每个特定臣民，对属于他们此生所有之物的正当占有。如果某个官长胆敢违背公共正义和公共公正之法(确立此法是为了保存这些东西)，那么他的企图将会受制于对惩罚的恐惧。这一惩罚是剥夺或减少他本来能够且应当可以享受的公民利益或物品。

洛克在 1673—1674 年对公民权力与教会权力的比较中也提出过一个类似的论点(洛克的拉弗雷斯手稿，c. 27，fo. 29；1830 年：Ⅱ，第 108—116 页)。"公民社会的目的是这个世界提供的当前享受。"(第 111 页)这一点在分配层面上是指"保存社会以及其中的每个成员，使得他们能够自由地、和平地享受属于他们每个人生命中的所有美好的事物"(第 109 页)。洛克这方面的论证与我们之

前看到的坎伯兰使用的论证存在惊人的相似之处（参见上文，第93—94页）。

3

接下来的问题是，立法机构如何将公共物品公正合理地分配给每个成员。洛克在第五章预先回答了这个问题。他指出，社会成员同意由社会来确定他们的“劳动和勤勉带来”的财产（2.45）。正义的根本原则是将一个人诚实劳作的产品分配给他（1.42），同时，整个第五章被当作指导一个社会审慎适用此理性法的规范模式。当某人因某种原因而无法劳动时，贫困和继承就作为两个自然原则发挥作用，以保证每个人将能得到舒适生活的必需物。此外，通常来讲，自己的劳动产物是人们享有自然财产权的唯一物质占有物，因此它们是受到立法——［人们“寻求其财产保存”（2.127）］的地方——保护的财产。正如洛克在《政府论》（2.130）和《论宗教宽
168 容》中所总结的：“保存人们能占有它们诚实劳作的果实，并保存他们的自由、体力（使他们能够获得接下来想要的东西）的必要性促使人们与其他人一起进入社会，借助相互帮助和共同力量来保障它们每个人自己的财产，即那些对于此生的生存和舒适生活有利的东西。”（第83页）（健康当然也是政府所要关心的，因为健康也是人的自然权力的一部分。）

在洛克构想的社会中，共同体中属于每个人的物品份额是由每个人为共同善付出的劳动决定，这个构想在普芬道夫对分配正义的讨论中已经隐约出现。洛克在1694年写给莫利纽克斯（Molyneux）的一封信中也谈到了这里的要点：“我认为，每个人，

根据神意对他的位置所做的安排，有义务尽其所能地为共同善劳动，不然的话他就没有得到食物的权利。”（1823 年：Ⅸ，第 332 页）虽然人们现在是在相互帮助中一起劳作，但如我们所讲，这并不意味着无法再适用基本的分配原则（参见上文，第 135—145 页）。此外，一名劳作者并没有资格独享他的全部劳动产品，因为必须为“公共必需品”或者用《论宗教宽容》中的话来说就是“全体人民的和平、富裕和公共物品”，留出充足之物。

“人们的梦想和错综复杂的机谋”建构了每个社会的法律体系，这些梦想与机谋无法仅仅用自然请求权和分配原理来加以说明。当人们进入社会时，他们“的财产现在就是法律规则所规定的那些财产”（邓恩，1971 年：第 140 页）。约定财产权的正当性首先来自于公民的同意。但是不论这里的财产权关系如何复杂，具有多大的人为性，自然法则仍然是立法的恒久向导，也是立法的终极证成（2.135）。理论和实践之间的跨度允许较大程度的自由发挥，由此各种不同的政体都可以被正当地建构出来，但是这个范围不是任意的，也不是不受限制的。任何正当的国家必须在其基本宪制中体现自然法与自然权利的规范性结构。

洛克学说的结论是反菲尔默，反格老秀斯，反普芬道夫的。对于菲尔默来说，对土地的无限私有财产权是自然的。对于格老秀斯和普芬道夫来说，对土地的无限私有财产权是约定的，但是由于它先于政治社会的建构，所以主权者有责任保护它。根据洛克的论证，如果人们赞同土地私有财产权，它将是纯粹约定的权利，而且只有在以下情况下它才能得到证成：它是根据对一个人的劳动产品的自然权利以及那三项请求权公正分配财产权的审慎方法。

如果土地私有财产权无益于此目的的实现，那么它将丧失其正当理由，从而将被立法取消。若没有被立法取消，就将被革命取消。
169 洛克脑中也许想过某种土地私有财产权符合他的学说，但是他并没有这么说。他对长子继承制的打击显然会使土地财产被重新划分为诸多小块的地产。洛克在《政府论》中肯定的唯一一种财产权形式是英国的公地制。洛克的学说与约翰·利尔伯恩（John Lilburne，1615—1667）在《英格兰的天生权利是合理的》（*England's Birth-Right Justified*，1645）一书中与理查德·奥弗顿（？1600—？1660）在《一支射向所有暴君的箭》（*An Arrow against All Tyrants*？1646）一书中主张的论点一致。奥弗顿赋予人们对其人身的财产权以及对保存手段的自然权利[艾尔默（Aylmer），1975 年：第 68—69 页]。托马斯总结道：在“平等派和普选派中，人们想保存（更确切地说是创造）一个世界。在这个世界中，每个人都是一个独立的所有者。从而使得他们能够通过废除垄断、禁止长子继承、开放公地，保证最大范围的私有财产分配”[托马斯，1972 年：第 77 页；比较布雷斯福德（Brailsford），1976 年：第 417—455 页]。

对于洛克来说，任何财产分配都包含两个要点：每个人都具有获得舒适生存的必要手段；而且，每个人都能够以对人来说恰当的方式以及类似上帝作为制造者的行为方式，为完成自己的天职而劳动，并享用其成果。这是相关论证的明确前提，也是用以评判一个财产权体系的规范性框架。任何分配的正当性依赖于是否履行了这两项社会功能。瑞安正确地总结道：“说什么‘绝对的’财产权完全是一种误导而且……生命、自由和物品都不涉及任何绝对所有权，他人对这些东西都可能提出一项请求。”（瑞安，1965 年：第

225—226 页）由此而来的结论是“我们似乎比以前有更少的理由主张，洛克……试图为了雇主阶级的利益而剥夺无产阶级的一切财产权（如麦克弗森所主张的那样）”（第 226 页）。

如他在写给爱德华·克拉克的信中所言，洛克关于财产权的正当安排的观点是对“古老宪法”制度的保守诉求。通过《技工法规》（*Statute of Artificers*，1563）和《和解法案》（*Act of Settlement*，1662），英格兰政府对人们的劳动进行了规划，使得每个人都有权利和义务进行劳动。《伊丽莎白济贫法》（*Elizabethan Poor Law*，1597/1601）要求，不能仅仅给依赖教区救济的穷人以福利性救济，而且要给他们相应的物质条件，使他们能够自力更生（霍尔兹沃思，1926 年：Ⅳ，第 375—379 页）。社会的“经济”安排被认为是政治政策不可分割的必要组成部分。“一直到 18 世纪的下半段，人们才开始讨论建立完全自由的劳动市场。这种劳动市场的运转的法律（不是实际上的）限制到 1834 年才完全被废除。”（汉德尔特，1977 年：第 39 页；比较霍尔兹沃思，1926 年：Ⅳ，第 378 页；波利尼，1957 年：第 55 页；特赖布，1978 年：第 35—52 页）
洛克并不需要到结构严密的英国宪制政体外寻找这样一种无所不 170
免的政治体，“其每个部分和成员都受到政府的照管，并依照社会的法律，各尽其职能，为社会全体谋福利”（1.93）。麦克弗森指出，“占有性市场社会”的一个必要条件是“不存在对工作的官方分配”（1972 年：第 53 页）。但是，在当时的法律以及洛克的学说中，这一条件都不存在。为了公共善而有效安排共同体的占有物及共同体的力量是政府的责任（2.39）。在 1703 年 8 月 15 日写给理查德·金的信中，洛克将统治的技艺定义为“包括所有关于和平和战

争的技艺；对贸易、穷人就业的安排；以及其他属于公共管理方面的事务”(1823 年：x，第 309—310 页)。

与自然状态中的自然权利类似，排他性公民权利存在于一个由包容性公民权利和共同所有权构成的框架中，并且以执行社会功能为条件。并不存在私有财产权与菲尔默的绝对私人所有权。将洛克描述为无条件的土地私有财产权的维护者实在是不同寻常的做法。任何有助于完成对上帝的义务要求的行为的分配，任何确保每个人的保存手段的分配，任何保护每个人享受他的劳动果实的分配，都是正当的安排。这些自然限制使得布雷弗曼和麦克弗森描述的某些共产主义模式和资本主义财产模式都不符合条件。在洛克提出的这个体制中，私人所有权和共同所有权并不相互排斥，而是相互关联：私人所有权是个体化共同体的共有财产的手段，受到所有其他成员的相关请求的限制。这个体制在某个国家采用怎样的具体法律形式是一个审慎问题，不是一个理论问题。

第三节　财产权与革命

1

一旦社会制定法律确定什么是我的和什么是你的，立法机构就不能侵犯这些法律规定的公民权利。[①] 洛克通过不断重申下述这点来提出这个观点：财产权是人们对任何属于他的东西表达同

① 对洛克的正当反抗的全面分析，参见邓恩，1969 年：第 165—186 页。

意的自然权利："最高权力，不经本人的同意，不能夺取他的财产的任何部分。"（2.138；参见上文，第 114—115 页）洛克还采用了一个归谬论证来说明，这项权利在逻辑上必定先于政治社会：

> 因为，既然保存财产是政府的目的，也是人们加入社会的 171
> 目的，这就必然假定而且要求人民应该**享有财产权**，否则就必须假定他们因参加社会而丧失了作为他们加入社会的目的的东西；这种十分悖理的事是无论何人也不会承认的。

由此得出的结论是，对属于某人自己的任何东西表达同意的自然权利或者说财产权，必然是所有公民权利的共同要素：

> 因此，在社会中享有财产权的人们，对于那些根据社会的法律属于他们的财产，就享有这样一种权利，即未经他们本人的同意，任何人无权从他们那里夺去他们的财产或其中的任何一部分。

人们在社会中享有的具体权利通过约定确立下来（尽管必须符合自然原则），接着它们将得到人们对自己的东西行使道德主宰的自然权利或财产权的支持。这个论点通常表达为：财产权通过约定确立下来，接着，要求戒取他人之物的自然法出来发挥作用。格老秀斯和普芬道夫将这个过程置于政治社会之前，然后在建构绝对主义国家的过程中赋予主权者豁免权（2.14；7.6.3）。苏亚雷斯的以下做法预示了洛克将来的观点：将财产分配置于社会形成之后，交由政府决定。接下来，约定分配将得到自然保护："虽然自然法可能不要求财产划分，但是在这一划分已经做出并且所有权的范围分配完毕后，自然法就禁止偷窃或不正当地夺取他人财产。"(2.14.17)在所有这些情况下，自然法都先于市民法，但是自然法的对象(我的和你的之分)却来自市民法的创造。洛克在他 1676 年 2 月 26 日的日记条目中指出了这一区分："相关规则和义务先于人法，虽然这些规则的内容可能来自于人法，如土地财产权、特殊荣誉和个人权力。"(洛克的拉弗雷斯手稿，f.1 1830 年：1.第 114 页)洛克将这项消极自然义务作为个体对自己的物品表示同意的权利，整合进他的积极权利理论中。洛克以这种方式重述自然戒律，突出了每个行动者享有的道德主宰领域，无论他的占有物有多少(2.194)。一旦某人根据市民法获得他的财产，那么他的这项主宰就不容侵犯，他可以运用这项主宰对抗试图逾越法律的政府(2.139)：

> 但是，不论由谁掌握的政府……既是基于使人们能享有和保障他们的各种财产的这一条件并为此目的而受委托，则君主或议会纵然拥有制定法律的权力来规定臣民彼此之间的财产权，但未经他们的同意，决然没有权力取走臣民财产的全部或一部分。因为，这样就会使他们事实上根本不享有财产权了。

这项规则对人的任何财产权都成立，无论是拥有某物的权利
172 还是做某事的权利。也就是说，无论这里涉及人的生命、自由还是物质占有物，这项规则都成立(1963 年：第 17 页)。

洛克的财产权学说将财产权视为主宰合法属于某人自己的东

西的自然权利。这一学说挫败了菲尔默所讲的绝对主权者的无限权力。这个学说也同样针对霍布斯笔下的绝对主权者，如拉斯莱特所言（1970 年：第 379 页注释）。的确，乔治·劳尔森（George Lawson，卒于 1678 年）在《宗教政制与公民政制》（*Religious and Civil Polity*）中对霍布斯提出了更为简洁但与洛克相似的反驳（第 15—17 页；比较麦克莱恩，1947 年；富兰克林，1978 年）。大体上讲，洛克的学说打倒了他所有的绝对主义对手——格老秀斯、普芬道夫以及菲尔默，但是他的意识形态靶子其实离他很近。1680 年至 1685—1688 年期间的国王政策的一个特点就是不经议会同意的征税和没收自由保有的不动产，以强化国王的执行权（邓恩，1969 年，第 216 页）。洛克通过分析自然财产得出的一个直接结论是，未经同意的征税是无效的（2.140）。洛克这方面的实际意图是将宫廷的行为去合法化。宫廷合法化自己行为的标准做法是用绝对主义与菲尔默式话语来说明这些行为（凯尼恩，1977 年，第 5—8 页）。因此，洛克反驳菲尔默和自然财产权肯定说的一个主要焦点就是这个实际政治问题。洛克削弱了对君主政策的这一证成，将反抗君主的非法行为的权利赋予每个公民。洛克的读者肯定不会没有领悟到，洛克用人们主宰自己的公民权利的积极个体自然财产权或自然权利，对传统的消极义务进行理论重述所包含的实际意义。这是对革命的明确激励："当立法者们图谋夺取和破坏人民的财产……人民因此就无须再予服从，而只有寻求上帝给予人们抵抗强力和暴力的共同庇护。"（2.222）

认识到以下这点很重要，洛克通过赋予公民执行律法的终极权利，保护个体的公民权利免受国王的任意干涉。如果一个人要

将保护资产阶级财产免受无产阶级的侵犯这一任务归给洛克（如麦克弗森所做），他就不得不节略历史（1972 年：第 220—221 页）。实际上，洛克明确否认以下说法：土地财产权可以对抗没有任何可利用的生产物质资料的人（1.42；参见上文，第 131—138 页）。如波兰尼所言，洛克的主张“仅仅是反对来自上层的专断行为……排除君主的专横行为……一百年以后……工业财产才受到了保护，此时它不是针对国王，而是针对人民。只有出于误解，人们才会用 17 世纪的含义对应 19 世纪的情况”（1957 年：第 225 页；比较邓恩，1969 年：第 216 页）。

2

173 反抗上层专断干涉的权利被如此稳固确立后，菲尔默将政府的臣民降至奴隶地位的做法也基本上被“推翻了”。洛克的论点对所有非法干涉公民权利的政府行为都有效，无论干涉的内容是什么。洛克也同样想反驳菲尔默所讲的私人绝对所有权在社会内部各种社会关系中的明确体现（1.1；2.2）。这第二种菲尔默式奴役也遭到洛克下述根本结论的驳斥：每个人作为上帝的创造物，拥有对生命、自由和保存自己所必需的物品的自然请求权。这些不可让渡的财产权使得菲尔默笔下对其仆人行使绝对权力，将他们降格为奴隶，并剥夺他们所有财产的专制贵族（以及地主）变得不道德（菲尔默，1949 年：第 188 页；参见上文，第 56 页、第 135—146 页）。社会中的此种绝对权力是不合法的，因为主权者有义务创设与每个人的三项不可让渡之权利（以及对其劳动产物的自然权利）大致相近的公民权利。正当政体的这一实质前提（除了政府处于法律之下这一形式前提外)，也受到革命权的支持(2.149、171—172、222;参见上文，第165—167页)。革命是防止一名社会成员获取对另一名成员的绝对权力的终极屏障。这种权力否定其仆人的财产权，因而与公民社会背道而驰(2.147;参见上文，第138页;比较瑞安，1965年:第226页)。革命权是法制政府和符合自然法的社会宪制的最后一道防御。

洛克的财产权理论的上述第二个革命维度涉及的政治问题至少与其第一个革命维度涉及的政治问题同样重要。在17世纪，投票权的常规标准是财产占有量。菲尔默的学说系统地否定人们的财产权，从而否定他们的选举权，除了那些土地所有者。通过说明每个人对其生命、自由、人格、行动和某些占有物享有财产权，洛克将选举权扩展至每个成年男性。他并没有在《政府论》中明确陈述这一标准。他直接将其作为他讨论不同的代表制时隐含的前提:“如果人民用符合政府原初构造的公正和真正平等的方法来选举他们的代表，那么它无疑就是这个社会的意志和行动。”(2.158)“符合原初宪制的平等方法”只可能是所有人的自然平等(2.5)。洛克的学说因此可用来证成辉格党的排除战略，使代表制基于尽可能广泛的基础[邓恩，1969年:第44—57页;普朗博(Plumb)，1967年:第31—65页]。

菲尔默与洛克在财产权问题上相互对立的观点反映了17世纪最重要的政治问题之一:财产权是否意味着对土地的固定财产权，从而只有少数人可以拥有，如菲尔默、格老秀斯与普芬道夫所说的那样;还是说财产权意味着任何种类的权利，从而把每个人都包含在内，如坎伯兰和洛克那样?比如说，J.布洛卡(J.Bullokar)在《英 174

语解说》(*An English Expositour*, 1688 年)中，E. 柯尔斯(E. Coles)在《英语字典》(*An English Dictionary*, 1676)中将“财产权”一词限于“作为某物的唯一所有者”，“一个人对某物可享有的最高权利”。而约翰·雷斯特尔(John Rastell)在《英国法律词汇解释》(*Les Termes de la Ley*)中，跟从柯克(Coke)和 J. 柯赛(J. Kersey)在《英语新词典》中的做法，将“财产权”延伸为“正当使用某物的权利”。在洛克对峙菲尔默之前，这两种观点从没有像在 1647 年的普特尼辩论中被那样鲜明地提出并且得到那样激烈的争辩。

委任将军埃尔顿(Ireton)和菲尔默一样认为，财产权意味着对土地的固有财产权，而且完全是约定的权利[伍德豪斯(Woodhouse)，1974 年：第 62—63 页、66—67 页、68—69 页]。由此而来的结论是，只有那些拥有土地财产的人才享有选举权：“法律……是由那些对土地享有固有财产权的人民制定出来的。”(第 66 页)雷恩巴勒(Rainborough)上校对此反驳道，这无疑将六分之五的人排除在外，从而奴役他们(第 67 页、第 71 页)。雷恩巴勒和爱德华·塞克斯比(Edward Sexby)都声称，人享有对他们的人身和自由的自然财产权，因此王国法律的确立关系到他们的利益。埃尔顿对此的反驳是，这将意味着所有(约定)财产权的瓦解，因为每个人都可以对保存所必需之物主张自然权利(第 69 页、第 71 页)。马克西米利安·佩蒂(Maximilian Petty)反驳说，这远远不会瓦解财产权，“(恰恰相反)，这是保存财产权的唯一方法”(第 61 页)。佩蒂所谓的财产权是指人的自然自由与得到保存的权利。他提出，人们“选择代表，将他们自己置身于政府架构中，才可能保存他们的财产”(第 62 页)。《政府论》完善了佩蒂的观点的理论基础；而且，通过

革命重新构造社会的做法也得到了证成。的确，人们将获得他们的财产权，而除了菲尔默式锁链外，他们一无所失。

第四节　结论

总的来说，我希望将洛克对财产权的解释置于其整体思想的语境中。虽然第一章和第二章旨在阐明洛克的财产权观所属的构成性和规定性信条，但是简略的重述一下要点有助于我们矫正集中聚焦其哲学的一个面向而造成的失衡。如果说存在一个贯穿洛克作品的中心思想，那么这无疑是一种关于宗教实践的哲学。洛克在《人类理智论》中写道："我们在此的任务不是知晓所有事物，175
而是知晓那些与我们行为有关的东西。"(1.1.6)最重要的探索是去"找到一些应遵循的尺度，以使得理性造物，在人所处的现世状况之下，来调整他的意见和由意见而生的行为"。完成这一探索是可能的，因为人"享有充足的光亮来知悉他们的制造者，来窥见他们的职责"(1.1.5)。构成人类行动的义务包括两种：使用并配置其生存和便利生活所必需的东西；在天堂中获得来世生活所要求的活动。

洛克对财产权的解释包含了第一种义务，即那些指向人类保存并据此整合起来的义务。财产权的根本统一形式是，利用这个世界来实现上帝保存其所有制造物的目的的自然权利和义务。据此安排人类行为的国家是一种起到补充作用的社会。因此，财产权和政治社会是履行人类另一组道德义务——那些高于让自己和他人得以生存并获得舒适生活的宗教义务——的必要手段。洛克

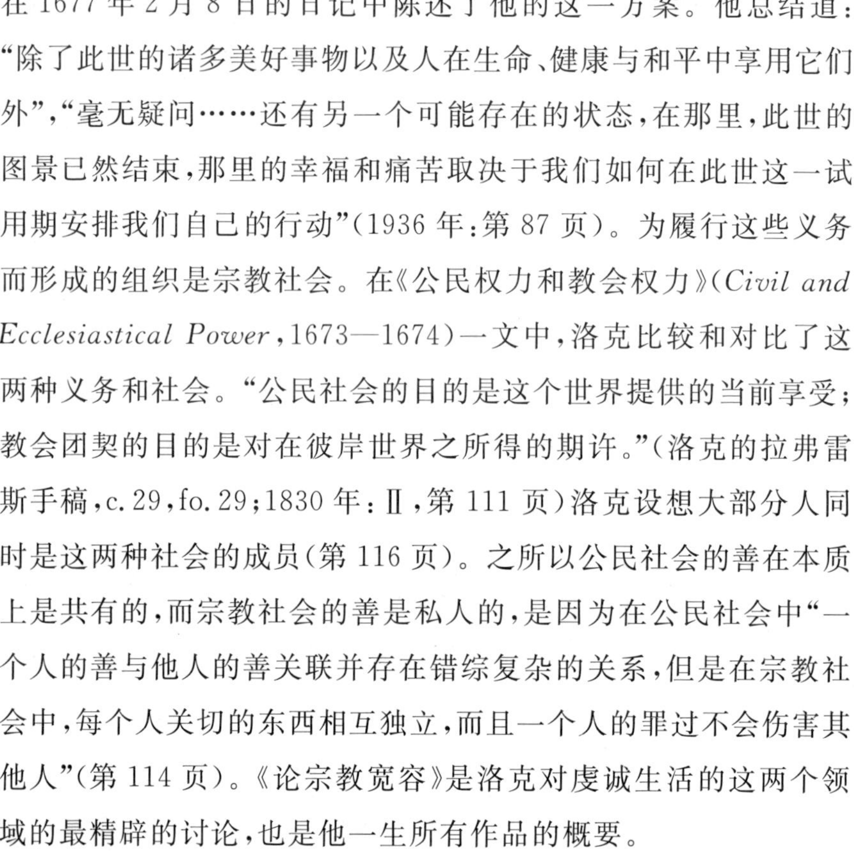

在1677年2月8日的日记中陈述了他的这一方案。他总结道：“除了此世的诸多美好事物以及人在生命、健康与和平中享用它们外”，“毫无疑问……还有另一个可能存在的状态，在那里，此世的图景已然结束，那里的幸福和痛苦取决于我们如何在此世这一试用期安排我们自己的行动”（1936年：第87页）。为履行这些义务而形成的组织是宗教社会。在《公民权力和教会权力》（*Civil and Ecclesiastical Power*，1673—1674）一文中，洛克比较和对比了这两种义务和社会。“公民社会的目的是这个世界提供的当前享受；教会团契的目的是对在彼岸世界之所得的期许。”（洛克的拉弗雷斯手稿，c. 29，fo. 29；1830年：Ⅱ，第111页）洛克设想大部分人同时是这两种社会的成员（第116页）。之所以公民社会的善在本质上是共有的，而宗教社会的善是私人的，是因为在公民社会中“一个人的善与他人的善关联并存在错综复杂的关系，但是在宗教社会中，每个人关切的东西相互独立，而且一个人的罪过不会伤害其他人”（第114页）。《论宗教宽容》是洛克对虔诚生活的这两个领域的最精辟的讨论，也是他一生所有作品的概要。

这两种义务在各种地方交织在一起，但是当人们拥有超过他们所需之物的东西时，这两种义务以一种在道德上最重要的方式交织在一起。当人们只拥有刚好足够的量时，他们使用自己的物资维持生存；而当他们拥有多余的量时，他们则享受自己能够实现的目标（苏亚雷斯：7.1.2）。上帝赐予人类富饶之物以享受；人们
176 进入社会不仅为了保存，而且也为了享受（2.77）以及“享受他们的财产”（2.134）。但是，享受并不是贪婪之罪（如麦克弗森所认为的），也不是现代消费行为。它意味着慷慨或施舍的基督徒义务，

这是教导儿童有关财产权之事的第一项任务。洛克在《教育片论》中指出："对于我们拥有或占有的东西，应该教导他们（孩子们）将这些他们轻易拥有的东西分赠给他们的朋友。"（1968 年：第 213 页）"贪婪，以及除了我们需要的东西之外还想占有和所有更多，以供我们支配的欲望是一切罪恶的根源。它应当在较早时期由我们来细心地加以根除，而乐于将自己的东西分给他人这一相反的品质应当被植入人们心中。"（第 213—214 页）"理解财产权"与理解正义与诚实的方式都在于"早早把它的基础奠定在慷慨、乐意与人分享他们自己拥有或喜爱的事物之上"（第 214—215 页）。这是洛克对这一主题的最后结论，也是他一直以来的观点。

参考文献

181
一手文献

Aquinas, St Thomas. 1964. *Summa Theologica*. Latin and English edition, 60 vols., ed. T. Gilby, O. P. London.

Aquinas, St Thomas, 1974. *Selected Political Writings*. Latin and English edition, ed. A. P. d'Entrèves. Oxford: Basil Blackwell.

Aristotle. *EN*. *Nicomachean Ethics*. Ed. W. D. Ross. Oxford: Clarendon Press, 1972.

Aristotle. *Met*. *Metaphysics*. Ed. W. D. Ross. Oxford: Clarendon Press, 1972.

Aristotle. *Pol*. *Politics*. Ed. W. D. Ross. Oxford: Clarendon Press, 1972.

Aristotle. *An*. *Po*. *Posterior Analytics*. Tr. Jonathan Barnes. Oxford: Clarendon Press, 1975.

Aylmer, G. E., ed. 1975. *The Levellers in the English Revolution*. London: Thames and Hudson.

Bacon, Francis. 1874. *Works*. 17 vols, ed. R. L. Ellis, J. Spelding and D. D. Heath. London.

Barbeyrac, Jean, 1729. An Historical and Critical Account of the Science of Morality. *In the Law of Nature and Nations, by Samuel Pufendorf*. Ed. Jean Barbeyrac. Tr. Basil Kennett. London.

Barbeyrac, Jean, ed. 1729. *The Law of Nature and Nations, by Samuel Pufendorf*. Tr. Basil Kennett. London.

Barbeyrac, Jean, ed. 1738. *The Rights of War and Peace, by Hugo Grotivs*.

Tr. W. Innys and R. Manby. London.

Baxter, Richard. 1659. *A Holy Commonwealth, or Political Aphorisms upon the True Principles of Government*. London.

Bellers, John, 1696. *Proposals for Raising a College of Industry of all Useful Trade and Husbandry*. London.

Boecler, Johann Heinrich. 1633. *In Hugonis Grotii, & C., Commentatio*. Strasburg.

Boyle, Robert. 1660. *The Origins of Forms and Qualities*. London.

Bullokar, J. 1688, 1697. *An English Expositour*. London.

Cabet. Etienne. 1842. *Voyage en Icarie, Roman Philosophique et Social*. Paris.

Chamberlen, Peter. 1649. *A Poor Man's Advocte*. London.

Coles, E. 1676. *An English Dictionary*. London.

Coste, Pierre, ed. 1785. *Essai Philosophique Concernant L'entendement Humain*. Third edn. Amsterdam.

Cumberland, Richard 1672. *De Legibus Naturea Disquisitio Philosophica*. London.

Cumberland, Richard. 1727. *A Treatise of the Laws of Nature*. Tr. John Maxwell. London: R. Phillips. (All quotations from this edition unless otherwise specified.)

Descartes, René. 1967. *The Philosophical Works of Descartes*. 2 vols., tr. E. 182
Haldane and G. R. T. Ross. Cambridge: Cambridge University Press.

Filmer, Robert. 1949. *Patriarcha and Other Political Works*. Ed. Peter Laslett. Oxford: Basil Blackwell.

Fleetwood, William. 1705. *The Relative Duties of Parents and Children, Husbands and Wives, and Masters and Servants*. London.

Grotius, Hugo. 1738. *The Rights of War and Peace*. Tr. Basil Kennett with the Notes of Jean Barbeyrac. London. (All quotations from this edition unless otherwise specified.)

Grotius, Hugo. 1916. *Of the Freedom of the Sea 1609* [*Mare Liberum*]. Latin and English edition, tr. Ralph van Deman Magoffin. Oxford: Oxford Uni-

versity Press.

Grotius, Hugo. 1925. *De Iure Belli ac pacis 1625*. Latin and English edition, 4 vols., tr. F. W. Kelsey. Oxford: Clarendon Press.

Grotius, Hugo. 1950. *De Jure Preadae Commentarii 1604*. Latin and English edition, 2 vols., tr. G. L. Williams and W. H. Zeydel. Oxford: Clarendon Press.

Hartlib, Samuel. 1641. *A description of the Famous Kingdom of Macaria*. London.

Hobbes, Thomas. 1642. *De Cive*. London.

Hobbes, Thomas. 1650. *De Corpore Politico*. London.

Hobbes, Thomas. 1651. *Leviathan*. London.

Hobbes, Thomas. 1845. *The English Words of Thomas Hobbes*. II vols., ed. Sir William Molesworth. London.

Hooker, Richard. 1717. *Of the Laws of the Ecclesiastical Politie*. London.

Kersey, J. 1702. *A New English Dictionary*. London.

Lawson, George. 1660. *Politica Sacra & Civilis*. London.

Leibniz, Gottfried. 1717. *A Collection of Papers which passed between the late learned Mr. Leibnite and Dr. Clarke in the year 1715 and 1716, Relating to the Principles of Natural Philosophy and Rligion*. London.

Leibniz, Gottfried. 1916. *New Essays concerning Human Understanding*. Tr. A. G. Langley. Chicago: Open Court.

Lilburne, John. 1645. *Englands Birth-Right Justified*. London.

Locke, John. MS. The Lovelace Collection of the Papers of John Locke in the Bodleian Library. Oxford.

Locke, John. 1780. *A Report to the Board of Trade to the Lords Justice 1697, Respecting Relief and Unemployment of teh Poor*. London.

Locke, John. 1823. *The Works of John Locke*. 10 vols. London.

Locke, John. 1830. *The Life of John Locke with Extracts from his Correspondence, Journals and Common-place books by Lord King*. 2 vols. London.

Locke, John. 1931. *An Essay Concerning the Understanding, Knowledge, Opinion and Assent*. Ed. B. Rand. Cambridge, Mass. : Harvard University Press.

Locke, John. 1936. *An Early Draft of Locke's Essay together with Excerpts from His Journals*. Ed. R. I. Aaron and J. Gibb. Oxford: Clarendon Press.

Locke, John. 1963. *A Letter concerning Toleration*. Latin and English texts, ed. Mario Montuori. The Hague: Martinus Niijhoff.

Locke, John. 1967. *Two tracts on Government*. Ed. Philip Abrams. Cambridge: The Cambridge University Press.

Locke, John. 1968. *The Educational Writings*. Ed. James Axtell. Cambridge: Cambridge University Press.

Locke, John. 1970a. *Two Treatises of Government*. Ed. Peter Laslett. Cambridge: Cambridge University Press.

Locke, John. 1970b. *Essays on the Law of Nature*. Latin and English edition, 183
ed. W. von Leyden. Oxford: Clarendon Press.

Locke, John. 1975. *An Essay concerning Human Understanding*. Ed. Peter Nidditch. Oxford: Clarendon Press.

Locke, John, 1976. *The Correspondence*. 8 vols., ed. E. S. de Beer. Oxford: Clarendon Press.

Nelson, William, ed. 1717. *John Manwood's Treatise of the Forest Laws*, 1598. London.

Newton, Isaac. 1704. *Opticks, or a Treatise of the Reflections, Refractions, Inflexions and Colours of Light*. London.

Newton, Isaac. 1729. *The Mathematical Principles of Natural Philosophy*. 2 vols, tr. A. Matte. London.

Newton, Isaac. 1962. *Unpublished Scientific Papers of Sir Isaac Newton*. Ed. A. R. Hall and M. B. Hall. Cambridge: Cambridge University Press.

Overton, Richard. ? 1646. *An Arrow against All Tyrants*. London.

Parker, Henry. 1652. *Jus Pouli*. London.

Penn, William. 1726. *Works*. 2 vols. London.

Perkings, William. 1618. *Christian Oeconomie or a Short Survey of the Right Manner of Erecting and Ordering a Family, according to Scripture.* London.

Pufendorf, Samuel. 1660. *Elementa Jurispudentiea Universalis.* Amsterdam.

Pufendorf, Samuel. 1672. *De Jure Naturea et Gentium libri Octo.* Amsterdam. (A copy signed by John Locke is in the Osler Library, McGill University, Montreal.)

Pufendorf, Samuel. 1673. *De Officio Hominis et Civis juxta legem naturalem libri* duo. Amsterdam.

Pufendorf, Samuel. 1729. *Of the Law of Nature and Nations.* Tr. Basil Kennett with the notes of Jean Barbeyrac. London. (All quotations from this edition unless otherwise specified.)

Pufendorf, Samuel. 1934. *De Jure Naturae et Gentium libri Octo 1688.* Latin and English edition, 2 vols., tr. G. H. Oldfather and W. A. Oldfather. Oxford: Clarendon Press.

Rastell, John. 1667. *Les termes de la ley, or Ceriain Difficult and Obscure Words and Terms of the Common Law and Statutes of this Realme now in Use Expanded and Explained.* London.

Selden, John. 1636. *De Dominio Maris Juribusque ad Dominium.* London.

Selden, John. 1652. *Of the Dominion or Ownership of the Sea.* Tr. Marchamont Nedham. London.

Strauch, Johannes. 1674. *Dissertatio de Imperio Maris.* Jena.

Suarez, Francis. 1944. *Selections from Three Words.* Latin and English edition, 2 vols., tr. G. L. Williams. Oxford: Clarendon Press. (All translations from *De legibus ac Deo legislatrore and Defensio Fidei Catholica et Apostolicea adversus Anglicanae sectae errores* are taken from this translation.)

Suarez, Francis. *1787. Opera omnia.* 28 vols., ed. M. André. Paris.

Toland, John. 1751. *Pantheisticon, or the form of Celebrating the Socratic Society.* London.

Tyrrell, James. 1681. *The Patriarch Un-monarched*. London.

Tyrrell, James. 1694. *Bibliotheca Politica*. London.

Velthuysen, Lambert. 1651. *Dissertatio de Principiis Justi et Decori*. Amsterdam.

Vico, Giambattista. 1970. *The New Science of Giambattista Vico*. Tr. T. G. Bergin and M. H. Fisch. New York: Cornell University Press.

Welwood, William. 1613. *An Abridgement of All Sea Laws*. London. 184

Whichcote, Benjamin. 1685. *Select Notions*. London.

Wollaston, WIlliam. 1724. *The Religion of Nature Delineated*. London.

Woodhouse, A. S. P., ed. 1974. *Puritanism and Liberty*. London: J. M. Dent.

Ziegler, Caspar. 1662. *In Hugonis Grotii*...Amsterdam.

二 手 文 献

Anderson, Perry. 1977. *Lineages of the Absolutist State*. London: New Left Books.

Anscombe, G. E. M. 1972. *Intention*. Second edition. Oxford: Basil Blackwell.

Arendt, Hannah. 1973. *The Human Condition*. Chicago: University of Chicago Press.

Arendt, Hannah. MS. Unpublished Manuscripts. New York.

Axtell, James, ed. 1968. *The Educational Writings of John Locke*. Cambrideg: Cambridge University Press.

Becker, Lawrence C. 1977. *Property Rights: Philosophic Foundations*. London: Routledge & Kegan Paul.

Beer, Max. 1921. *The History of British Socialism*. London: The National Labour Press.

Bennett, G. V. 1976. *The Tory Crisis in Church and State*. Oxford: Clarendon Press.

Brailsford, H. N. 1976. *The Levellers and the English Revolution*. Manchester:C. Nicholls and Company.

Braverman,Harry,1974. *Labor and Monopoly Capital. The Degradation of Work in the Twentieth Century*. New York:Monthly Review Press.

Brunner,O. 1956. 'Das"ganze Haus"und die alteuropäische ökonomick', In *Neue Wege der Sozialgeschichte*. Gottingen.

Gavell,Stanlay. 1976. *Must We Mean What We Say?* Cambridge:Cambridge University Press.

Cherno,Melvin. 1958. 'Locke on Property'. *Ethics*,68,pp. 51 – 55.

Child,A. 1953. 'Making and Knowing in Hobbes,Vico and Dewey',*University of California Publications in Philosophy*. Los Angeles:University of California Press.

Copleston,F. 1963. 'Late Medieval and Renaissance Philosophy:the Revival of Platonism to Suarez',In *A History of Philosophy*, Ⅲ,2,New York:Image Books.

Copleston,F. 1964. 'Modern Philosophy:The British Philosophers,Hobbes to Paley'.In *A History of Philosophy*,v,Ⅰ.New York:Image Books.

Cranston, Maurice. 1957. *John Locke, A Biography*, London: Longmans, Green.

Daumbauld,Edward,1969. *The Life and Legal Writings of Hugo Grotius*. Oklahoma:University of Oklahoma Press.

Day,J. P. 1966. 'Locke on Property'. *Philosophical Quarterly*,16,pp. 207 – 21.

De pauw,Francis. 1965. *Grotius and the Law of the Sea*. University of Brussels:Editions de L'institut de Sociologie.

Dobb,Maurice. 1947. *Studies in the Development of Capitalism*. London: Routledge.

Drive,Charles. 1928. 'John Locke'.In *The Social & Political Ideas of Some English Thinkers of the Augustan Age 1650 – 1750*, ed. F. J. C. Hearnshaw. London:G. G. Harrap.

185 Dunn,John. 1968. 'Justice and the Interpretation of Lock's Political Theory'.

Political Studies. 16,1,pp. 68 – 87.

Dunn,John. 1969. *The Political Thought of John Locke*. Cambridge: Cambridge University Press.

Dunn,John,1971. 'Consent in the Political Theory of John Locke'.In *Life, Liberty and Property*;*Essays on Lock's Political Ideas*, ed. G. Schochet, pp. 129 – 161.Belmont,California: Wadsorth.

Dunn,John. 1977.Review of *Anarchy, State, and Utopia*. *Ratio*, 19,1,pp. 88 – 95.

Dunn,John. 1978. 'Practising History and Social Science on "Realist" Assumptions'. In *Action and Interpretatoin*, ed. C. Hookway and P. Pettit. Cambridge:Cambridge Univeristy Press.

Euchner,Walter,1969. *Naturrecht und Politik bei John Locke*. Frankfurt am Main.

Finley,M. I. 1973. *The Ancient Economy*. Berkeley: University of California Press.

Fletcher,Eric. 1969. *John Selden 1584 – 1654*. London: Selden Society, Bernard Quaritch.

Forbes,Duncan. 1975. *Hume's Philosophical Politics*. Cambridge: Cambridge University Press.

Franklin,Julian. 1978. *John Locke and the Theory of Sovereignty*. Cambridge:Cambridge University Press.

Fruin,Robert J. 1925. 'An unpublished work of Hugo Grotius's'. *Bibliotheca Visseriana*, v, pp. 3 – 74.

Fulton,T. W. 1911. *The Sovereignty of the Sea* Edinburgh: William Blackwood.

Gierke,Otto von. 1934. *Natural Law and Theory of Society*. 2 vols., tr. Ernest Barker. Cambridge:Cambridge Univeristy Press.

Gierke,Otto von. 1939. *The Development of Political Theory*. Tr. Bernard Freyd. New York: W. W. Norton.

Gilby,Thomas. 1958. *The Political Thought of Thomas Aquinas*. Chicago:

University of Chicago Press.

Goldie, M. 1977. 'Edmund Bohun and *ius gentium* in the revolution debate, 1689 – 1693'. *Historical Journal*, 20, 3, pp. 569 – 586.

Goldie, M. 1978. 'Tory Political Thought 1689 – 1714'. Cambridge University Ph. D. dissertation.

Gonner, E. C. K. 1912. *Common Land and Inclosure*. London: Macmillan.

Gough, J. W. 1973. *John Lock's Political Philosophy*. 2nd edn. Oxford: Clarendon Press.

Gough, J. W. 1976. 'James Tyrrell, Whig Historian and Friend of John Locke'. *Historical Journal*, 19, 3, pp. 581 – 610.

Green, Thomas Hill. 1927. *Lectures on the Principles of Political Obligation*. London: Longmans, Green.

Grene, Marjorie. 1963. 'Causes'. *Philosophy*, 38, pp. 149 – 159.

Habermas, Jurgen. 1974. *Theory and Practice*. Tr. John V. Viertel. London: Heinemann.

Hacking, Ian. 1975. *Why Does Language Matter to Philosophy?* Cambridge: Cambridge Univeristy Press.

Hintikka, J. J. 1975. 'Theoretical and Practical Reason: an Ambiguous Legacy'. *In Practical Reason*, ed. S. Körner. Oxford: Basil Blackwell.

Hinton, R. W. K. 1974. 'A Note on the Dating of Locke's Second Treatise'. *Political Studies*, 22, 4, pp. 471 – 478.

186 Hinton, R. W.K. 1977. 'On Recovering the Original of the Second Treatise'. *The Locke Newsletter*, pp. 69 – 76.

Hischmann, Albert O. 1977. *The Passions and the Interests*. Princeton: Princeton University Press.

Hohfeld, W. N. 1964. *Fundamental Legal Conceptions as Applied in Judicial Reasoning*. New Haven: Yale University Press.

Holdsworth, William. 1926. *A History of English Law*. 9 vols., 3rd edn. London. Hundert, Edward J. 1972. 'The Making of Homo Faber: John Locke between Ideology and history'. *Journal of the History of Ideas*, 33, I,

pp. 3 – 22.

Hundert, Edward J. 1977. 'Market Society and Meaning in Locke's Political Philosophy'. *Journal of the History of Philosophy*, 15, January I, pp. 33 – 34.

Jardine, Lisa. 1975. *Francis Bacon: Discovery and the Art of Discourse*. Cambridge: Cambridge University Press.

Joachim, H. H. 1970. *The Nicomachean Ethics*, ed. D. A. Ress. Oxford: The Clarendon Press.

Kelly, Patrick. 1977. 'Locke and Filmer: Was Laslett So Wrong After All?' *The Locke Newsletter*, pp. 77 – 86.

Kendall, Willmoore. 1965. *John Locke and the Doctrine of Majority-rule*. Urbana: University of Illinois Press.

Kenny, Anthony. 1975. *Will, Freedom and Power*. Oxford: Basil Blackwell.

Kenyon, J. P. 1977. *Revolution Principles: the Politics of Party 1689 – 1720*. Cambridge: Cambridge Univeristy Press.

Klein, Jacob. 1968. *Greek Mathematical Thought and the Origin of Algebra*. Tr. Eva Braum. Cambridge, Mass.: MIT Press.

Knight, W. S. M. 1925. *The Life and Works of Hugo Grotius*. London: Grotius Society Publications no. 4, Sweet and Maxwell.

Kosman, L. A. 1964. 'The Aristotelian Backgrounds of Bacon's "Novum Organum"', Ph. D. dissertatin, Harvard Univerity.

Krieger, Leonard. 1965. *The Politics of Discretion: Pufendorf and the Acceptance of Natural Law*. Chicago: University of Chicago Press.

Lamprecht, Sterling Powre. 1918. *The Moral and Politcial Philosophy of John Locke*. New York: Columbia University Press.

Landes, David S. 1969. *The Unbound Prometheus*. Cambridge: Cambridge Univeristy Press.

Laslett, Peter, ed. 1949. *Patriarcha and Other Political Works of Sir Robert Filmer*. Oxford: Basil Blackwell.

Laslett, Peter. 1964. 'Market Society and Political Theory'. *Historical Jour-*

nal, 7, 1, pp. 150 – 154.

Laslett, Peter, ed. 1970. Locke. *Two Treatises of Government*. Cambridge: Cambridge Univeristy Press.

Liddell, Henry and Scott, Robert. 1845. *Greek-English Lexicon*. London.

Loemker, Leroy. 1972. *Struggle for Synthesis. The Seventeenth-Century Background of Leibniz's Synthesis of Order and Freedom*. Cambridge, Mass.: Harvard University Press.

Long, Philip. 1959. *A Summary Catalogue of the Lovelace Collection of the Papers of John Locke in the Bodleian Library*. Oxford: Oxford University Press.

Lyons, David. 1970. 'The correlativity of rights and duties'. *Nous*, 4, pp. 45 – 55.

Mabbott, J. D. 1973. *John Locke*. London: Macmillan.

MacIntyre, Alasdair, 1962. 'A mistake about causality in social science', In *Philosophy, Politics and Society*, ed. P. Laslett and W. G. Runciman. series II. Oxford: Basil Blackwell.

187 MacIntyre, Alasdair. 1974. *A Short History of Ethics*. London: Routledge & Kegan Paul.

Mackie, J. L. 1976. *Problems from Locke*. Oxford: Clarendon Press.

Mackie, J. L. 1977. *Ethics: Inventing Right and Wrong*. Middlesex: Penguin.

MacLean, A. H. 1947. 'George Lawson and John Locke'. *Cambridge Historical Journal*, 9, 1.

Macpherson, C. B. 1963. 'A Rejoinder to Viner'. *Canadian Journal of Economics and Political Theory*, 29, 4.

Macpherson, C. B. 1972. *The Political Theory of Possessive Individualism*. Oxford: Oxford University Press.

Macpherson, C. B. 1975. *Democratic Theory*. Oxford: Clarendon Press.

Macpherson, C. B., ed. 1978. *Property*. Toronto: University of Toronto Press.

Marx, Karl. 1970. *Critique of Hegel's Philosophy of Right*. Tr. Joseph O'Malley. Cambridge: Cambridge Univeristy Press.

Marx, Karl. 1973. *Grundrisse*. Tr. Martin Nicholas. Middlesex: Penguin.

Marx, Karl. 1976. 'The German Ideology'. In *Collected Works*. 50 vols., 5. London: Lawrence and Wishart.

McKeon, Richard. 1937. 'The Development of the Concept of Property in Political Philosophy: A study of the Background of the Constitution'. *Ethics*, 48, pp. 297 – 366.

Miller, David. 1976. *Social Justice*. Oxford: Clarendon Press.

Montuori, Mario, ed. 1963. *A Letter concerning Toleration*. The Hague: Martinus Nijhoff.

Nozick, Robert. 1974. *Anarchy, State, and Utopia*. Oxford, Basil Blackwell.

Olivecrona, Karl. 1974a, 'Appropriation in the State of Nature: Locke on the Origin of property'. *Journal of the History of Ideas*, 35, 2, pp. 211 – 230.

Olivercrona, Karl. 1974b. 'Locke's Theory of Appropriation'. *Philosophical Quarterly*, 24, 96, pp. 220 – 234.

Olivecrona, Karl. 1975. 'The Term "Property" in Lock's Two Treatises of Government'. *Archiv fur Rechts und Sozialphilosophie*, 61, 1, pp. 109 – 115.

Olivercrona, Karl. 1976, 'A note on Locke and Filmer'. *The Locke Newsletter*, 7, pp. 83 – 93.

Olsen, Christopher. 1969. 'Knowledge of One's Own Intentional Actions. *Philo-and Public Affairs*, 6, 1, pp. 3 – 25.

Parry, Geraint. 1978. *John Locke*. London: George Allen & Unwin.

Plumb, J. H. 1967. *The Growth of Political Stability in England 1675 – 1725*. London: Penguin.

Pocock, J. G. A. 1967. *The Ancient Constitution and the Feudal Law*. New York: W. W. Norton.

Pocock, J. G. A. 1975a. *The Machiavellian Moment*. Princeton: Princeton University Press.

Pocock, J. G. A. 1975b. 'Early Modern Capitalism: the Augustan Perceptin'. In *Feudalism, Capitalism and Beyond*, ed. E. Kamenka and R. S. Neale.

London: Edward Arnold.

Pocock, J. G. A. 1979. 'The Mobility of Property and the Growth of Eighteenth Century Sociology'. In *The Theory of Property in the Western Tradition*, ed. Anthony Parel. Waterloo: Wilfred Laurier University Press.

Polanyi, Karl. 1957. *The Great Transformation: the Political and Economic Origins of Our Time*. Boston: Beacon Press.

Pomps, Leon. 1975. *Vico*. Cambridge: Cambridge Univeristy Press.

188 Ritchie, D. G. 1893. 'Locke's theory of property'. In *Darwin and Hegel*. London: Sonnenschein.

Ryan, Alan. 1965. 'Locke and the Dictatorship of the Bourgeoisie'. *Political Studies*, 13, 2, pp. 219 – 230.

Sargentich, Thomas, ed. 1974. 'Locke and Ethical Theory: two MS pieces', *The Locke Newsletter*, 5, pp. 24 – 31.

Scanlon, Thomas. 1976. 'Nozick on rights, liberty, and property'. In *Philosophy and Public Affairs*, 6, 1, 3 – 25.

Schlatter, Richard. 1951. *Private Property. The History of an Idea*. London: Allen & Unwin.

Schochet, Gordon. 1969. 'The Family and the Origins of the State'. In *John Locke: Problems and Perspectives*, ed. J. W. Yolton, pp. 81 – 98. Cambridge: Cambridge University Press.

Schochet, Gordon, ed. 1971. *Life, Liberty and Property; Essays on Lock's Political Ideas*. Belmont, California: Wadsworth.

Schochet, Gordon. 1975. *Patriarchalism in Political Thought*. Oxford: Basil Blackwell.

Sidgwick, Henry. 1906. *Outlines of the History of Ethics*. London: Macmillan.

Skinner, Quentin. 1965. 'History and Ideology in the English Revolution', *Historical Journal*, 9, pp. 151 – 178.

Skinner, Quentin. 1969. 'Meaning and Understanding in the History of Ideas'. *History and Theory*, 8, pp. 3 – 53.

Skinner, Quentin. 1970. 'Conventions and the Understanding of Speech Acts'. *Philosophical Quarterly*, 20, pp. 113 – 138.

Skinner, Quentin. 1971. 'On Performing and Explaining Linguistic Actions'. *Philosophical Quarterly*, 21, pp. 1 – 21.

Skinner, Quentin. 1972. '"Social Meaning" and the Explanation of Social Action'. *In Philosophy, Politics and Society*, ed. P. Laslett, W. G. Rumciman and Q. D. R. Skinner, series IV. Oxford: Basil Blackwell.

Skinner, Quentin. 1974. 'Some Problems in the Analysis of Political Thought and Action'. *Political Theory*, 2, pp. 277 – 303.

Skinner, Quentin. 1978. *The Foundations of Modern Political Thought*. 2 vols. Cambridge: Cambridge University Press.

Steiner, H. 1977. 'The Natural Right to the Means of Production', *Philosophical Quarterly*, 21, pp. 41 – 49.

Stocks, J. L. 1933. 'Locke's Contribution to Political Theory'. In *John Locke: Tercentenary Address*, ed. J. L. Stocks and Gilbert Ryle. Oxford: Oxford Unveristy Press.

Straka, Gerald M. 1962. 'The Final Phase of Divine Right Theory in England'. *English Historical Review*, 77, pp. 305, 638 – 658.

Strauss, Leo. 1953. *Natural Right and History*. Chicago: The University of Chicago Press.

Thomas, Keith. 1972, 'The Levellers and the Franchise'. In *The Interregnum: The Quest fro Settlement 1646 – 1660*, ed. G. E. Aylmer, pp. 57 – 97. London: Macmillan.

Thompson, M. B. 1976. 'The Reception of Locke's Two Treatises of Government 1690 – 1705'. *Political Studies*, 24, 2, pp. 184 – 191.

Toulmin, Stephen and Janik, Allan. 1973. *Wittgenstein's Vienna*. New York: Simon and Schuster.

Tribe, Keith. 1977. 'The "Histories" of Economic Discourse'. *Economy and Society*, 6, 3, pp. 314 – 343.

Tribe, Keith. 1978. *Land, Labour and Economic Discourse*. Routledge and 189

Kegan Paul.

Tuck, Richard. 1979. *Natural Rights Theories: Their Origin and Development*. Cambridge: Cambridge University Press.

Unger, Richard. 1975. 'Technological and Industrial Organization: Dutch Shipbuilding to 1800'. *Business History*, 17, 1, pp. 56 – 73.

Vaughn, C. E. 1925. *Studies in the History of Political Philosophy*. 2 vols. Manchester: Manchester University Press.

Viner, Jacob. 1963. '"Possessive Individualism" as original sin'. *Canadian Journal of Economics & Political Theory*, 29, 4.

von Leyden, Wolfgang. 1956. 'John Locke and Natural Law'. *Philosophy*, 31, pp. 23 – 35.

von Leydon, Wolfgang. 1968. *Seventeenth-Century Metaphysics*. London: Duckworth.

von Leyden, Wolfgang, ed. 1970. *Essays on the Law of Nature*. Oxford: Clarendon Press.

Walzer, Michael. 1974. *The Revolution of the Saints: A Study in the Origins of Radical Politics*. New York: Atheneum.

Webster, Charles. 1976. *The Great Instauration*. London: Duckworth.

Weisheipl, J. A. 1965. 'Classification of the Sciences in Medieval Thougth'. *Medieval Studies*, 27, pp. 54 – 90.

Wittgenstein, Ludwig. 1974. *Philosophical Investigations*. Tr. G. E. M. Anscombe. Oxford: Basil Blackwell.

Yolton, John W. 1970. *Locke and the Compass of Human Understanding*. Cambridge: Cambridge University Press.

Yolton, John W. 1977. *The Locke Reader*. Cambridge: Cambridge University Press.

索　引

（所标页码为原书页码，即本书边码）

图书在版编目(CIP)数据

论财产权:约翰·洛克和他的对手/(加)詹姆斯·塔利著;王涛译.—北京:商务印书馆,2024
(汉译世界学术名著丛书:120年纪念版:珍藏本:增订本)
ISBN 978-7-100-23726-0

Ⅰ.①论… Ⅱ.①詹…②王… Ⅲ.①财产权—研究
Ⅳ.①D913.04

中国国家版本馆CIP数据核字(2024)第077337号

汉译世界学术名著丛书
(120年纪念版·珍藏本·增订本)
论财产权
约翰·洛克和他的对手
〔加〕詹姆斯·塔利 著
王涛 译

商务印书馆出版
(北京王府井大街36号 邮政编码100710)
商务印书馆发行
北京市十月印刷有限公司印刷
ISBN 978-7-100-23726-0

2024年5月第1版 开本710×1000 1/16
2024年5月北京第1次印刷 印张22¾
定价:125.00元